2018年国家社科基金一般项目
"马克思恩格斯政府公共性理论视阈中的新时代服务型政府构建研究"
（编号 18BKS003）

新时代服务型政府构建研究
—— 基于马克思恩格斯政府公共性理论的视阈

王同新 王颖 著

中国社会科学出版社

图书在版编目（CIP）数据

新时代服务型政府构建研究：基于马克思恩格斯政府公共性理论的视阈 / 王同新，王颖著 .—北京：中国社会科学出版社，2023.7
ISBN 978-7-5227-2160-6

Ⅰ.①新… Ⅱ.①王…②王… Ⅲ.①国家行政机关—行政管理—研究—中国 Ⅳ.①D630.1

中国国家版本馆 CIP 数据核字（2023）第 119007 号

出 版 人	赵剑英
责任编辑	刘 艳
责任校对	陈 晨
责任印制	戴 宽

出　　版	中国社会科学出版社
社　　址	北京鼓楼西大街甲 158 号
邮　　编	100720
网　　址	http://www.csspw.cn
发 行 部	010-84083685
门 市 部	010-84029450
经　　销	新华书店及其他书店
印　　刷	北京明恒达印务有限公司
装　　订	廊坊市广阳区广增装订厂
版　　次	2023 年 7 月第 1 版
印　　次	2023 年 7 月第 1 次印刷
开　　本	710×1000　1/16
印　　张	17.25
插　　页	2
字　　数	252 千字
定　　价	89.00 元

凡购买中国社会科学出版社图书，如有质量问题请与本社营销中心联系调换
电话：010-84083683
版权所有　侵权必究

前　　言

本书以公共性特别是政府公共性问题的当代凸显向全人类提出的时代课题为背景，立足研究阐明马克思恩格斯政府公共性理论并进行全面系统的概括和提炼，着眼审视洞见全球公共治理和我国政府公共性建设突出问题，着手挖掘彰显马克思恩格斯政府公共性理论的当代价值和现实指导意义，着力推动破解我国当前公共服务型政府建设实践中面临的困境难题和提高政府公共性实现水平。本书首先对马克思恩格斯政府公共性理论的主要内容和特点进行了全面系统的梳理、概括并提炼其核心要义，接着从国际和国内两方面、理论和实践两层面挖掘彰显了马克思恩格斯政府公共性理论的当代价值和指导意义，然后基于对我国推动构建公共服务型政府的历史回顾，客观描述了当下我国新时代服务型政府建设取得的主要成就、存在的主要问题并从马克思主义政府公共性理论的视角具体剖析其成因，最后着重就如何破解我国当前建设人民满意的服务型政府实践中面临的困境和难题，提出了新时代进一步构建完善高质量服务型政府的基本思路、对策措施和政策建议。

目 录

第一章 马克思恩格斯政府公共性理论概要 ………… 1
  第一节 马克思恩格斯政府公共性理论的主要内容和特点 …… 1
    一 公共性与政府公共性的基本内涵 ………… 2
    二 马克思恩格斯政府公共性理论的主要内容 ………… 4
    三 马克思恩格斯政府公共性理论的主要特点 ………… 10
  第二节 马克思恩格斯政府公共性理论的核心要义 ………… 15
    一 国家本质特征的两重性 ………… 16
    二 国家本质特征两重性的辩证关系 ………… 19
    三 国家公共性建设与公共性实现 ………… 22

第二章 马克思恩格斯政府公共性理论的当代价值 ………… 28
  第一节 马克思恩格斯政府公共性理论的现实指导意义 ………… 29
    一 国际方面指导价值 ………… 29
    二 国内方面指导价值 ………… 31
  第二节 积极参与全球公共治理，推动构建
          人类命运共同体 ………… 32
    一 人类命运共同体从理念主张层面到
      构建实践层面的发展历程 ………… 33
    二 构建人类命运共同体为困境中的
      全球治理改革指明了方向 ………… 37

三　构建人类命运共同体是中国向当今
　　　　世界提供的全球性公共产品……………………… 49
第三节　建设人民满意的服务型政府，着力提高
　　　　政府公共性实现水平……………………………… 57
　　一　马克思恩格斯政府公共性理论研究
　　　　现实意义的新时代彰显…………………………… 58
　　二　马克思恩格斯政府公共性理论的
　　　　新时代理论价值凸显……………………………… 62
　　三　马克思恩格斯政府公共性理论的
　　　　新时代实践价值凸显……………………………… 65

第三章　中国建设服务型政府的历史回顾……………………… 68
第一节　中国建设服务型政府的历史缘起与理论探索……… 68
　　一　中国建设服务型政府的历史缘起…………………… 69
　　二　中国建设服务型政府的理论探索…………………… 72
第二节　中国建设服务型政府的实践进程与初步成效……… 80
　　一　中国建设服务型政府的实践进程…………………… 81
　　二　党的十八大前中国建设服务型政府实践的初步成效… 86
　　三　中国建设服务型政府初步探索实践的意义和不足…… 93

第四章　新时代中国服务型政府建设的现状与成因…………… 99
第一节　中国服务型政府建设进入新时代………………… 99
　　一　中国特色社会主义进入新时代、开启新征程………… 100
　　二　推进服务型政府建设全面适应新时代、
　　　　新征程、新任务、新要求………………………… 110
第二节　新时代中国服务型政府建设取得成就与
　　　　存在问题………………………………………… 119
　　一　新时代服务型政府建设取得的主要成就…………… 119
　　二　新时代服务型政府建设存在的主要问题…………… 132
第三节　新时代中国服务型政府建设现状的成因分析……… 138

一　新时代服务型政府建设取得主要成就的原因分析 …… 139
　　二　新时代服务型政府建设存在主要问题的原因分析 …… 143

第五章　新时代构建完善服务型政府的思路、对策与建议 …… 151
　第一节　新时代构建完善服务型政府的基本思路 …… 151
　　一　新时代构建完善服务型政府的基本思路 …… 152
　　二　坚持三管齐下、同向发力、协同推进 …… 153
　第二节　新时代构建完善服务型政府的对策措施 …… 161
　　一　新时代推动构建完善高质量服务型政府的新策略 …… 161
　　二　以服务和增进民生福祉为重点、努力让人民满意 …… 167
　　三　持续推进和深化"放管服"改革的新思路新举措 …… 174
　　四　全面扩大对外开放和努力实现高水平的对外开放 …… 180
　　五　加快建设数字政府、推进政府治理方式模式创新 …… 188
　　六　后疫情时代建设服务型政府的新挑战和对策措施 …… 194
　第三节　新时代构建完善服务型政府的政策建议 …… 207
　　一　实行全国范围的政务服务"五个统一"，着力增强群众
　　　　办事的切身体验感 …… 207
　　二　推进政府治理方式数字化转型，要兼顾兼容"大众模式"
　　　　与"小众模式" …… 208
　　三　加强和规范健康码管理，努力打造
　　　　全国统一的"国康码" …… 210
　　四　注重加强人才队伍建设，全方位培养
　　　　引进和用好人才 …… 211

研究结论与展望 …… 213

主要参考文献 …… 220

附　录 …… 235

后　记 …… 265

第一章　马克思恩格斯政府公共性理论概要

马克思恩格斯政府公共性理论立意高远、内涵丰富，关于政府公共性研究的学理渊源和马克思恩格斯政府公共性思想的理论来源、主要内容、当代价值以及政府公共性的实现与我国构建公共服务型政府的必要性之间的逻辑关系等问题，笔者已经在博士学位论文《马克思恩格斯政府公共性思想及其当代价值》（福建师范大学 2011 年）和学术专著《马克思恩格斯政府公共性思想与公共服务型政府构建》（中央编译出版社 2014 年版）中做了初步的和比较粗浅的尝试性探讨，在这里就不再赘述。本章重点就马克思恩格斯政府公共性理论的精华内容、主要特点和核心要义等做概要性归纳提炼和进一步深入探究。

第一节　马克思恩格斯政府公共性理论的主要内容和特点

公共性和政府公共性研究具有深厚而久远的学理渊源，政府公共性理论作为马克思恩格斯国家学说乃至马克思主义理论的重要组成部分，包含着非常丰富和博大精深的理论内容，其科学内涵、理论体系、主要特点和精神实质更是需要我们深入研究和认真体悟的。

一 公共性与政府公共性的基本内涵[①]

"公共性"是一个多学科领域广泛应用的基础概念,不同学科领域对公共性内涵的理解和界定各具特色并形成了哲学研究景观、社会学研究景观、公共行政学研究景观以及多学科综合研究景观等多种研究景观,笔者主要从公共行政学研究视角对"公共性"和"政府公共性"概念的基本内涵加以理解和阐释。

(一)公共性的基本内涵

从本质上说,公共性是人作为"类存在"的状态和本质属性即"类属性",它起源于人的"合群性"或社会性,反映着人与人、人与自然之间的共在关系,其主体只能是人,脱离了人的存在及其活动的纯粹的自然界无所谓公共性。从现象上说,就人的存在方式看,公共性往往承载于各种人类共同体(如氏族、部落、阶级、国家等)对公共生活和公共秩序的维护上;就人的活动范围看,公共性往往体现在不同于私人和家庭生活的公共领域对公共利益和公共价值的追求上;就人与自然的关系看,公共性往往表现为人与自然的多元共在以及人们对公共物品的公有、公用、公享等。所谓公共性,就其外在表现看,是指属于公众公有、公用、公享的公共物品或公共领域所具有的本质属性,而公共物品或公共领域则是公共性借以实现的载体、途径或条件。公共性可依不同标准划分为不同类型,如按公共领域构成和属性标准划分,公共领域包括社会生活公共领域(如哈贝马斯所主张的公共领域)和国家权力公共领域两部分,相应地,可把公共性划分为社会生活公共领域的公共性和国家权力公共领域的公共性两大类,当然两者之间也存在着相互作用、彼此互动以及相互渗透、相互交叉的关系。而政府作为国家权力的法定执行者,政府公共性正是本书研究的核心概念和主要指向。

[①] 王同新:《马克思恩格斯政府公共性思想与公共服务型政府构建》,中央编译出版社2014年版,第13—18页。

（二）政府公共性的内涵阐释

政府公共性作为人类发展处于阶级社会历史时空中公共性的一种特殊形态，是指政府作为公共所有物或"公器"所具有的本质属性，即政府是属于全体公民公有、公用、公享的政府，政府产生和存在的目的是解决公共问题、满足公共需要、维护公共利益、实现公平正义以及塑造公民的公共精神，并因此而行使公共权力、承担公共责任、处理公共事务、提供公共产品和公共服务。公共性作为政府的本质属性、第一属性，主要表现在：行政主体的公共性（公共行政主体具有代表性、公务性、公益性、行使权力的法定性）、行政手段与方式的公共性（运用公共权力的公共性）、行政内容与价值的公共性（提供公共产品和公共服务、维护公共利益、承担公共责任、坚持以人为本、人民利益至上、实现公平公正、兼顾民主效率）、行政客体即对象与目标的公共性（解决公共问题、处理公共事务、满足公共需要、实现公共目标）等。公共性是政府合法性的基础和来源，尽管现实的国家往往是暴力或阶级斗争的产物，并且在国家产生和存在的历史长河中，公共性与阶级性死死地纠缠在一起，甚至阶级性长期居于强势地位而压制着公共性、政治统治职能长期处于主导地位而统摄着社会公共职能，迫使公共性和社会公共职能不得不暂时地屈从于、服务于阶级性和政治统治职能，但无论如何，体现政府公共性的社会公共职能依然和始终是国家政权得以维持的基本前提和基础。从政府公共性的应然意义上说，政府应该超脱于各个利益冲突的阶级或阶层之外，公正无私、不偏不倚地协调和维护全体人民的公共利益，从而使社会公共利益得到切实保障和实现，而不为某个或某些阶级、阶层或利益集团所利用、所收买、所驯服、所豢养。但是，从政府公共性的实然层面上看，政府公共性在阶级社会和国家时空中的表现却恰恰相反。政府公共性的这种理想与现实、应然与实然之间的背反与悖论现象正好反映和折射出政府的公共性与阶级性之间矛盾斗争和对立统一的结果。因此，从这个意义上讲，政府公共性是与政府阶级性相对应的一种非天然、非永恒的对立性存在。

二 马克思恩格斯政府公共性理论的主要内容①

马克思恩格斯政府公共性理论是对前人的批判性继承与超越。作为一个科学的理论体系，它包括六个方面的主要内容，即关于政府公共特征理论、关于政府公共职能理论、关于政府公共产品理论、关于政府公共管理理论、关于政府公共性与阶级性辩证关系及其发展趋势理论、关于世界历史理论等，其中关于世界历史理论可以说是马克思恩格斯政府公共性理论由国内视野和本国范围向国际视野和全球范围的自然延伸和有机拓展。② 具体来说：

（一）关于政府公共特征理论

国家的本质特征是和人民大众分离的公共权力，国家本质上具有公共性和阶级性的双重特征，公共性揭示了国家产生和存在的前提和基础，而阶级性揭示了国家的本质；人民大众本是国家政权的主人，国家理应为人民大众服务、为全社会谋福利；无产阶级专政国家真正实现了人民当家作主，公职人员是为人民服务的公仆，因而开辟了实现政府公共性的现实道路。

从恩格斯关于国家本质特征的论述来看，国家首先是作为一种公共权力的普遍存在，然后才是这种公共权力与人民大众相分离的特殊存在，从而揭示了国家作为公共权力本质特征的普遍性与特殊性、共性与个性的辩证关系。首先，国家无论怎么特殊，它终究是一种公共权力，因此必然具有公共权力的本质属性即公共性，或者说，国家的公共性特征是天然的、一般的、前提和基础性的，这是任何国家作为一种一般的公共权力的共性特征使然。其次，国家之所以成为国家，其关键和要害不在于它是一种一般的、普通的公共权力，而在于它是一种特殊的、特

---

① 王同新：《马克思恩格斯政府公共性思想与公共服务型政府构建》，中央编译出版社2014年版，第47—83页。

② 由于马克思恩格斯原著中对国家与政府概念（包括广义政府和狭义政府）没有作严格区分，所以为了保持原著的风貌和论述上的一致性，本书对国家与政府、国家公共性与政府公共性等概念暂不作严格区分而互换使用。

别的公共权力，这种特殊性就表现在它与人民大众相分离、为少数强势集团或统治阶级所把持掌控并最终沦为凌驾于人民大众和全社会之上的异己力量而被用来充当阶级压迫的暴力工具，因此国家这种特殊的公共权力在原本就有的公共性特征之外又具有了阶级性特征，但国家的阶级性特征是后天的、特殊的、本质和决定性的，这是任何国家作为一种特殊的公共权力的个性特征使然。最后，国家本质特征的公共性特征和阶级性特征是辩证统一的，两者相辅相成、缺一不可，公共性特征反映了国家合法性的基础和来源，而阶级性特征则体现着国家的本质规定性。共性寓于个性之中并通过个性表现出来，而个性也离不开共性，任何个性都是包含着共性的个性，这就是国家与公共权力之间的个性与共性、特殊性与普遍性的关系。

（二）关于政府公共职能理论

国家职能具有两重性，即社会公共职能与政治统治职能，履行社会公共职能构成一切国家政治统治的基础，并将成为社会主义国家的中心任务；国家职能的实质是阶级统治的暴力工具，但国家职能又建基于社会公共利益需要，维护社会公共利益是国家应尽的职责；资本主义市场经济存在经济危机的可能性和现实性，实行政府干预和执行公共职能具有必要性和必然性。

国家职能即国家所肩负的职责使命和功能作用，也就是说，国家是用来干什么的、它有什么用途？从根本上说，国家的职能是由国家的本质决定的，是国家本质规定性及其特征在实际工作中的必然要求和外在表现，是实现国家本质的有效途径和实践载体，国家本质决定着国家职能并通过国家职能来实现，而国家职能则服务于、反作用于国家本质。既然国家本质上具有公共性和阶级性的两重性特征，那就决定了国家必然具有政治统治职能和社会公共职能的两重性职能。具体来说，首先，国家的公共性本质特征决定了国家必然具有社会公共职能，公共性特征是先天的、永恒的、基础性的，则社会公共职能也是先天的、永恒的、基础性的，就是说社会公共职能并不因国家的产生发展消亡而消亡，在前国家和后国家时期的社会共同体都依然具有这种社会公共职能，而且无论在国家时期政治统治职能如何强大和残酷，社会公共职能都始终是国家职能的必要基础，任何政治统治如果不执行这种社会职能就无法持续下去。其次，国家的阶级性本质特征决定了国家必然具有政治统治职能，阶级性特征是后天的、历史的、决定性的，则政治统治职能也是后天的、历史的、决定性的，也就是说，政治统治职能随着国家的产生而产生，也必将随着国家的消亡而消亡，它是与阶级和国家共存亡的历史性存在，但政治统治职能在国家职能中长期居于主导和统治地位，对国家本质的实现起到关键和决定性作用。

（三）关于政府公共产品理论

公共产品的本质在于它是为满足社会存在与发展的公共利益需要而产生的产物，较之私人产品而言必然表现出消费上的特殊属性，即共同性、非竞争性、非排他性；公共产品供给的主体可以是多元的，供给的方式可以是多样的，选择供给模式的标准依据在于当时当地生产力和社会发展总体水平的高低；公共产品需求随生产力发展而日益增长。较之以唯心主义和形而上学为指导而主张"市场失灵论"的西方经济学公共产品理论，马克思恩格斯公共产品理论以唯物史观和唯物辩证法为指导，从社会存在与发展的最基本的公共利益需要出发，从整体和供给的角度切入，进而正确揭示了公共产品产生的真正原因、本质及其供求等问题。

虽然在马克思恩格斯的著作中没有出现过"公共产品"的字样，但这并不能否认马克思恩格斯的公共产品理论，因为早在1875年的《哥达纲领批判》中马克思就实际已经论述了现代西方经济学所称谓的公共产品理论。马克思在批判拉萨尔的"不折不扣和公平分配劳动所得"错误论调时指出，在进行个人分配之前社会总产品要做六项必要扣除，这六项扣除作为"公共基金"，实际上就是我们现在所指称的公共产品。其中，第一部分的三项扣除是作为生产资料的扣除部分，用于满足扩大再生产需要，属于经济性公共产品和公共服务；第二部分的三项扣除是作为消费资料的扣除部分，用于满足社会公共利益需要，分别属于维护性、社会性公共产品和公共服务。随着社会的发展进步和生产力水平的逐步提高，社会公共利益需要和公共产品需求总量会日益显著增长，从而政府提供公共产品的供给总量会不断显著增加，供给结构也将发生明显变化，表现在维护性公共产品和公共服务在社会总产品中的占比会不断趋于下降，而社会性公共产品和公共服务的占比会不断趋于上升直至成为政府提供公共产品和公共服务的主体。这个发展趋势和特点在当下新时代中国特色社会主义新发展阶段表现得尤为明显。

（四）关于政府公共管理理论

政府有失灵的可能性，因此要强化社会权利对国家权力的监督制约、壮大市民社会；市民社会与政治国家的矛盾运动构成阶级社会发展的基本态势，发达的市民社会是社会主义社会建设通向"自由人的联合体"理想社会模式不可逾越的发展阶段；政府社会管理就是要缓和阶级冲突并把冲突保持在"秩序"的范围内，就是要管理社会公共事务和维护社会公共秩序，同时注重发挥地方自治作用等；政府在社会公共管理方式方法上要依法管理、民主管理、科学管理。

当然，政府的社会公共职能主要是进行公共管理、处理公共事务、维护公共秩序和实现公共利益，这是政府应尽的职责和义务，但这并不意味着政府可以包揽一切、包打天下。现代社会随着公共事务的大量增加和日益多样化、公民社会的成长壮大和日益组织化，社会主义国家对公共事务的管理不应该也不可能被政府垄断，而应该也必须是政府主导下的多元主体之间的平等参与、互动合作、共同治理，因此推动公共管理向公共治理转变已成为时代发展的客观要求和必然趋势。马克思恩格斯公共管理理论强调通过壮大市民社会和提高社会组织化水平、发挥地方自治的积极作用等途径和方式来有效防止和避免政府失灵、实现多方参与管理社会公共事务，这与当下公共治理理论是相通的、一致的。

（五）关于政府公共性与阶级性辩证关系及其发展趋势理论

国家是公共性与阶级性矛盾双方既对立又统一的有机体，其中公共性是国家产生和存在的前提和基础，也是国家或政府合法性的基础和来源，而阶级性处于矛盾的主要方面并决定着国家的本质，公共性与阶级性关系反映和折射出人类创设国家或政府的目的性与手段性的辩证统一；国家的公共性与阶级性总体发展趋势是公共性不断扩大而阶级性不断缩小，具体来说，自国家诞生之日起，原本单一纯粹的公共权力便在性质和功能上一分为二，即公共性和社会公共职能、阶级性和政治统治职能，此后的总体发展趋势是公共性由下降到上升直至完全实现，而阶级性则由上升到下降直至最终归零，最终公共权力又将在性质和功能上合二为一。

纵观人类社会公共性历史演变进程，原始社会的公共性是一种物质基础极度薄弱条件下既是真正的又是虚弱虚空的公共性，进入阶级社会的公共性是一种随社会生产力逐步发展而与阶级性矛盾并存条件下既是残缺失真的又是虚假虚幻的公共性，将来发展到无阶级无国家共产主义社会的公共性是一种物质基础极其丰厚条件下既真正又真实的理想完美的公共性，从而实现对原始公共性的更高层次上的历史复归。当前，我们所处的社会主义时代正处于实现这一历史性复归的过渡时期，社会主义社会作为共产主义社会的初级阶段，无产阶级专政作为人类历史上最后的和最高的新型阶级专政，其历史使命就是要从剥削阶级手中接过国家政权，并且立即着手去除旧的国家机器中一切坏的方面，增加新的国家机器中一切好的方面，尽可能快地发展社会生产力，为将来过渡到共产主义社会准备条件。一言以蔽之，无产阶级专政国家的最高使命就是要实现对自身阶级专政的消灭、实现阶级和国家消亡，最终建立"自由人的联合体"的共产主义社会。从人类历史上无产阶级专政的实践进程看，从1871年的巴黎公社到1917年的俄国十月革命，从列宁时期的新经济政策到斯大林时期的苏联模式，从新中国成立之后我国建设社会主义的初步探索到党的十一届三中全会之后实行改革开放和建设中国特色社会主义的创新实践，可以说，在公共性建设方面虽然有探索、有积累、有经验，但总体来说成效都不理想。当下，中国特色社会主义进入新时代和新发展阶段，正好处在马克思恩格斯所揭示的公共性总体发展趋势由下降到上升直至完全实现的历史大转折时期，这为社会主义国家更快更好地实现政府公共性开辟了广阔道路和发展空间，加强政府公共性建设顺应历史、符合规律、恰逢其时，研究理论、指导实践、抢抓机遇、不负使命，我们任务在肩、责无旁贷。

（六）关于世界历史理论

关于世界历史理论是马克思恩格斯政府公共性理论由国内视野和本国范围向国际视野和全球范围的延伸和拓展。马克思恩格斯认为，由于资本主义时代资本的全球扩张，资产阶级开拓了整个世界市场，从而使一切国家的生产和消费连为一体都成为世界性的了。因此，历史的发展必然使彼此隔绝、互不往来的地域历史逐步转变为世界历史，狭隘地域性的个人也必然为世界历史性的、真正普遍的个人所代替。"无产阶级只有在世界历史意义上才能存在，就像共产主义——它的事业——只有作为'世界历史性的'存在才有可能实现一样。"[①] 即无产阶级首先要成长为世界无产阶级，然后通过世界无产阶级革命、在世界历史意义上才能最终实现共产主义。马克思恩格斯在《德意志意识形态》中阐述的世界历史理论为当今的全球化和全球治理理论提供了理论渊源和研究依据。

全球化从实践形态来看由来已久，最早可以上溯到15世纪末哥伦布发现新大陆，从此掀开了欧洲殖民主义统治扩张的时代，这就为后来的全球化准备了条件、奠定了基础。但从真正意义上说，全球化还是从17世纪末，特别是18—19世纪西方产业革命以来资本主义全球扩张时期资本的全球统治和世界市场的形成开始兴盛一直至今，而作为理论形态的全球化则是从20世纪80年代以来才开始逐步流行起来的。从本质上说，全球化作为一种历史发展趋势，是资本的全球侵略扩张和疯狂剥削掠夺造成的，是资本在世界范围内流动而利润在向西方流动，但是资

[①]《马克思恩格斯选集》第1卷，人民出版社1995年版，第87页。

本在全球范围内配置资源和生产要素，把世界各国都连为一体，彼此依存、难割难分，甚至将狭隘地域中的个人也变成了世界历史性和真正普遍性的存在，这在客观上确实一定程度地促进了生产力的发展和社会交往的扩大，从而使得全球化走到了资本全球扩张和剥削掠夺的矛盾对立面，并为无产阶级世界革命和完成共产主义事业创造了条件。

三　马克思恩格斯政府公共性理论的主要特点

马克思恩格斯政府公共性理论是对前人的批判性继承与超越。作为一个科学的理论体系，概括起来，马克思恩格斯政府公共性理论具有以下几个主要特点：

（一）内容形式的分散性

马克思恩格斯的政府公共性理论没有一个专门而集中的论著去专题性论述和探讨关于政府公共性的问题，甚至连"公共性"或"政府公共性"的概念字样也没有完整和正式地出现。这也是学术界有人胆敢质疑该理论甚至持否定观的各种借口、原因之一，这当然是站不住脚的，我们绝不能因此而怀疑或否定马克思恩格斯政府公共性理论的客观存在及其科学性。马克思恩格斯政府公共性理论具有分散性特点，表现在：

第一，概念表述的分散性。马克思恩格斯政府公共性理论并没有直接地明确提出和具体表述"公共性"或"政府公共性"的概念及其内涵，而是间接地通过诸如人民大众、公共权力、整个社会的正式代表、全社会的代表、社会的普遍权利、共同利益、社会全体成员的共同利益（公共利益）、社会公仆、勤务员、公务员、合理职能、社会职能、社会公共职能、公共目的、公共需要、共同需要、虚幻的共同体、公共事务、共同事务、公共基金、公益工程、公共工程、国家管理和公共管理等概念术语来表达阐明的。

第二，具体内容的分散性。马克思恩格斯政府公共性理论的六个方面主要内容，具体到每个方面来说，作为其具体内容的思想、观点、论述等又是零零星星地分散在马克思恩格斯著作文本之中的，而且有些是显性的、有些是隐性的，需要下功夫进行挖掘收集、分类整理、系统梳理和归纳概括。比如，关于政府公共特征理论的具体论述主要分布在：恩格斯《家庭、私有制和国家的起源》《〈法兰西内战〉1891年单行本导言》，马克思《法兰西内战》等；关于政府公共职能理论的具体论述主要分布在：恩格斯《反杜林论》《〈英国工人阶级状况〉1892年德文第二版序言》《家庭、私有制和国家的起源》《〈法兰西内战〉1891年单行本导言》《论住宅问题》《社会主义从空想到科学的发展》，马克思《法兰西内战》《资本论》《不列颠在印度的统治》《哲学的贫困》，马克思恩格斯《共产党宣言》《德意志意识形态》等；关于政府公共产品理论的具体论述主要分布在：马克思《哥达纲领批判》《不列颠在印度的统治》等；关于政府公共管理理论的具体论述主要分布在：马克思《关于现代国家的著作的计划草稿》《法兰西内战》《资本论》《〈黑格尔法哲学批判〉导言》，恩格斯《〈法兰西内战〉1891年单行本导言》，马克思恩格斯《共产党宣言》等；关于政府公共性与阶级性辩证关系及其发展趋势理论的具体论述主要分布在：恩格斯《家庭、私有制和国家的起源》《〈法兰西内战〉1891年单行本导言》，马克思《论犹太人问题》，马克思恩格斯《共产党宣言》等；关于世界历史理论的具体论述主要分布在：马克思恩格斯《德意志意识形态》《共产党宣言》等。

第三，结构形式的分散性。马克思恩格斯政府公共性理论作为一个科学的理论体系，按照笔者目前的研究成果和研究水平并严格遵照忠实于文本精神的原则，在结构形式上，暂且把它系统梳理和归纳概括为六个方面的有机组成部分。但是事实上，在马克思恩格斯著作文本中并没有一个现成的设计精巧、结构严密的体系架构来分门别类地集中和系统阐述政府公共性理论，其结构形式是很分散的、灵活的，不仅以上六个方面的具体内容大都是零星地散落于、隐藏于相关著述之中，而且这六个方面相互之间的关系也是很松散的，有些内容在论述形式上相互融合、相互交织、高度混杂在一起，特别是关于政府公共特征理论与政府公共职能理论之间关系更是如此，涉及的著作文本尤其是恩格斯的著作文本很多、很丰富。

(二) 逻辑线索的系统性

马克思恩格斯政府公共性理论虽然具有形式和内容上的分散性特点，但它绝不是一堆"杂乱无序的马铃薯"，而是一包"串联有序的糖葫芦"，它就像是一篇潇洒浪漫、诗意华丽的抒情散文一样，是形散而神不散的。作为一个科学的理论体系，马克思恩格斯政府公共性理论始终围绕着一个鲜明的主题，这就是探求全人类从政治解放到社会解放之道；它所追求的终极目标和价值理想，就是要实现天下大同和建立一个自由人的联合体的理想社会模式；古希腊政治思想的公共性理念、近代社会契约论的公共性维度、德国古典哲学的公共性资源、空想社会主义的公共性素材是它的四个主要理论来源；关于政府公共特征理论、政府公共职能理论、政府公共产品理论、政府公共管理理论、政府公共性与阶级性辩证关系及其发展趋势理论以及世界历史理论等，是它的六个方面的主要内容；坚持唯物史观和唯物辩证法，是它用以指导具体研究的科学世界观和方法论；探究公共权力与人民大众和社会之间的分离和复归，则是贯穿于以上各个组成部分和主要内容的一以贯之的一根红线。同一个主题、同一个目标、同一种世界观和方法论、同一根红线贯穿始终，其理论逻辑线索清晰、相互衔接、环环紧扣、系统完备，从而使得马克思恩格斯政府公共性理论成为一个科学的理论体系。就这六个方面主要内容的性质地位、功能和分工来说，政府公共特征理论居于基础性、前提性地位，起着关键核心和决定性的作用，其他各方面都是在此基础上的依次展开。其中，政府执行公共职能是政府实现公共性本质的必然要求和有效途径，政府提供公共产品是政府履行公共职能的具体内容和基本任务，政府进行公共管理是政府履行公共职能的方式方法和运行过程，政府特征两重性辩证关系及其发展趋势是对政府公共性理论重点核心内容的规律性总结和展望，而世界历史理论则是以上各部分理论从国内到国际的合乎逻辑的自然延伸。

(三) 价值理想的完美性

马克思恩格斯政府公共性理论以推动人类由政治解放到社会解放、最终实现全人类的彻底解放为己任，它所追求的终极目标和价值理想就是要实现天下大同和建立一个自由人的联合体的理想社会模式，也就是最终实现共产主义。到那时，私有制、阶级和国家都将消亡，国家阶级性和政治统治职能彻底消失，国家公共性将彻底丧失政治性质而完全回归公共性，公共权力也将在性质和功能上由一分为二回归到合二为一，并实现公共权力向人民大众和社会的完全复归，从而使建立在社会财富极大丰富基础上的、真正真实的、理想完美的公共性完全实现。可见，马克思恩格斯的公共性思想是以实现天下大同和全人类彻底解放为目标的"大公共"① 思想，它为人类描绘和擘画了一个公正合理的、幸福美好的理想社会蓝图，就此而论，马克思恩格斯都是胸怀天下、情系人类、追求完美、止于至善的当之无愧的理想主义者。但为了避免使自己的理论或理想沦为空谈，他们努力地探寻出一条通往这一理想目标的实现途径，这就是通过无产阶级革命而建立无产阶级专政。马克思恩格斯认为，阶级斗争必然导致无产阶级专政，而无产阶级专政是一种完全新型的阶级专政，是绝大多数人对极少数人实施的专政，也是人类历史上最高和最后形态的阶级专政，它是人类从阶级社会通向无阶级无国家社会从而实现对自身否定的必经桥梁，是正在走向消亡中的过渡形态的国家。他们认为，要实现全人类彻底解放就必须推进并实现人类由政治解放上升到社会解放，因为社会解放优于政治解放，政治解放虽然是一种不小的进步但它毕竟不是目的，政治解放的主体是市民社会，而社会解放的主体是无产阶级，只有通过社会解放才能最终达到全人类解放，而无产阶级只有首先解放全人类才能最终解放它自己。马克思恩格斯还坚持主张在对现实的批判中去发现新世界，这就是，他们通过对资本主义雇佣劳动制

---

① 王振海：《论政府公共性》，《上海行政学院学报》2003 年第 3 期。

度的分析批判，发现了生活在受剥削受压迫残酷现实中的无产阶级以及蕴藏于无产阶级身上的伟大力量，无产阶级不但会善于破坏一个旧世界，而且将善于建设一个新世界，从而找到了变革旧世界和建设新世界的依靠力量和现实途径，这样就把自己的理想大厦牢牢地建立在活生生的现实基础之上。因此我们说，马克思恩格斯不仅是坚定的理想主义者，而且是踏实的现实主义者。

（四）理论地位的基础性

马克思主义作为指导无产阶级和全人类解放的科学理论和学说体系，政府公共性理论是其重要内容和组成部分之一。相比马克思主义的其他政治理论来说，其政府或国家公共性理论具有基础性地位，是马克思主义国家理论的重要基石。为什么这么说呢？在马克思主义国家理论中，政府或国家公共性理论与阶级斗争理论、无产阶级革命理论，到底谁处于基础性地位、谁处于决定性地位呢？众所周知，在马克思恩格斯的著作有关国家理论的论述中，大家非常熟知的是例如国家是阶级矛盾不可调和的产物、国家是阶级统治的暴力工具、国家是镇压被压迫被剥削阶级的暴力机器等的著名论断。确实，马克思恩格斯的这些著名论断一针见血地揭示了国家的阶级性本质，因而成为动员广大无产阶级投身阶级斗争、进行暴力革命和建立无产阶级专政的理论武器，至今仍散发出真理的光芒。但正因为如此，好多人习惯于想当然而表面地、片面地理解甚至误读了马克思恩格斯关于国家本质的真正含义，好像国家的本质就只是阶级性。不要忘了，无产阶级之所以要进行阶级斗争和暴力革命，不是因为它是目的，相反它只是手段，是为了实现无产阶级自身和全人类解放的必要方法和途径，其真实目的和价值诉求是最终实现真正完全的公共性。其实，整体地、全面地看，国家在本质上是公共性与阶级性矛盾双方既同一又斗争的辩证统一体，两者相辅相成、缺一不可。我们只有把这两个方面都认识全了，才算是真正地理解和把握了马克思恩格斯的国家本质概念。首先，国家本质上具有公共性与阶级性的两重性特征，在公共性与阶级性矛盾的对立统一中，公共性是矛盾的次要方面，处于基础的服从的地位，公共性是国家本质的基础；阶级性是矛盾的主要方面，处于决定的主导的地位，阶级性决定国家的本质。其次，国家职能上具有社会公共职能与政治统治职能的两重性职能，在社会公共职能与政治统治职能的对立统一中，社会公共职能是矛盾的次要方面，处于基础的服从的地位，社会公共职能是国家职能的基础；政治统治职能是矛盾的主要方面，处于决定的主导的地位，政治统治职能是国家职能的实质和核心。由此可见，在马克思恩格斯国家理论体系中，国家公共性理论处于重要的、不可忽视的、基础性地位，而阶级斗争和暴力革命理论则居于本质的、核心的、决定性地位。

第二节 马克思恩格斯政府公共性理论的核心要义

以上简要概括了马克思恩格斯政府公共性理论六个方面的主要内容和四个方面的主要特点，其中马克思恩格斯关于国家本质特征的两重性及其辩证关系理论、国家公共性建设和公共性实现理论是其理论精髓和核心要义，在马克思恩格斯政府公共性理论中具有决定性作用，其他几个方面都是在此基础上和以此为核心展开的。马克思恩格斯认为国家的本质特征是和人民大众分离的公共权力，可见国家本质上具有公共性和阶级性双重特征，国家是公共性与阶级性的对立统一体，其中公共性是国家产生和存在的前提和基础，阶级性处于矛盾的主要方面并决定着国家的本质，公共性与阶级性的关系反映和折射了人类创设国家或政府的目的性与手段性的辩证统一。巴黎公社第一次真正实现了人民当家作主，开启了公共权力向人民大众复归的历史进程，从而为社会主义国家履行"合理职能"、加强公共性建设和实现国家公共性开辟了道路。

一　国家本质特征的两重性[①]

对于国家如何排挤、打击直至取代氏族制度而得以形成和发展起来的历史过程，恩格斯在《家庭、私有制和国家的起源》中，以雅典国家作为"一般国家形成的一种非常典型的例子"进行了经济学描述，最后他概括指出："国家的本质特征，是和人民大众分离的公共权力。"[②] 从恩格斯对国家本质特征的概括性结论中分析可见，国家的本质特征包括两个层次：首先，国家是一种公共权力，它具有公共权力的一般属性，即国家具有公共性特征；其次，国家是一种特殊的公共权力，表现在它与人民大众相分离，具有一般公共权力所没有的特殊属性，即国家具有阶级性特征。

（一）公共性揭示了国家产生和存在的前提和基础

从国家本质特征的第一个层次来看，国家首先是一种公共权力，而公共性是公共权力最一般和最本质的属性。具体表现在公共权力主体即最终所有者社会全体成员和具体执行者公共部门的公共性，公共权力客体即社会公共事务和公共问题的公共性，公共权力运行方式和手段即履行公共职能和行使公共管理的公共性，公共权力目的和价值即维护社会公共利益和满足社会公共需要的公共性等。首先，作为一种"公器"，国家是整个社会的正式代表，其产生的初衷是为了满足社会正常存在和发展的最基本的公共利益需要，而且统治阶级的特殊利益在一定程度上也受社会公共利益的制约，迫使统治阶级不得不加以考虑和兼顾。"马克思对政府职能的分析是以公共需要作为起点的。"[③] 在《哥达纲领批判》中，马克思从社会存在与发展的公共需要和"公共基金"[④]的优先

[①] 王同新：《公共性与阶级性：马克思主义国家观的理论透视及其当代价值》，《科学社会主义》2015 年第 6 期；《恩格斯国家本质特征理论及其当代价值》，《马克思主义研究》2019 年第 9 期。

[②] 《马克思恩格斯选集》第 4 卷，人民出版社 1995 年版，第 118、116 页。

[③] 唐铁汉：《马克思主义公共管理思想原论》，《新视野》2005 年第 5 期。

[④] 《马克思恩格斯选集》第 3 卷，人民出版社 1995 年版，第 304 页。

满足出发，对社会总产品进行个人分配之前必须做六项扣除给出了历史唯物主义的有力阐释。在《家庭、私有制和国家的起源》中，恩格斯也是从公共需要和公共目的的角度分析了诺克拉里对氏族制度的双重破坏作用，即它造成的这种公共权力已不再是原来的真正的"武装的人民"了，并且"它第一次不依亲属集团而依共同居住地区为了公共目的来划分人民"①。这是对氏族制度的致命一击，恰是国家产生的关键一步。很显然，恩格斯这里所讲的"公共目的"就是指通过设置诺克拉里这种新设施来处理共同居住地区内日益纷繁复杂的公共事务和公共问题，以优先满足全体人民的公共需要和实现维护公共利益。其次，"国家产生的根本原因就在于社会公共事务的存在，需要政府履行一定的公共职能"②。国家自诞生以来就集政治统治职能和社会公共职能于一身，但在国家的双重职能中，政治统治职能一般表现得比较突出和耀眼，特别是阶级矛盾异常尖锐时期，政治统治职能更是居于强势地位，而社会公共职能则相对处于弱势地位。但无论如何，作为国家产生的根本起因，处理社会公共事务和履行社会公共职能乃是国家政治统治得以维持和存续的前提和基础。正如恩格斯在《反杜林论》中所强调的："政治统治到处都是以执行某种社会职能为基础，而且政治统治只有在它执行了它的这种社会职能时才能持续下去。"③ 恩格斯还拿波斯和印度为例加以阐明。这两个国家的任何专制政府都非常重视河谷灌溉管理，英国人在印度统治期间也最终认识到灌溉设施的重要性。对此，马克思在《不列颠在印度的统治》中也有类似的论述："节省用水和共同用水是基本的要求……在东方，由于文明程度太低，幅员太大，不能产生自愿的联合，所以就迫切需要中央集权的政府来干预。因此亚洲的一切政府都不能不执行一种经济职能，即举办公共工程的职能。"④ 由此

---

① 《马克思恩格斯选集》第4卷，人民出版社1995年版，第113页。
② 唐铁汉：《马克思主义公共管理思想原论》，《新视野》2005年第5期。
③ 《马克思恩格斯选集》第3卷，人民出版社1995年版，第523页。
④ 《马克思恩格斯全集》第9卷，人民出版社1961年版，第145页。

可见，为了维护公共利益、满足公共需要，必须创设一个公共组织去管理公共事务、履行公共职能和提供公共产品，这正是作为公共权力的国家产生的初衷，因此公共性特征揭示了国家产生和存在的前提和基础，也表明了国家或政府合法性的基础和来源。

（二）阶级性揭示了国家的本质

从国家本质特征的第二个层次来看，国家又是一种特殊的公共权力，表现在它与人民大众相分离，具有一般公共权力所没有的特殊个性即阶级性。首先，与一般公共权力不同，国家这种公共权力已不再是原来氏族制度下全体人民的自我保护的武装力量，而是"受这些国家机关支配的，因而也可以被用来反对人民的，武装的'公共权力'"[①]。雅典民主制的国民军和宪兵队实际上蜕变成一种专门为贵族效力的公共权力，对内用来镇压奴隶的反抗、缓和冲突维持"秩序"，对外还有国防和战争职能。随着阶级的分裂和国家的产生，这时的"公共权力"获得了政治性质而转变为"政治权力"，这时的"人民"也由一个非政治范畴转变为一个政治范畴。恩格斯在《〈法兰西内战〉1891年单行本导言》中明确指出："社会为了维护共同的利益，最初通过简单的分工建立了一些特殊的机关。但是，随着时间的推移，这些机关——为首的是国家政权——为了追求自己的特殊利益，从社会的公仆变成了社会的主人。"[②] 其次，马克思恩格斯在研究分析国家作为一般公共权力的共性即公共性基础上，具体地、重点地研究阐明了国家作为特殊公共权力的个性即阶级性，从而得出国家的本质在于阶级性的结论。从历史起源看，国家作为特殊的公共权力，其特殊性就在于这种公共权力脱离了社会和人民大众的实际掌控，而被统治阶级把持、垄断和世袭，最终异化为剥削人民、压迫人民、反噬人民的暴力机器，并沦为统治阶级假借全社会公共利益的名义来谋求和实现本阶级特殊利益的政治工具。从表面

---

① 《马克思恩格斯选集》第4卷，人民出版社1995年版，第107页。
② 《马克思恩格斯选集》第3卷，人民出版社1995年版，第12页。

上看，国家作为公共权力似乎与社会分离而独立于社会之上，但实质上它并不真正独立，"它照例是最强大的、在经济上占统治地位的阶级的国家"①。因此，在阐释了国家是整个社会的正式代表以后，恩格斯紧接着一针见血地指出："说国家是这样的，这仅仅是说，它是当时独自代表整个社会的那个阶级的国家：在古代是占有奴隶的公民的国家，在中世纪是封建贵族的国家，在我们的时代是资产阶级的国家。"② 正是基于对国家起源的历史的、客观的考察分析，马克思恩格斯以唯物史观为指导，不仅阐明了国家作为一般公共权力所具有的共性即公共性特征，而且着重阐明了国家作为特殊公共权力所具有的个性即阶级性特征，从而揭示了国家的阶级性本质："国家是文明社会的概括，它在一切典型的时期毫无例外地都是统治阶级的国家，并且在一切场合在本质上都是镇压被压迫被剥削阶级的机器。"③

二 国家本质特征两重性的辩证关系④

在国家本质特征及其相互关系问题上存在两种极端片面观点：一种观点认为，国家就是管理社会公共事务的组织，它本质上是社会公共利益的忠实代表，因此国家纯粹是一种中性的公共设施，国家只具有公共性而没有阶级性；另一种观点认为，国家本质上只是统治阶级剥削和镇压被统治阶级的暴力机器，国家纯粹是一种赤裸裸的阶级斗争和阶级专政的政治工具，因此国家只具有阶级性而没有公共性。这两种观点都割裂了国家本质特征的公共性与阶级性既对立又统一的辩证关系，因而都是错误的。其实，"国家、政府的本质是阶级性与公共性的有机统一，

---

① 《马克思恩格斯选集》第4卷，人民出版社1995年版，第172页。
② 《马克思恩格斯选集》第3卷，人民出版社1995年版，第631页。
③ 《马克思恩格斯选集》第4卷，人民出版社1995年版，第176页。
④ 王同新：《公共性与阶级性：马克思主义国家观的理论透视及其当代价值》，《科学社会主义》2015年第6期；《恩格斯国家本质特征理论及其当代价值》，《马克思主义研究》2019年第9期。

是经济上占统治地位的阶级进行阶级统治和社会公共管理的工具"①。

（一）国家是公共性与阶级性对立统一的有机体

国家本质特征两重性的关系可以从国家孕育的胎胞里即公共权力及其性质、功能的历史变迁中寻觅缘起。"所谓公共权力，就是管理社会公共事务即管理社会全体成员的共同事务的权力。这种涉及社会全体成员的公共事务在任何社会中都存在……因此，公共权力是任何社会都需要的，它存在于一切社会中。"② 综观人类社会存在和发展的全过程，公共权力是贯穿前国家阶段、国家阶段和后国家阶段所共有的东西，公共权力与人类社会共同体须臾不离，只是国家阶段的公共权力发生了性质和功能的重大变化。自从国家诞生之日起，原本单一纯粹的公共权力便在性质和功能上一分为二：公共性和社会公共职能、阶级性和政治统治职能；此后的总体发展趋势是：前者由下降到上升直至完全实现，后者由上升到下降直至最终归零。可见，国家区别于一般公共权力的实质和核心在于共性基础上的个性，也就是公共性基础上的阶级性，国家一开始就包含着公共性与阶级性这一对矛盾。首先，国家本质两重性特征之间是相互区别的，公共性作为国家产生和存在的前提和基础，它是与人类社会共始终的永恒范畴；而阶级性作为国家的本质所在，既不是从来就有的，也不是永久存在的，它是与国家共始终的历史范畴。③ 其次，国家本质两重性特征之间亦有主次之分，公共性是国家的次要特征，也是矛盾的次要方面，居于弱势和服从地位；而阶级性是国家的主要特征，也是矛盾的主要方面，居于优势和主导地位，决定着国家的本质。

国家本质特征的两重性之间是辩证统一的，二者既相互区别、相互斗争，又相互联系、相互依存，国家是公共性与阶级性矛盾双方既对立

---

① 郭小聪：《行政管理学》，中国人民大学出版社 2016 年版，第 27 页。
② 李延明：《什么是国家的本质？》，《马克思主义研究》1999 年第 2 期。
③ 王同新：《公共性与阶级性：马克思主义国家观的理论透视及其当代价值》，《科学社会主义》2015 年第 6 期；《恩格斯国家本质特征理论及其当代价值》，《马克思主义研究》2019 年第 9 期。

又统一的有机体，其中公共性是国家产生和存在的前提和基础，也是国家或政府合法性的基础和来源，而阶级性处于矛盾的主要方面并决定着国家的本质。"在国家身上，社会性与阶级性是辩证地统一在一起的，全社会的代表与统治阶级的工具这两个方面是辩证地统一在一起的。我们只有把握了这一点，才算是把握住了马克思主义的国家本质概念。"①

(二) 国家公共性与阶级性关系折射了人类创设国家或政府的目的性与手段性的辩证统一

国家本质特征两重性的关系还可以从人类创设国家的目的动因与实现手段途径方面来分析。恩格斯在《家庭、私有制和国家的起源》中指出，雅典国家产生过程中设置诺克拉里所依据的不是亲属血缘关系，而是首次在共同居住地域内出于"公共目的"来划分人民。无论国家产生后的历史演变和发展状况如何，起初的这种"公共目的"虽然发生了不同程度的缺失或偏离，但却从未完全丧失或被彻底丢弃，它反映和体现在国家身上就是国家所天生具有的公共性特征。从理论的"应然"层面看，国家的公共性特征表明，国家这种"公器"是属于全体人民的，它本来只应当作为服务全社会公共目的和公共利益的工具，而不应当被用来为某个或某些阶级谋取特殊利益。但从实践的"实然"层面看，国家这种"公器"的实际操控权却掌握在社会强势集团手中而沦为阶级统治、剥削和压迫的暴力工具，"这些人把政治变成一种生意"，"表面上是替国民服务，实际上却是对国民进行统治和掠夺"②。这恰恰说明，国家公共性的实现是以自身的局部缺失为代价而相应伴随着阶级性的产生和扩张为自己开辟道路的，理论上的公共性"应然"反映了人类创设国家的目的和动因，而实际上的阶级性"实然"体现了达成目的之手段和途径。在马克思恩格斯看来，国家本质上并不是好东西，国家是一种"必要的恶"，它只是通向人类理想社会的必经阶段

---

① 李延明：《什么是国家的本质?》，《马克思主义研究》1999 年第 2 期。
② 《马克思恩格斯选集》第 3 卷，人民出版社 1995 年版，第 12 页。

和必要桥梁。"阶级专政不是目的，更不是他们所向往的东西，而只是为对付不愿意交出政权和仇视人民政权的人的手段，是不得已而为之的选择，是实现无阶级、无专政的理想社会的一个必经阶段。"① 即使是对无产阶级专政国家的政权性质，恩格斯也毫不隐讳地强调指出了其过渡性质："国家再好也不过是在争取阶级统治的斗争中获胜的无产阶级所继承下来的一个祸害；胜利了的无产阶级也将同公社一样，不得不立即尽量除去这个祸害的最坏方面，直到在新的自由的社会条件下成长起来的一代有能力把这全部国家废物抛掉。"②

与自然界发展有别，人类社会发展离不开有意识有目的的人的活动，国家作为人类智慧和理性的创造物，被深深地打上了人类主观目的的烙印，但最终"历史合力"的作用又是客观存在的，所以人类社会发展是合规律性与合目的性的有机统一；与自然物所具有的诸多特征之间关系不同，国家作为一种社会物，其公共性与阶级性特征反映和折射了人类创设国家的公共目的性与方式手段性之间的辩证统一。③

三 国家公共性建设与公共性实现

实现国家公共性是马克思恩格斯政府公共性理论的价值旨趣、实践诉求、出发点和落脚点，而着力推进国家公共性建设是逐步并最终实现国家公共性的重要途径之一。

（一）国家公共性实现的重大意义和实现途径

实现国家公共性是马克思恩格斯从事政府公共性问题研究和创立政府公共性理论的根本目的和出发点、落脚点。从价值追求的角度来看，马克思恩格斯政府公共性理论的价值理想就是要实现天下大同和建立一个自由人的联合体的理想社会模式，也就是最终实现共产主义社会那种

---

① 王振海：《论政府公共性》，《上海行政学院学报》2003 年第 3 期。
② 《马克思恩格斯选集》第 3 卷，人民出版社 1995 年版，第 13 页。
③ 王同新：《公共性与阶级性：马克思主义国家观的理论透视及其当代价值》，《科学社会主义》2015 年第 6 期；《恩格斯国家本质特征理论及其当代价值》，《马克思主义研究》2019 年第 9 期。

建立在社会财富极大丰富基础上的、真正真实的、理想完美的公共性，因此，实现国家公共性是马克思恩格斯政府公共性理论的价值目标和价值旨趣。从历史发展的角度看，马克思恩格斯政府公共性理论认为，公共性是一个流动的存在和动态发展的历史过程，从原始社会真正的但虚弱虚空的公共性，到阶级社会失真的虚假虚幻的公共性，最后回归到共产主义社会真正真实的和丰盛完美的公共性。这个过程不是纯粹的自发自动的自然运动过程，而是人类社会历史发展的合规律性与合目的性辩证统一的历史过程，实质上它是一个人类为之奋斗牺牲求索抗争的实践过程，因此，实现国家公共性是马克思恩格斯政府公共性理论的实践诉求和目标引领。总之，国家公共性实现在马克思恩格斯政府公共性理论中具有价值导向、目标引领和实践指导、行为激励等重大意义。

根据马克思恩格斯政府公共性理论关于国家本质及其特征的阐述，沿着贯穿该理论的一根红线即公共权力与人民大众和社会的分离和复归去寻思，那么实现国家公共性的根本途径是：立足当前阶级社会中公共权力与人民大众和社会不同程度相分离的现实，通过阶级斗争来建立无产阶级专政，使无产阶级上升为统治阶级掌握国家政权；在社会主义基础上不断加强国家公共性建设，逐步推进并实现公共权力向人民大众和社会的完全复归，使人民重新拥有对公共权力的实际掌控权、支配权、使用权，确保公共权力真正被用来为全体人民造福、为社会公共利益服务。既然国家公共性实现是一个全人类为之孜孜以求的实践过程和共同事业，那么在建立了无产阶级专政和社会主义制度的前提下，其有效实现途径至少包括：在国内层面，致力加强国家公共性建设，不断推进政府转型、职能转变和构建公共服务型政府；在国际层面，致力推进全球化进程和全球公共治理体系变革，推动构建人类命运共同体。

（二）国家公共性建设的战略任务和主要内容

马克思恩格斯政府公共性理论认为，实现国家公共性的前提条件和根本途径是首先建立无产阶级专政的国家政权，在社会主义基础上推进国家公共性建设。这是由无产阶级专政的地位作用和历史使命决定的。

马克思恩格斯从来都不隐瞒和忌讳谈论自己的国家观点，他们认为国家从来就不是个好东西，但却是人类无奈的必要选择，国家是一种"必要的恶"。即使是对无产阶级专政的国家政权，恩格斯也明确地指出其过渡性质："国家再好也不过是在争取阶级统治的斗争中获胜的无产阶级所继承下来的一个祸害"①，但却是一个必要的祸害，无产阶级将来最终有能力把这全部国家废物抛掉，把它与青铜器和石斧等一起存放进历史陈列馆里。但必须强调的是，无产阶级专政作为人类历史上最后的和最高类型的阶级专政，是人类社会过渡到无阶级无国家的共产主义社会的必经桥梁，它的历史使命就是要通过加强社会主义国家公共性建设为将来最终过渡到共产主义社会准备条件，从而实现对无产阶级专政自身的彻底否定，但是在它的历史使命完成之前，任何试图否定无产阶级专政及其必要性的主张和形形色色的无政府主义思潮都是完全错误的。

巴黎公社作为人类历史上第一次真正实现了人民当家作主的第一个无产阶级专政政权，虽然只存在了短短的七十二天，但公社的经验和原则是永恒的，它作为无产阶级专政的第一场伟大实践具有里程碑意义。这是人民群众获得社会解放的政治形式，从此开启了公共权力向人民大众复归和国家政权去政治化的历史进程，从而为社会主义国家在正确处理国家公共性与阶级性关系基础上履行好"合理职能"和实现好国家公共性开辟了现实道路，也把社会主义国家公共性建设提到了重要的战略地位，赋予了社会主义国家公共性建设重要的战略任务。这项战略任务是与无产阶级专政的历史使命密切相关的，或者说是为完成这个历史使命而对社会主义国家提出的工作要求，这就是：以发展社会生产力为物质基础，以完善人民当家作主的民主政治制度为政治保障，以发展社会主义先进文化为价值引领，以强化民生改善、和谐发达、健康向上的社会建设为战略重点，全面加强社会主义国家的经济、政治、文化、社会和生态文明建设，为将来过渡到共产主义社会准备条件。

---

① 《马克思恩格斯选集》第3卷，人民出版社1995年版，第13页。

加强与政治国家相对应的市民社会建设,是完成社会主义国家公共性建设战略任务的主要和重点内容。马克思恩格斯政府公共性理论认为,政府有失灵的可能性,即使是社会主义国家也是如此,而预防和矫正这种政府失灵的根本在于市民社会、在于社会权利对国家权力形成有效的监督制约。与政治国家的概念相似,马克思恩格斯是在否定之中有肯定的意义上辩证使用市民社会这个概念的。市民社会就是"在过去一切历史阶段上受生产力制约同时又制约生产力的交往形式"①,就是制约和决定政治国家的经济基础或与政治国家相对应的物质生产生活领域。资本主义市民社会物欲横流、人际冷漠、道德失范、社会失序,充满了尔虞我诈、利益争夺、集团对抗、相互倾轧,资本对社会的统治和资本对雇佣劳动的剥削导致其市民社会内部利益对立和社会撕裂并最终分裂为资产阶级和无产阶级这两大对立阶级。马克思在对资本主义市民社会进行有力批判的同时又肯定其进步性:市民社会的政治解放本身虽然还不是人类解放,但是"政治解放当然是一大进步"②,因而对未来社会主义市民社会建设具有借鉴意义。马克思还告诫人们,无产阶级不仅不要崇拜市民社会,相反要为"消灭国家和市民社会而斗争"③。但是假若不经过利己主义的市民社会阶段,那就会使我们倒退到"粗陋的共产主义"④。因为阶级社会发展的基本态势是市民社会与政治国家之间矛盾运动的必然结果,或者说市民社会与政治国家之间的矛盾运动存在和贯通于阶级社会发展始终,作为矛盾双方的对立统一,既然社会主义社会政治国家还存在,那么相应的市民社会就必然存在,因此发达的市民社会是社会主义社会通向"自由人的联合体"理想社会模式不可逾越的发展阶段,加强以改善民生为重点的社会建设是社会主义国家的一项重要战略任务。

---

① 《马克思恩格斯选集》第 1 卷,人民出版社 1995 年版,第 87—88 页。
② 《马克思恩格斯全集》第 1 卷,人民出版社 1956 年版,第 429 页。
③ 《马克思恩格斯全集》第 42 卷,人民出版社 1979 年版,第 238 页。
④ 《马克思恩格斯全集》第 42 卷,人民出版社 1979 年版,第 119 页。

（三）社会主义国家公共性建设的策略原则和基本措施

马克思恩格斯不仅对资本主义市民社会表示了肯定性的批判，还对未来社会主义市民社会寄予了厚望，并通过对巴黎公社经验的分析概括和总结，就未来无产阶级专政的社会主义国家如何通过加强市民社会建设、发挥市民社会的积极作用、强化社会权利对国家权力的监督制约来克服和矫正政府失灵等一系列问题提出了许多有价值的思想，特别是关于社会主义国家社会建设和公共管理的性质、原则和措施等，至今仍具有重要的现实指导意义。

关于社会主义国家进行社会建设和实施社会管理的政治性质、基本措施和策略原则等思想比较集中地体现在马克思的《法兰西内战》、恩格斯的《〈法兰西内战〉1891年单行本导言》和马克思恩格斯合著的《共产党宣言》等著作文本中。马克思在1871年《法兰西内战》中，对巴黎公社进行了热情的讴歌，并指出：巴黎公社是工人阶级的政府，是无产阶级当家作主的政权，"这次革命是人民为着自己的利益而重新掌握自己的社会生活的行动"①。革命的对象是国家本身这个社会的"寄生赘瘤"而不是国家政权的形式，这是人民把国家政权重新收回并还原成社会本身的生命力。同时，马克思恩格斯基于对历史上剥削阶级专政国家政府失灵问题的研究和批判，针对无产阶级专政的社会主义国家政府失灵的可能性及其预防矫正等问题进行了专门分析和探讨，并结合对巴黎公社经验的概括总结，制定了一整套行之有效的策略原则和方法措施。比如：在《法兰西内战》中，马克思把巴黎公社的经验归纳总结为工人阶级政府进行社会管理的12条基本措施，这些措施可以高度概括为人民主权原则、议行合一原则、普选制责任制原则、监督撤换原则、廉价政府原则、地方自治原则、政教分离原则以及义务教育原则等基本原则。②恩格斯在《〈法兰西内战〉1891年单行本导言》中强调

---

① 《马克思恩格斯选集》第3卷，人民出版社1995年版，第93页。
② 王同新：《马克思恩格斯政府公共性思想与公共服务型政府构建》，中央编译出版社2014年版，第72—73页。

指出，为防止政府失灵和公仆变主人，公社采取了两条措施，即实行普选加撤换制、公务员工人工资制。这些策略原则和基本措施是对他们早在《共产党宣言》中提出的走向未来共产主义社会管理的一些初步设想的进一步丰富和发展。作为人类历史上无产阶级专政的第一次伟大实践，巴黎公社虽然失败了，但公社的经验和原则是永恒的，这些基本经验、原则、措施等对当下我们社会主义国家如何加强社会建设和公共管理、如何更快更好地实现国家公共性等都具有重要的借鉴和指导价值。

第二章　马克思恩格斯政府公共性理论的当代价值

党的二十大报告指出："十八大以来，国内外形势新变化和实践新要求，迫切需要我们从理论和实践的结合上深入回答关系党和国家事业发展、党治国理政的一系列重大时代课题。"① 只有把马克思主义基本原理同中国具体实际相结合、同中华优秀传统文化相结合，才能不断正确回答中国之问、世界之问、人民之问、时代之问，从而形成与时俱进的理论成果并更好地指导中国实践。当下，中国特色社会主义进入新时代和新发展阶段，研究和运用马克思恩格斯政府公共性理论具有十分突出的时代价值和现实指导意义。它主要表现在国际和国内两个方面、理论和实践两个层面：国际上，指导我国继续主动适应经济全球化要求，积极参与推进全球公共治理变革，推动构建人类命运共同体，更好为当今世界提供全球性公共产品；国内上，指导我国立足中国特色社会主义新时代和新发展阶段，加速推进政府转型和职能转变，加强社会主义国家公共性建设和提高公共性实现水平，进一步构建完善公共服务型政府。

---

① 习近平：《高举中国特色社会主义伟大旗帜　为全面建设社会主义现代化国家而团结奋斗——在中国共产党第二十次全国代表大会上的报告》，人民出版社2022年版，第16—17页。

第一节　马克思恩格斯政府公共性
理论的现实指导意义

马克思恩格斯政府公共性理论的现实指导意义，主要表现在国际和国内两个方面、理论和实践两个层面。

一　国际方面指导价值

国际上，马克思恩格斯政府公共性理论特别是关于世界历史理论，指导我国继续主动适应经济全球化要求，以更加积极的姿态参与全球化、融入全球化、推动全球化、引领全球化，继续不断深化对内改革和扩大对外开放，通过加强国际团结合作来共同应对全球性公共问题，积极参与推动全球公共治理变革，主动承担国际责任和国际义务，倡导和推动构建人类命运共同体，更好地为当今世界提供全球性公共产品。

作为一种理论思潮，当今全球化理论的源头就是马克思恩格斯1845年合著的《德意志意识形态》中所阐述的世界历史理论，而纵观20世纪80年代以来的全球化进程，则从实践上进一步验证了马克思恩格斯的关于世界历史理论。客观上看，全球化进程表现为人类社会不断摆脱地域分隔和彼此孤立、逐步走向普遍交往交流交融的必然趋势，它势必会造成地域历史和地域社会的日渐式微，最终将会被普遍发展和兴盛的世界历史和世界社会所取而代之，这样就使得一定程度的相互影响、相互制约、相互依存、休戚与共的紧密关系逐步在组成世界共同体的所有国家和地区之间形成和发展起来成为一种历史的必然，所以全球化进程就成为推动全球范围内普遍的公共性积累和不同地域的人们一起走向"公共化"的过程。这种全球范围的公共性积累或"公共化"过程以不断增进人类交往交流交融和促进人的自由全面发展并最终走向世界大同为价值理想和终极关怀，这就是要建立那种"每个人的自由发展是一切人的自由发展的条件"的自由人的联合体,也就是最终实现共产主义理想社会。而作为人类社会发展"归根结底"的终极原因的经济因素和生产力发展只是通往共产主义理想社会的有效途径和必要手段而已,因此"我们今天所生活的全球化时代就正处在这一崇高目的不断得到实现的积极阶段,这是全球化时代所能具有的各种意义的最伟大的方面"①。在马克思恩格斯世界历史理论指导下,我国自20世纪90年代以来致力于抓住机遇、迎接挑战,不断深化以市场为导向的经济体制改革和发展社会主义市场经济,继续扩大对外开放和提升开放型经济水平,并科学审视、把握和顺应全球化趋势,制定和实施积极的经济全球化战略,主动融入经济全球化、参与国际竞争与合作和全球治理,并于2001年11月正式加入世界贸易组织,从此我国以更加积极自信和担当作为的昂扬姿态一步步赢得了全球化的战略主动。党的十八大以来,以习近平同志为核心的党中央胸怀天下、放眼全球、高瞻远瞩、擘画蓝图,从全人类命运与共的整体利益和永续发展、世界人民的美好期盼和共同愿望出发,提出和形成了构建人类命运共同体的思想,这充分彰显了中国共产党人为人民谋幸福、为民族谋复兴、为世界谋大同的全球视野、人类情怀和历史担当。2018年4月,习近平在会见联合国秘书长古特雷斯时从我们党和国家的初心和使命的角度深刻指出:我们所做的一切就是为人民谋幸福、为民族谋复兴、为世界谋大同。2022年10月,习近平在党的二十大报告中进一步指出:中国共产党是为中国人民谋幸福、为中华民族谋复兴的党,也是为人类谋进步、为世界谋大同的党;我们要坚持胸怀天下、拓展世界眼光,深刻洞察人类发展进步潮流,积极回应各国人民普遍关切,为解决人类面临的共同问题作出贡献,推动建设更加美好的世界。②

---

① 曹鹏飞:《公共性理论的兴起及其意义》,《北京联合大学学报》(人文社会科学版)2008年第3期。

② 习近平:《高举中国特色社会主义伟大旗帜 为全面建设社会主义现代化国家而团结奋斗——在中国共产党第二十次全国代表大会上的报告》,人民出版社2022年版,第21页。

二 国内方面指导价值

在国内，马克思恩格斯政府公共性理论特别是关于政府公共职能、公共产品和公共管理理论，指导我国立足中国特色社会主义新时代以及当下新发展阶段、着力构建新发展格局，围绕推动实现经济社会高质量发展，善于根据我国发展历史方位和社会主要矛盾的新变化，主动适应新时代、新变化、新任务、新要求，加速推进政府转型和职能转变，更加注重和突出公共服务，加强社会主义国家公共性建设和提高公共性实现水平，进一步构建完善公共服务型政府。具体来说：

第一，关于政府公共特征理论正确阐明了政府本质上具有两重性特征、政府公共性是政府合法性的基础和来源，指导我们正确认识和处理政府公共性与阶级性之间的关系，在注重强调政府阶级性的决定性地位的同时，也不能忽视政府公共性的基础性地位。第二，关于政府公共职能理论正确阐明了政府职能上具有两重性、社会公共职能是政府职能的基础，指导我们正确认识和处理政府社会公共职能与政治统治职能、国家公共性建设与阶级斗争之间的关系，始终坚持把社会公共职能放在基础地位不动摇。第三，关于政府公共产品理论正确阐明了政府执行社会公共职能的基本任务和主要内容就是向全社会提供公共产品和公共服务，指导我们正确认识和处理政府与市场之间的关系、科学把握政府职能的边界和避免发生政府职能的"越位""缺位"和"错位"，健全和完善覆盖全国、遍布城乡的公共服务体系，完善公共服务多元化、市场化、社会化供给机制，不断提升政府提供公共产品和公共服务的能力和水平。第四，关于政府公共管理理论正确阐明了加强社会建设对于克服和矫正政府失灵的重要性、必要性和社会主义国家实施社会管理的性质、原则和措施，指导我们正确认识和把握发达的市民社会这个通向未来共产主义社会不可逾越的历史阶段，不断加强以保障和改善民生为重点的社会建设，创新完善政府公共管理的体制机制和方式方法，坚持实施科学管理、民主管理、依法管理。第五，关于政府公共性与阶级性辩证关系及其发展趋势理论正确揭示了政府公共性与阶级性之间矛盾运动的辩证逻辑、历史脉络和未来走势，指导我们在正确认识和把握政府公共性与阶级性之间矛盾运动的客观规律基础上，善于根据我国发展历史方位的新变化和阶段性发展新特征及时推进政府转型和职能转变，不失时机地加强国家公共性建设和更快更好地实现国家公共性。

当下，中国特色社会主义进入新时代和新发展阶段，正好处于马克思恩格斯所揭示的国家公共性与阶级性矛盾运动及其发展趋势中公共性由下降转为上升直至最终完全实现的历史大转折时期。从巴黎公社革命到俄国十月革命，从苏联模式社会主义到新中国社会主义建设初步探索，从实行改革开放开创中国特色社会主义到中国特色社会主义进入新时代，在世界社会主义国家公共性建设实践史上，中国特色社会主义新时代正好赶上人类社会公共性发展趋势中的历史大转折时期，这一大好机遇难得一遇、恰逢其时。为更好适应新时代中国特色社会主义新发展阶段的新形势、新变化、新任务、新要求，必须围绕我国社会主要矛盾的新变化和满足人民日益增长的美好生活需要的新要求，以建设人民满意的公共服务型政府为实践载体全面加强政府公共性建设，着力提高政府提供公共产品和公共服务的能力和水平，强化以保障和改善民生为重点的社会建设，尽快补齐民生领域公共服务的短板，不断提升社会主义国家政府公共性的实现水平。

第二节　积极参与全球公共治理，推动构建人类命运共同体

人类命运共同体理念自提出以来逐步赢得了世界各国和国际社会的高度赞誉和普遍认同，并被连续载入联合国相关决议文本，成为国际社会话语体系的重要组成部分。在当下全球化遭遇逆风逆流、逆全球化反全球化浪潮甚嚣尘上、美式霸凌表现强势背景下，中国基于为全人类谋

福祉和实现世界各国共同利益的考量主张推动构建人类命运共同体,并从审视全球公共领域着眼、从解决全球公共问题着手、从推进全球公共治理着力,积极向当今世界提供全球性公共产品,为全人类发展进步和推进全球治理体系变革贡献了中国智慧、中国方案和中国力量。构建人类命运共同体自提出以来,其由理念主张到行动实践的发展向全世界昭示了:构建人类命运共同体为困境中的全球治理改革指明了方向,它不仅为当今世界提供了全球理念性公共产品,而且它通过加强国际合作和共同打造"一带一路"等实践平台,为当今世界提供了全球制度性公共产品。①

一 人类命运共同体从理念主张层面到构建实践层面的发展历程

从"人类命运共同体"和"构建人类命运共同体"概念范畴的提出和发展历程看,可以从理念、主张和行动三个层面来进行解析。理念是主张和行动的先导,理念孕育并外化为主张和行动;而行动则是理念和主张的践履,行动彰显并强化了理念和主张。人类命运共同体由理念到主张再到行动的发展,逻辑上是"想的""说的"与"做的"三者之间层层递进的关系,事实上呈现出"想好说定就做"与"边想边说边做"的辩证统一,彰显了"行之力则知愈进,知之深则行愈达""知行合一"的中国智慧、中国作风和中国担当。

(一)理念层面:由理念提出到内涵定型和成熟入宪

作为执政党的一种执政理念和意识,"人类命运共同体"首次完整正式提出起始于党的十八大。2012 年 11 月,党的十八大报告指出:"合作共赢,就是要倡导人类命运共同体意识,在追求本国利益时兼顾他国合理关切,在谋求本国发展中促进各国共同发展,建立更加平等均

---

① 王同新:《构建人类命运共同体:全球性公共产品的视角》,《中国社会科学报》2020 年 5 月 27 日第 6 版。

衡的新型全球发展伙伴关系,同舟共济,权责共担,增进人类共同利益。"① 这是作为一种崭新的社会政治理念最早完整出现于我们党的正式文献当中。2017 年 10 月,党的十九大明确把"推动构建人类命运共同体"列为习近平新时代中国特色社会主义思想的一项重要内容。"明确中国特色大国外交要推动构建新型国际关系,推动构建人类命运共同体"是习近平新时代中国特色社会主义思想的"八个明确"之一;"坚持推动构建人类命运共同体"构成新时代坚持和发展中国特色社会主义的十四条基本方略之一。② 其基本内涵是:着眼于中国与世界各国梦相通、利相交、命相连,着手于做世界和平的建设者、全球发展的贡献者、国际秩序的维护者,着力于伙伴关系、安全格局、经济发展、文明交流、生态建设等方面,建设一个持久和平、普遍安全、共同繁荣、开放包容、清洁美丽的世界。人类命运共同体作为一个以合作共赢为核心的理念系统,其基本要义是:倡导世界多样反对一元主导、倡导国家平等反对国家霸权、倡导文明互鉴反对文明冲突、倡导包容发展反对西方中心、倡导互利普惠反对赢者通吃。2018 年 3 月 11 日,全国人大第十三届一次会议审议通过的宪法修正案,明确将"推动构建人类命运共同体"写入宪法,从而使中国共产党的执政理念上升为中华人民共和国的国家意志。

(二) 主张层面:由理念定型到主张传播和普遍认同

作为一种国家主张,倡导构建人类命运共同体兴盛于习近平主席外交活动中的重要讲话。自党的十八大以来,以习近平同志为核心的党中央在全面推进中国特色大国外交工作中,大力倡导构建人类命运共同体,构建人类命运共同体主张的国际影响力、感召力和塑造力不断扩大和增强,以至于赢得当今世界的普遍赞誉和高度认同。党的十八大以

---

① 胡锦涛:《坚定不移沿着中国特色社会主义道路前进 为全面建成小康社会而奋斗——在中国共产党第十八次全国代表大会上的报告》,《光明日报》2012 年 11 月 18 日第 1—5 版。

② 习近平:《决胜全面建成小康社会 夺取新时代中国特色社会主义伟大胜利——在中国共产党第十九次全国代表大会上的报告》,《人民日报》2017 年 10 月 28 日第 1—5 版。

来,习近平主席在国际国内重要场合先后多次高频率谈及"命运共同体",由双边命运共同体到区域命运共同体,再到全球命运共同体分阶段逐步展开,如中国—东盟命运共同体、中非命运共同体、周边命运共同体、亚洲命运共同体、网络空间命运共同体、人类命运共同体等。2013年3月,习近平在莫斯科国际关系学院发表演讲时说:"这个世界,各国相互联系、相互依存的程度空前加深,人类生活在同一个地球村里,生活在历史和现实交汇的同一个时空里,越来越成为你中有我、我中有你的命运共同体。"① 2015年3月,在博鳌亚洲论坛2015年年会上,他提出迈向命运共同体必须坚持四项原则,即各国坚持相互尊重、平等相待;坚持合作共赢、共同发展;坚持实现共同、综合、合作、可持续的安全;坚持不同文明兼容并蓄、交流互鉴。② 2015年9月,在联合国成立70周年系列峰会上,习近平主席提出和平、发展、公平、正义、民主、自由是全人类的共同价值,并阐明打造人类命运共同体的"五位一体"路线图,即建立平等相待、互商互谅的伙伴关系,营造公道正义、共建共享的安全格局,谋求开放创新、包容互惠的发展前景,促进和而不同、兼收并蓄的文明交流,构筑尊崇自然、绿色发展的生态体系。③ 2017年1月18日,习近平主席在日内瓦万国宫发表题为《共同构建人类命运共同体》的主旨演讲,他围绕"世界怎么了、我们怎么办?"从历史和哲学高度全面、深刻、系统地阐述了人类命运共同体理念,并提出国际社会要从伙伴关系、安全格局、经济发展、文明交流、生态建设等方面做出努力,建设一个持久和平、普遍安全、共同繁

---

① 习近平:《顺应时代前进潮流促进世界和平发展——在莫斯科国际关系学院的演讲(2013年3月23日,莫斯科)》,《人民日报》2013年3月24日第2版。

② 习近平:《迈向命运共同体 开创亚洲新未来——在博鳌亚洲论坛2015年年会上的主旨演讲(2015年3月28日,海南博鳌)》,《人民日报》2015年3月29日第2版。

③ 习近平:《携手构建合作共赢新伙伴 同心打造人类命运共同体——在第七十届联合国大会一般性辩论时的讲话(2015年9月28日,纽约)》,《人民日报》2015年9月29日第2版。

荣、开放包容、清洁美丽的世界。① 2月10日，联合国社会发展委员会第55届会议协商一致通过"非洲发展新伙伴关系的社会层面"决议，呼吁国际社会本着合作共赢和构建人类命运共同体的精神，加强对非洲经济社会发展的支持。这是中国提出的"构建人类命运共同体"主张被首次写入联合国决议。3月17日，"构建人类命运共同体"重要主张被首次载入联合国安理会决议，3月23日又被载入联合国人权理事会决议，从而成为国际人权话语体系的重要组成部分。至此，中国理念和智慧赢得了全世界的普遍赞誉和认同，中国主张和方案赢得了全世界的满堂回响和喝彩。② 2018年12月20日，"精准扶贫""合作共赢""构建人类命运共同体"等主张又被明确写入第73届联合国大会通过的"消除农村贫困"决议，进一步彰显了中国为推进全球治理做出的巨大贡献。

（三）行动层面：由理念和主张到付诸实践和推进实施

作为一种国家行动，构建人类命运共同体付诸于实施共建"一带一路"倡议合作、发起创办亚洲基础设施投资银行、举办中国国际进口博览会等重大实践。中国倡导构建人类命运共同体绝不是仅仅停留在纸面上和口头上，而是以自己的实际作为落实在行动上。2013年9月7日上午，在哈萨克斯坦纳扎尔巴耶夫大学演讲中，习近平主席首次提出共建"丝绸之路经济带"倡议，在随后出访中亚和东南亚国家期间，他又进一步发出重大倡议，要合作共建"丝绸之路经济带"和"21世纪海上丝绸之路"。2015年2月，以中央成立"一带一路"建设工作领导小组为标志，"一带一路"倡议合作正式启动实施。为实施共建"一带一路"、将"一带一路"打造成为互惠互利共同发展的合作共赢之路、增进理解交流互信的和平友谊之路、中国同世界携手共进共享发展机遇的

---

① 习近平：《共同构建人类命运共同体——在联合国日内瓦总部的演讲（2017年1月18日，日内瓦）》，《人民日报》2017年1月19日第2版。
② 班威：《中国方案的世界回响——写在人类命运共同体理念首次载入安理会决议之际》，参见新华网，http：//www.xinhuanet.com/syzt/zgfadsjhx/index.htm，2017-03-24。

阳光幸福大道，着力构建政治互信、经济融合、文化包容、和衷共济的利益共同体、责任共同体和命运共同体，中国始终秉持和平合作、开放包容、互学互鉴、互利共赢的理念和共商、共建、共享的原则，全方位推进务实合作、全面加强区域治理和致力实现各国人民共同福祉，从而使得共建"一带一路"已成为造福世界的全球公共产品和平等开放的国际合作平台。近年来，我国还发起并合作创办了亚洲基础设施投资银行、金砖国家新开发银行，设立丝路基金，先后成功举办"一带一路"国际合作高峰论坛、亚太经合组织领导人非正式会议、二十国集团领导人杭州峰会、金砖国家领导人厦门会晤、亚信峰会等。2018年先后成功举办上海合作组织青岛峰会，迄今规模最大、规格最高的中非合作论坛北京峰会，以及首届中国国际进口博览会。2019年以来，又先后成功举办第二届"一带一路"国际合作高峰论坛、北京世界园艺博览会、亚洲文明对话大会，坚持每年举办一届中国进博会等一系列重大国际活动。特别是2020年初全球暴发新冠疫情以来，中国积极倡导和推动世界各国并肩携手、同舟共济、合作抗疫、共克时艰，在做好本国疫情防控的同时，力所能及地支持和援助其他国家特别是一些欠发达国家的抗疫工作，使得中国疫苗成为支撑全球抗疫和深受各国欢迎的国际公共产品，从而为推动全球团结抗疫和后疫情时代世界经济复苏注入了强大的正能量。正如习近平主席在中法全球治理论坛闭幕式上讲话中指出的"各国应该积极做行动派、不做观望者"①那样，中国以自己的实际行动向世界展示了一个发展中大国为推动全球治理体系变革所做的积极努力和责任担当，从而使得构建人类命运共同体已成为中国向当今世界提供的、造福各国人民的一项全球性公共产品。

二　构建人类命运共同体为困境中的全球治理改革指明了方向

当下，世界正处于大发展、大变革、大调整时期，百年变局和世纪

---

① 习近平：《为建设更加美好的地球家园贡献智慧和力量——在中法全球治理论坛闭幕式上的讲话（二〇一九年三月二十六日，巴黎）》，《人民日报》2019年3月27日第3版。

疫情交织叠加，国际格局深刻演变、国际竞争日趋激烈、国际形势动荡不安，全球性挑战层出不穷、全球性风险日益增多、全球公共治理亟待加强。经济全球化浪潮汹涌澎湃，而贸易保护主义和单边主义等全球化逆流来势汹汹；新科技革命和产业变革方兴未艾，而经济增长动能转换明显滞后；世界格局加速演变，而南北差距和发展失衡问题仍很突出；全球治理体系变革加快，而有效治理的能力不足、动力衰减、行动滞后、方向迷失等问题凸显。[①] 面对世界百年未有之大变局和日益严峻的风险挑战，人类社会将走向何方？全球治理改革将何去何从？构建人类命运共同体秉持为世界谋大同的全球胸怀和人类情怀，致力弘扬人类社会公共价值与公共精神，高举和平、发展、合作、共赢的大旗，主张合作应对全球公域问题与公共危机，从而给遭遇逆全球化浪潮冲击和美式霸凌严重危害而陷于困境的全球公共治理指明了方向。

(一) 经济全球化的"双重积累"效应及其发展大势

经济全球化作为人类历史发展的必然趋势，从目前客观后果看，明显表现为"双重积累"效应，即全球公共性积累和全球性公共问题积累。一方面，表现为全人类的公共性积累或公共化过程，它促进了生产的发展和交往的扩大，使世界各国在国际竞争与合作中的相互依存度大大提高，使狭隘的地域历史真正转变为世界历史。另一方面，表现为大量全球性公共问题的积累，人类面临着全球公域问题与公共危机的严重困扰和挑战，国际社会公共事务纷繁复杂，全球性公共产品供给短缺，全球治理困难重重、举步维艰。当下，世界多极化、经济全球化、文化多样化、社会信息化深入发展，在各种力量趋势的相互激荡和综合作用下，各类"全球公域"不断孕育、快速形成和日益扩大，世界各国的相互联系、相互依存进一步增强，人类的命运从没像今天这样紧密相连，各国的利益也从没像今天这样深度融合。事实上，当今人类所共在

---

① 习近平：《同舟共济 创造美好未来——在亚太经合组织工商领导人峰会上的主旨演讲（二〇一八年十一月十七日，莫尔兹比港）》，《人民日报》2018年11月18日第2版。

共存的整个世界正日益成为你中有我、我中有你，纵横交错、利益交融，同舟共济、休戚与共的利益共同体、责任共同体和命运共同体。一旦灾难来临，在危机的传导联动和"蝴蝶效应"作用下，任何国家都无法置身事外、独善其身，世界真正进入了"天涯成比邻"和一荣俱荣、一损俱损的"地球村"时代。

值得强调的是，"经济全球化是历史大势，它促成了贸易大繁荣、投资大便利、人员大流动、技术大发展。……经济全球化的大方向是正确的。当然，发展失衡、治理困境、数字鸿沟、公平赤字等问题也客观存在。这些是前进中的问题，我们要正视并设法解决，但不能因噎废食"①。可见，经济全球化是一把"双刃剑"，经济全球化是造成全球性公共问题的主要成因，但不是唯一的原因，不能把经济全球化中客观存在的所有问题都一股脑地算在经济全球化的头上，如地区冲突、国际恐怖主义、中东难民问题等就不能简单地归咎于经济全球化。同时也说明，正因为经济全球化进程的深化引发了大量的全球性公共问题，而全球性公共问题呼唤着全球公共治理，所以各国政府和国际社会应该团结起来、携手应对、责无旁贷。因此，面对经济全球化和全球性公共问题，我们既不能因噎废食、无所作为，也不能各自为战、单打独斗，更不能倒行逆施、以邻为壑、高筑壁垒、挖坑设阱，甚至搞单边主义、保护主义、霸凌主义，这样会使本已严峻的形势雪上加霜、损人害己、殃及全球。

（二）美式霸凌表现强势的主要原因、根本实质及其严重危害

自2008年国际金融危机爆发以来，世界经济的结构性问题没有得到根本解决，作为世界经济增长内生动力的国际贸易功效下降，单边主义、保护主义明显抬头，霸权主义、强权政治呈现上升势头。从席卷发达国家的"占领（华尔街）运动"，到英国脱欧和特朗普当选美国总

---

① 习近平：《共同构建人类命运共同体——在联合国日内瓦总部的演讲（2017年1月18日，日内瓦）》，《人民日报》2017年1月19日第2版。

统，西方国家掀起的逆全球化和反全球化浪潮涌动，西方大国动辄以退出多边贸易协定相威胁，不愿承担大国责任和提供全球性公共产品。据不完全统计，美国近年来相继退出了联合国教科文组织、联合国人权理事会、万国邮政联盟等国际组织，退出了跨太平洋伙伴关系协定、巴黎气候变化协定、全球移民协议、伊朗核协议、维也纳外交公约强制解决争端之任择协定书等一系列国际协约，甚至扬言要退出 WTO 或暗示要将中国开除 WTO。随着特朗普政府单方面宣布退出《中导条约》，特别是 2020 年 7 月全球抗击新冠疫情最吃劲之时宣布退出 WHO，美国在"退群毁约"的道路上越走越远。面对以中国为代表的新兴市场国家和发展中国家的迅速崛起和这些国家在世界经济政治中的影响力不断上升，美国顽固势力出于极力维护由自己主宰的单极世界进而阻止多极化进程的战略图谋和自私，以及担心丧失世界霸主地位的战略焦虑和恐慌，不惜通过挑起和升级贸易摩擦而对别国极限施压以逼其就范，或动辄实施单边制裁和长臂管辖而把自己的国内法凌驾于国际法之上，甚至动用国家力量和采取不正当手段以"危害美国国家安全"的"莫须有"罪名而对别国高科技企业进行围堵打压。2018 年以来，由美国错误挑起和不断升级的中美经贸摩擦以及美国对中国华为公司的无端打压就是鲜活的例证。在"美国优先""美国例外"的口号下，单边主义、保护主义、贸易霸凌主义愈演愈烈，致使多边主义、自由贸易、以世贸组织为核心的多边贸易体制和以联合国为核心的国际体系及其相应的国际规则、国际秩序受到严重冲击，经济全球化面临前所未有的巨大挑战，困境中的全球治理也走到了关键的十字路口。

透过现象看本质，我们必须认清当下美式霸凌表现强势的主要原因、根本实质和严重危害，从而进一步增强对推动构建人类命运共同体重要性、必要性和紧迫性的认识。

1. 美式霸凌表现强势的主要原因。第一，经济原因主要是近年来新兴市场国家的整体迅速崛起，其总体实力、国际地位和国际影响力呈现不断上升的强劲势头，特别是中国不仅 2018 年经济总量已达美国的三分之二，而且在高科技领域如 5G 研发等已局部领先，这与美国自国际金融危机以来国内经济增长持续乏力形成鲜明对比，从而让美国政府感受到不久将被超越的现实压力，因此挥舞关税大棒、对新兴市场国家施以恫吓打压，就成为美国当下摆脱经济颓势和维护经济霸权的首选之策。第二，政治原因主要是建交 40 多年来中美之间的战略环境和战略态势已发生巨大变化，原有行之有效的外交制度框架在维护当今的中美关系方面已力不从心而暂时又尚未建立新的长效合作机制，这势必会造成中美关系的某些失范和摇摆；中国自改革开放以来由韬光养晦到奋发有为，在经济、政治、文化、科技、军事等领域实力大增，中国特色社会主义正以"四个自信"的昂扬姿态和朝气蓬勃的发展势头走向强大，这引起了美国反华势力的忌惮和猜疑。他们出于对中共十九大的误读和歪曲而如法炮制了所谓对华新战略，误把中国视为美国的最主要战略竞争对手并列为最严峻的长期挑战。第三，社会原因主要是近年来美国国内民粹主义势力明显抬头、草根阶层的排外情绪不断上升，两党政治中为了凝聚共识和赢得大选的政治需要，加之美国特朗普政府为逃避因抗疫失利和执政败绩所应承担的责任而试图转移国内矛盾和公众视线、大搞"甩锅"推责和寻找"替罪羊"等，都为美式霸凌主义提供了滋生的土壤。第四，认知原因主要是固守冷战思维、坚持霸权逻辑、崇尚零和博弈、奉行丛林法则，由于被傲慢和偏见遮蔽了双眼，深陷战略迷误仍执迷不悟，始终跳不出"国强必霸"和"修昔底德陷阱"的认识怪圈，自恃自己的"胳膊粗""肌肉多"而处处以"世界警察"和"国际教师爷"自居，在"美国优先""美国例外"的口号下唯我独尊、蛮横霸道、颐指气使、为所欲为。第五，心理原因主要是针对成就了中国快速发展奇迹的"中国模式"而表现出的心理失衡、忌惮不安乃至战略焦虑、战略恐慌，因而误把它视为对美国霸权地位构成的最严峻的长期挑战，这是典型的国家层次上的"羡慕—嫉妒—恨"心理，从他们鼓吹和散布"中国威胁论"以及对中国正当开展"一带一路"等国际合作的污蔑抹黑就可见一斑。

2. 美式霸凌表现强势的根本实质。由美国错误挑起和不断升级的中美经贸摩擦充分暴露出美式霸凌的本来面目，我们要透过现象看本质，可以从两个层次上来深刻把握。第一，从一级本质或非意识形态性上看，这是美国霸权主义出于极力维护其一超独霸的单极世界进而阻止多极化进程的战略自私而对可能挑战其世界霸主地位的任何国家所采取的围堵和打压。就这个层次来说，它不具有意识形态性，无论是社会主义国家还是资本主义国家，只要可能威胁其全球霸权地位，都是美国打压的对象，昔日美国对欧盟、日本的打压就是案例。不过，这次美对华挑起和升级的经贸摩擦，特别是对中国华为公司的公然打压，倒是彻底揭掉了以往虚伪的面纱，赤裸裸地暴露了美式霸凌主义蛮横无理、强权霸道的狰狞面孔和凶恶本质。第二，从二级本质或意识形态性上看，美对华挑起和升级贸易摩擦的霸凌行径不在事物本身，这是美帝国主义出于对"中国模式"及其强大制度威力和竞争力的战略焦虑、恐慌乃至嫉恨而采取的无所不用其极的围剿、打压、遏制的系列措施或整套组合拳之一。因为中国特色社会主义模式不仅成就了中国快速发展的奇迹并助力中国日益走近世界舞台中央，而且正彰显出其世界范围的示范效应和影响力、感召力、塑造力，因而被美国反华势力误判为对其世界霸主地位构成的最严峻的长期挑战。例如，据《纽约时报》2020年1月30日报道，就在中国全力抗击严重新冠疫情之际，美国国务卿蓬佩奥在会见英国外交大臣多米尼克·拉布时就很露骨地妄称："美国担心的不是某一家公司，而是中国的制度。""共产党是我们时代的核心威胁。"所以美式霸凌表现强势不仅具有鲜明的意识形态性和冷战思维特征，而且暴露出美国反华势力企图极力维护其一超独霸的单极世界、不遗余力地阻挡多极化进程和逆历史潮流而动的反动本质。

3. 美式霸凌表现强势的严重危害。美式霸凌行径给全球治理造成了严重危害，主要是将会导致国际信任危机、国际规则危机、全球合作危机等三大危机。第一，国际信任危机。从已公布的中美经贸磋商细节看，美方不守诚信、出尔反尔，翻手为云、覆手为雨，甚至变本加厉、漫天要价，反咬一口、倒打一耙。不仅对中国如此，特朗普政府还错把国家之间交往当成了纯粹的商业投机活动，先后单方面退出了多个国际组织和国际协约，公然把国际契约和国家道义视如粪土、弃如敝屣，背信弃义、反复无常，其国际社会的公信力近乎声誉扫地。人无信不立，国无信则衰！互信作为国际关系的黏合剂和国际合作的重要基石，美国言而无信、不计后果的霸凌行径不仅是在自毁形象，也是对原本脆弱的国际信任体系的蚕食和打击，恶例已开、后患无穷，势必造成严重的国际信任危机。第二，国际规则危机。就这次中美贸易摩擦的起因来说，就是美国故意绕开世贸组织争端解决机制，把自己国内法凌驾于世贸组织规则之上和肆意挥舞关税大棒而挑起的。规则意识和契约精神是现代市场经济的重要基石。美国不仅随意单方面退出多个国际组织和国际协约，而且公然视国际规则为玩物，把规则当橡皮泥任意碾压，甚至倚仗强权刻意破坏规则，还宣扬什么"美国吃亏论"，妄图把国际规则和国际秩序推倒重来。美国对国际规则的合则用、不合则弃和双重标准、"美国例外"做法，强权霸道、肆意妄为，是对以规则为基础的多边贸易体制和多边主义的蓄意破坏，也是对以联合国为核心的国际体系和国际秩序的恣意挑战，因而美国才成为国际社会最大的"麻烦制造者"。第三，全球合作危机。当今世界，不是部分人反对部分人的世界，而是所有人需要所有人的世界；全球治理中，只有公平竞争、合作共赢，才能做大各方利益的蛋糕。但近年来，美国痴迷于"零和博弈"，高喊着"美国优先"，逆全球化历史潮流而动，不走合作共赢道路，大搞保护主义、单边主义，试图以保护主义阻挡经济全球化、以单边主义阻拦世界多极化。国际交往中唯我独尊、一意孤行、无视规则、四面树敌，不顾国际社会的强烈反对，动辄加征关税、发布出口管制"实体名单"，动辄"退群""筑墙"打"贸易战"，搞"一家独大、赢者通吃"，企图以拒绝竞争之举来挤压国际合作空间、打压其他国家发展的合理权益，搅得世界不得安宁。美式霸凌行径和倒行逆施，让处于困境中的全球治理雪上加霜，严重干扰和削弱了国际合作与竞争。

4. 从美式霸凌的强势表现来看，自特朗普就任美国总统以来，中美关系已发生阶段性重大变化，即由以前的"合作中有斗争，合作有所加强"进入了"斗争中求合作，斗争有所上升"和"以斗促合、斗而不破、竞合并存"的中美关系新阶段。这是由中美之间经济社会发展综合实力的战略基础和双方力量对比的战略态势以及国际环境变化等客观条件决定的，也是由美国根深蒂固的零和博弈、霸权主义思维方式等主观条件决定的，我们要打消诸如寄希望于美国总统换届等任何幻想，坚持有理有利有节的原则，做好长期持久斗争的思想准备。毛泽东早在1949 年 8 月发表的《丢掉幻想，准备斗争》一文中，针对那些在中国和帝国主义国家的关系问题上，特别是在中国和美国的关系问题上还抱有某些幻想的人们，就告诫指出"准备斗争"①。2017 年 10 月，党的十九大指出，我们要实现伟大梦想，必须进行具有许多新的历史特点的伟大斗争。2019 年 9 月在中央党校中青年干部培训班开班式上，习近平强调指出：要胜利实现我国发展的目标任务，中青年干部必须发扬斗争精神、增强斗争本领。2021 年 11 月，中共十九届六中全会通过的《关于党的百年奋斗重大成就和历史经验的决议》指出："面对来自外部的各种围堵、打压、捣乱、颠覆活动，必须发扬不信邪、不怕鬼的精神，同企图颠覆中国共产党领导和我国社会主义制度、企图迟滞甚至阻断中华民族伟大复兴进程的一切势力斗争到底，一味退让只能换来得寸进尺的霸凌，委曲求全只能招致更为屈辱的境况。"② 2022 年 3 月，习近平主席在同美国总统拜登进行视频通话时指出，目前的中美关系还没有从美国上一届政府制造的困境中走出来，相反，遭遇的挑战却越来越多；中美之间有分歧很正常，关键是要管控好分歧。③ 的确，美国拜登政府上台后给中美关系制造的麻烦一点也不比特朗普政府的少，为了维护美

---

① 《毛泽东选集》第四卷，人民出版社 1991 年版，第 1488 页。
② 《中共中央关于党的百年奋斗重大成就和历史经验的决议（2021 年 11 月 11 日中国共产党第十九届中央委员会第六次全体会议通过）》，《人民日报》2021 年 11 月 17 日第 1、5—8 版。
③ 新华社：《习近平同美国总统拜登视频通话》，《人民日报》2022 年 3 月 19 日第 1 版。

国全球霸主地位和进行"大国竞争"以及出于国内选举的需要，频频出手对中国实施打压封堵遏制甚至挑衅。从其挑起俄乌冲突事件来看，像把俄罗斯打造为整个欧洲的共同敌人那样，拜登政府企图挑唆我国周边关系和拉帮结派，把中国塑造为整个亚洲的共同敌人以最大限度地孤立中国，这是我国要高度警惕和极力避免的。2022年8月2—3日，美国众议长佩洛西不顾中方多次严正警告公然窜访中国台湾地区，严重违反了一个中国原则和中美三个联合公报规定，严重冲击了中美关系政治基础，严重侵犯了中国主权和领土完整，严重破坏了台海和平稳定，向"台独"分裂势力发出严重错误信号，① 美国政府长期奉行的"以台制华"战略图谋暴露无遗。2022年10月，党的二十大报告指出：前进道路上必须"坚持发扬斗争精神。增强全党全国各族人民的志气、骨气、底气，不信邪、不怕鬼、不怕压"；"在原则问题上寸步不让，以坚定的意志品质维护国家主权、安全、发展利益"；在国家安全体系方面，加快"健全反制裁、反干涉、反'长臂管辖'机制"②。总之，就像习近平主席强调的那样，作为世界前两大经济体又同是联合国安理会常任理事国，中美两国要加强合作、求同存异、妥处分歧、避免对抗，共同致力于实现以协调、合作、稳定为基调的中美关系，争取让中美关系尽快重返稳定发展的正确轨道，共同为引领世界和平与发展、推进全球公共治理承担国际责任和做出积极努力。

（三）构建人类命运共同体昭示了全球治理改革的基本方向

当前，世界之变、时代之变、历史之变前所未有，世界又一次站在历史的十字路口，"一方面，和平、发展、合作、共赢的历史潮流不可阻挡，人心所向、大势所趋决定了人类前途终归光明。另一方面，恃强凌弱、巧取豪夺、零和博弈等霸权霸道霸凌行径危害深重，和平赤字、

---

① 新华社：《中华人民共和国外交部声明》，《人民日报》2022年8月3日第3版。
② 习近平：《高举中国特色社会主义伟大旗帜 为全面建设社会主义现代化国家而团结奋斗——在中国共产党第二十次全国代表大会上的报告》，人民出版社2022年版，第27、11、53页。

发展赤字、安全赤字、治理赤字加重，人类社会面临前所未有的挑战"①。面对当今世界全球经济增长动能不足、全球发展失衡、全球治理滞后这"三大难题"和治理赤字、信任（安全）赤字、和平赤字、发展赤字这"四大赤字"，② 尤其是遭受某些西方国家反全球化逆流和美式霸凌主义冲击而更趋脆弱和陷于困境的全球治理体系，如何解答世界之问、时代之问、人民之问？就目前情势看，西方大国没有提供全球性公共产品的动力，而大量发展中国家又没有提供全球性公共产品的能力，世界的目光不约而同地投向了中国。习近平主席指出："世界那么大，问题那么多，国际社会期待听到中国声音、看到中国方案，中国不能缺席。"③

  自 2013 年 3 月习近平主席首次在国际公开场合提出人类命运共同体理念至 2020 年 3 月世界范围暴发新冠疫情的全球公共卫生事件，在全球战"疫"、共克时艰的背景下，广大网民对全球携手抗疫和"人类命运共同体"的关注度、讨论热度持续攀升，更加凸显了构建人类命运共同体的重要性和紧迫性。2020 年 3 月 26 日，习近平主席出席 G20 领导人应对新冠疫情特别峰会，在《携手抗疫 共克时艰》的发言中提出四点倡议，④ 发出了中国愿同国际社会同舟共济、团结抗疫的声音，体现了中国推动开展抗疫国际合作、致力构建人类命运共同体的积极态度和大国担当，提振了世界各国和国际社会携手合作、战胜疫情和稳定发展世界经济的决心和信心。我国自 2020 年初发生新冠疫情以来，及时采取了最全面、最严格、最彻底的防控"硬核"举措，有效遏制了疫情蔓延势头并最终战胜疫情，为全世界抗击疫情争取了时间、积累了经

---

① 习近平：《高举中国特色社会主义伟大旗帜 为全面建设社会主义现代化国家而团结奋斗——在中国共产党第二十次全国代表大会上的报告》，人民出版社 2022 年版，第 60 页。
② 习近平：《为建设更加美好的地球家园贡献智慧和力量——在中法全球治理论坛闭幕式上的讲话（二〇一九年三月二十六日，巴黎）》，《人民日报》2019 年 3 月 27 日第 3 版。
③ 新华社：《国家主席习近平发表二〇一六年新年贺词》，《人民日报》2016 年 1 月 1 日第 1 版。
④ 习近平：《携手抗疫 共克时艰——在二十国集团领导人特别峰会上的发言（2020 年 3 月 26 日，北京）》，《人民日报》2020 年 3 月 27 日第 2 版。

验。病毒没有国界，疫情不分种族。中国始终秉持人类命运共同体理念，不仅对本国人民而且对世界人民的生命安全和身体健康高度负责。中国在举全国之力、众志成城抗击本土疫情的同时，还积极参与抗疫国际合作和全球治理，向有关国家和国际组织分享抗疫经验和提供力所能及的帮助，以真诚的善意和务实的行动生动诠释了构建人类命运共同体的中国理念和中国担当。截至2022年1月，中国已向国际社会提供新冠疫苗超过20亿剂，受援国家和国际组织超过120多个，并将再提供10亿剂疫苗支援非洲国家抗疫，其中6亿剂为无偿援助，还将向东盟国家无偿提供疫苗1.5亿剂。① 较之美国特朗普政府"甩锅中国""抹黑中国"并将科学政治化的不义之举，中国的抗疫斗争不仅锻造了生命至上、举国同心、舍生忘死、尊重科学、命运与共的伟大抗疫精神，为全球抗疫提供了理念性国际公共产品，而且向国际社会提供了力所能及的帮助和无偿援助，使得中国产新冠疫苗和抗疫物资成为支持全球抗疫的实物性国际公共产品，"充分展示了讲信义、重情义、扬正义、守道义的大国形象，生动诠释了为世界谋大同、推动构建人类命运共同体的大国担当"②，从而为维护全球公共卫生安全和推进全球公共治理作出了积极贡献，赢得了国际社会的高度赞誉。

与美式霸凌主义形成鲜明对比的是，中国提出构建人类命运共同体彰显了中国作为负责任大国的世界胸怀、人类情怀、人民关怀和全球视野、公共精神、历史担当，为低迷中的世界经济和徘徊中的国际合作注入了强大的正能量，为困境中的全球治理改革指明了方向并贡献了中国智慧、中国方案和中国力量。它以"人类生活在同一个地球村里，越来越成为你中有我、我中有你、同舟共济、休戚与共的命运共同体"的人类情怀和公共精神弘扬了全人类共同价值，批判和超越了西方所谓"普

---

① 习近平：《坚定信心 勇毅前行 共创后疫情时代美好世界——在2022年世界经济论坛视频会议的演讲（2022年1月17日）》，《人民日报》2022年1月18日第2版。

② 习近平：《在全国抗击新冠肺炎疫情表彰大会上的讲话》，《人民日报》2020年9月9日第2版。

世价值"而占据了人类真理和道义的制高点;① 它以"让不同社会制度、意识形态、历史文化、发展水平的国家在国际事务中利益共生、权利共享、责任共担,形成共建美好世界的最大公约数"的和合共生理念继承和弘扬了中华优秀传统文化的优良品格和精神气质;② 它以"坚持对话协商、共建共享、合作共赢、交流互鉴、绿色低碳,建设一个持久和平、普遍安全、共同繁荣、开放包容、清洁美丽的世界"的核心主张勾勒出完善全球治理的理想目标、基本途径和实施路线图;③ 它以"平等互信、包容互鉴、共建共享、合作共赢、对话协商、绿色发展"为核心理念并以自己的实际行动付诸制度化践行,不仅为当今世界提供了全球理念性公共产品,而且提供了全球制度性公共产品;④ 它以实施共建"一带一路"倡议合作、创新国际合作机制等为重要抓手搭建了基于共商共建共享原则而实现各国共同发展的实践平台,推动共建"一带一路"不仅成为国际经济合作的重要平台,而且成为完善全球合作和发展模式、推动经济全球化健康发展的重要途径,"已成为造福各方的国际公共产品和开放包容的国际合作平台"⑤;它以"坚持公正合理、互商互谅、同舟共济、互利共赢,破解治理赤字、信任赤字、和平赤字、发展赤字"的路径方案,指明了坚持和平发展、合作共赢才是引领全球公共治理改革和破解"三大难题""四大赤字"的人间正道。⑥ 同时,它也进一步向国际社会昭示:经济全球化是人类社会发展的必由之路和时

---

① 习近平:《顺应时代前进潮流促进世界和平发展——在莫斯科国际关系学院的演讲(2013年3月23日,莫斯科)》,《人民日报》2013年3月24日第2版。
② 习近平:《在中华人民共和国恢复联合国合法席位50周年纪念会议上的讲话(2021年10月25日)》,《人民日报》2021年10月26日第2版。
③ 习近平:《共同构建人类命运共同体——在联合国日内瓦总部的演讲(2017年1月18日,日内瓦)》,《人民日报》2017年1月19日第2版。
④ 王同新:《构建人类命运共同体:全球性公共产品的视角》,《中国社会科学报》2020年5月27日第6版。
⑤ 杜尚泽:《习近平继续出席二十国集团领导人第十四次峰会》,《人民日报》2019年6月30日第1版。
⑥ 习近平:《为建设更加美好的地球家园贡献智慧和力量——在中法全球治理论坛闭幕式上的讲话(二〇一九年三月二十六日,巴黎)》,《人民日报》2019年3月27日第3版。

代潮流，它符合全人类的共同利益，是大势所趋没有回头路，"大江奔腾向海，总会遇到逆流，但任何逆流都阻挡不了大江东去"①。在全球供应链、产业链、价值链紧密联系的今天，各国都是全球合作链条中的一环，日益形成利益共同体、责任共同体和命运共同体，多边体制和自由贸易是世界各国加强交流、合作共事、增进共识、实现共赢的公共平台和共同机遇，任何保护主义、单边主义行径最终只会损人害己，任何霸权霸凌主义行径更是开历史倒车，任何搞"小院高墙"、排他性"小圈子""平行体系"和"脱钩断链"的行径都是与真正的多边主义背道而驰，任何把经济科技问题政治化、武器化和肆意打压遏制别国发展的行径都是不得人心和不可得逞的。②

三 构建人类命运共同体是中国向当今世界提供的全球性公共产品③

构建人类命运共同体不仅是对《联合国宪章》的宗旨和原则（特别是国家主权平等原则、和平解决国际争端原则）、公认的国际法和国际条约原则精神的继承和弘扬，也是对中华民族"和合文化"优良传统和对我国和平共处五项原则、独立自主的和平外交政策的继承和弘扬，而且又在新的历史条件下增添了新的时代内涵。"面对经济全球化与全球治理改革失去方向的困境，人类命运共同体理念体现了中国作为负责任大国的担当，是中国向世界提供的一项重要公共产品。"④ 它主要包括软的理念性公共产品和硬的制度性公共产品两大类。

---

① 习近平：《坚定信心 勇毅前行 共创后疫情时代美好世界——在2022年世界经济论坛视频会议的演讲（2022年1月17日）》，《人民日报》2022年1月18日第2版。
② 习近平：《坚定信心 勇毅前行 共创后疫情时代美好世界——在2022年世界经济论坛视频会议的演讲（2022年1月17日）》，《人民日报》2022年1月18日第2版。
③ 王同新：《构建人类命运共同体：全球性公共产品的视角》，《中国社会科学报》2020年5月27日第6版。
④ 李向阳：《人类命运共同体理念指引全球治理改革方向（深入学习贯彻习近平同志系列重要讲话精神）》，《人民日报》2017年3月8日第7版。

（一）中国向当今世界提供的全球理念性公共产品①

人类命运共同体理念高擎和平、发展、合作、共赢的大旗，恪守维护世界和平、促进共同发展的外交政策宗旨，坚定不移在和平共处五项原则基础上发展同各国的友好合作，推动建设相互尊重、公平正义、合作共赢的新型国际关系。人类命运共同体作为一个以合作共赢为核心的理念系统，其基本要义是：倡导世界多样反对一元主导、倡导国家平等反对国家霸权、倡导文明互鉴反对文明冲突、倡导包容发展反对西方中心、倡导互利普惠反对赢者通吃。它主要包含了平等互信、包容互鉴、共建共享、合作共赢、对话协商、绿色发展六个方面重要理念，其中合作共赢是人类命运共同体的核心要义，权责共担、利益共享是人类命运共同体的基本原则，共商共建是人类命运共同体的实践途径，包容发展是人类命运共同体的基本目标。具体来说：

1. 平等互信。就是世界各国应遵循《联合国宪章》的宗旨和原则，恪守国际法和公认的国际关系准则，坚持国家不分大小、强弱、贫富一律平等，倡导国际关系民主化，尊重主权、相互信任、共享安全，维护世界和平稳定。在2014年的亚信会议上海峰会上，习近平主席提出了"共同、综合、合作、可持续"的新安全观，这是人类命运共同体理念在安全领域的具体体现。中国主张"以规则为基础加强全球治理是实现稳定发展的必要前提。规则应该由国际社会共同制定，而不是谁的'胳膊粗''气力大'谁说了算，更不能搞实用主义、双重标准，合则用、不合则弃"②。

2. 包容互鉴。就是要尊重世界文明多样性、发展道路多样化，维护各国人民自主选择社会制度和发展道路的权利，相互借鉴、兼收并蓄、和而不同，推动世界各国包容发展、各种文明和合共生、不同民族

---

① 王同新：《构建人类命运共同体：全球性公共产品的视角》，《中国社会科学报》2020年5月27日第6版。

② 习近平：《同舟共济 创造美好未来——在亚太经合组织工商领导人峰会上的主旨演讲（二〇一八年十一月十七日，莫尔兹比港）》，《人民日报》2018年11月18日第2版。

共同繁荣。中国主张"文明因多样而交流,因交流而互鉴,因互鉴而发展"。"交流互鉴是文明发展的本质要求。"① 为落实好亚洲文明对话大会达成的共识,树立平等、互鉴、对话、包容的文明观,习近平主席在 2019 年 6 月亚信杜尚别峰会上提出:我们"要以多样共存超越文明优越,以和谐共生超越文明冲突,以交融共享超越文明隔阂,以繁荣共进超越文明固化"②。2022 年 11 月,习近平主席在二十国集团巴厘岛峰会的讲话中就推动更加包容的全球发展时指出:"各国应该相互尊重,求同存异,和平共处,推动建设开放型世界经济,不应该以邻为壑,构筑'小院高墙',搞封闭排他的'小圈子'。"③

3. 共建共享。就是要秉持命运与共、共商共建、共享发展的全球治理观,坚持"共同但有区别的责任"原则,全面加强双边、多边、区域和全球合作,积极推进国际事务和全球治理民主化,支持联合国发挥积极作用,支持扩大发展中国家在国际事务中的代表性和发言权。2022 年 11 月,习近平主席在亚太经合组织曼谷会议的讲话中深刻指出:亚太过去几十年经济快速增长,"一个重要启示就是相互尊重、团结合作,遇到事情大家商量着办,寻求最大公约数"④。中国坚持把国家利益同各国人民共同利益结合起来,积极参与全球治理体系改革和建设,将继续发挥负责任大国作用,不断为全球治理贡献中国智慧、中国方案和中国力量。

4. 合作共赢。就是要超越零和博弈思维方式,在追求本国利益时兼顾他国合理关切,在谋求本国发展中促进各国共同发展,建立更加平

---

① 习近平:《深化文明交流互鉴 共建亚洲命运共同体——在亚洲文明对话大会开幕式上的主旨演讲(2019 年 5 月 15 日,北京)》,《人民日报》2019 年 5 月 16 日第 2 版。
② 习近平:《携手开创亚洲安全和发展新局面——在亚信第五次峰会上的讲话(二〇一九年六月十五日,杜尚别)》,《人民日报》2019 年 6 月 16 日第 2 版。
③ 习近平:《共迎时代挑战 共建美好未来——在二十国集团领导人第十七次峰会第一阶段会议上的讲话(2022 年 11 月 15 日,巴厘岛)》,《人民日报》2022 年 11 月 16 日第 2 版。
④ 习近平:《团结合作勇担责任 构建亚太命运共同体——在亚太经合组织第二十九次领导人非正式会议上的讲话(2022 年 11 月 18 日,曼谷)》,《人民日报》2022 年 11 月 19 日第 2 版。

等均衡的新型全球发展伙伴关系，同舟共济、权责共担、利益共享，不断增进人类共同利益。中国秉持正确义利观，超越政治制度和意识形态分歧，致力建设开放型世界经济，积极发展全球伙伴关系，不断扩大同各国的利益交汇点，广泛开展在政治、经济、文化等领域的交流合作。中国主张"无论前途是晴是雨，携手合作、互利共赢是唯一正确选择。这既是经济规律使然，也符合人类社会发展的历史逻辑"①。"我们应该旗帜鲜明反对保护主义、单边主义，维护以世界贸易组织为核心的多边贸易体制，引导经济全球化朝着更加开放、包容、普惠、平衡、共赢的方向发展，在开放中扩大共同利益，在合作中实现机遇共享。"②

5. **对话协商**。就是要反对霸权主义和强权政治，摒弃冷战思维和丛林法则，走对话不对抗、结伴不结盟的国与国交往新路，倡导以和为贵、协和万邦和与邻为善、以邻为伴，坚持以对话解决争端、以协商化解分歧。"历史告诉我们，如果走上对抗的道路，无论是冷战、热战还是贸易战，都不会有真正的赢家。"③ 只要平等相待、互谅互让、对话协商，国与国之间就没有解决不了的问题。要推进全球治理民主化建设，提高发展中国家代表性和发言权，不能搞小圈子、"一言堂"，努力营造长期稳定、共同发展的和平环境。

6. **绿色发展**。就是要树立生态文明新理念，坚持走资源节约、环境友好和可持续发展道路，努力实现人与自然和谐共生。我们积极倡导天人合一、道法自然和尊重自然、顺应自然、保护自然的生态文明理念与绿色、低碳、循环、可持续的生产生活方式，致力于建设一个持久和平、普遍安全、共同繁荣、开放包容、清洁美丽的世界。世界各国应该

---

① 习近平：《登高望远，牢牢把握世界经济正确方向——在二十国集团领导人第十三次峰会第一阶段会议上的发言（二〇一八年十一月三十日，布宜诺斯艾利斯）》，《人民日报》2018年12月1日第2版。

② 习近平：《同舟共济 创造美好未来——在亚太经合组织工商领导人峰会上的主旨演讲（二〇一八年十一月十七日，莫尔兹比港）》，《人民日报》2018年11月18日第2版。

③ 习近平：《同舟共济 创造美好未来——在亚太经合组织工商领导人峰会上的主旨演讲（二〇一八年十一月十七日，莫尔兹比港）》，《人民日报》2018年11月18日第2版。

以负责任、合规矩的方式积极担当作为,合作应对气候变化和生态危机,携手构筑尊崇自然、绿色发展的生态体系,共同保护好人类赖以生存的地球家园。

为了让人类命运共同体理念更通俗易懂和便于传播,习近平主席还巧妙借用中国古语经典和各国民间谚语加以生动形象的表述。例如:政治上"不能这边搭台、那边拆台,而应该相互补台、好戏连台""己所不欲,勿施于人""以和为贵""和而不同";经济上"水涨荷花高""独行快,众行远""单则易折,众则难摧""甘蔗同穴生,香茅成丛长""大河有水小河满,小河有水大河满";安全上"吹灭别人的灯,会烧掉自己的胡子""命运与共,唇齿相依""一荣俱荣,一损俱损""世界好,中国才能好;中国好,世界才更好";文明上"一花独放不是春,百花齐放春满园""万物并育而不相害""道并行而不相悖""和羹之美,在于合异""海纳百川,有容乃大";等等。目前,人类命运共同体理念已经得到国际社会的普遍认同并被连续写入联合国相关决议文本,成为中国为世界提供的一项重要的理念性公共产品。对此,英国剑桥大学教授马丁·雅克认为,"中国提供了一种'新的可能',这就是摒弃丛林法则、不搞强权独霸、超越零和博弈,开辟一条合作共赢、共建共享的文明发展新道路。这是前无古人的伟大创举,也是改变世界的伟大创造"[①]。

(二)中国向当今世界提供的全球制度性公共产品[②]

中国不仅提出了人类命运共同体理念,为当今世界提供了理念性的公共产品,而且正在以自己的实际行动践行着这一理念,为后国际金融危机时代的全球治理提供了制度性的公共产品。改革开放"40年来,中国人民立己达人、共谋发展,始终不渝走和平发展道路,积

---

① 班威:《中国方案的世界回响——写在人类命运共同体理念首次载入安理会决议之际》,参见新华网,http://www.xinhuanet.com/syzt/zgfadsjhx/index.htm,2017-03-24。
② 王同新:《构建人类命运共同体:全球性公共产品的视角》,《中国社会科学报》2020年5月27日第6版。

极参与全球经济治理,积极支持广大发展中国家发展,实施负责任的宏观经济政策,保持对世界经济增长的较高贡献率,为应对亚洲金融危机、国际金融危机作出了自己的贡献,为推动构建人类命运共同体贡献了智慧和力量"[1]。

1. 实施共建"一带一路"倡议合作,推动与沿线国家的发展战略对接,以自身的发展经验和发展动能带动沿线国家共商共建、共同发展,努力实现政策沟通、设施联通、贸易畅通、资金融通、民心相通,不断打造国际合作新平台,增添共同发展新动力。改革开放40多年来,中国成功探索出一条后进发展中国家追赶先进发达国家的中国道路、中国经验和中国模式,这种发展经验和模式正在以"一带一路"为载体影响和带动更多的发展中国家搭乘中国发展的"顺风车"。近十年来,"一带一路"作为一种具有中国特色而又适应广大发展中国家需求的区域经济合作模式,以它的发展导向性、组织开放性、多元合作性、成果共享性吸纳了150多个国家和国际组织参与共建,同时也把基于责任共同体、利益共同体之上的人类命运共同体意识远播世界各地,目前正沿着深耕细作、共同绘制精谨细腻的"工笔画"的高质量发展方向不断推进。实践证明,秉持共商共建共享基本原则的"一带一路"倡议是促进各国各地区互联互通、联动发展、开放共赢的合作平台,是中国同世界共享机遇、共谋发展的阳光大道。

2. 推动国际合作机制创新,倡导发起与合作创办亚洲基础设施投资银行、丝路基金、金砖国家新开发银行等区域性金融合作组织。这些举措正在赢得越来越多国家的认同和参与,并成为与现有的世界银行、亚洲开发银行功能互补的新型制度性公共产品,人民币已加入国际货币基金组织特别提款权货币篮子。中国还积极参与和推动了G20合作机制,2016年杭州峰会决定设立中国—联合国和平与发展基金、开展中

---

[1] 习近平:《同舟共济 创造美好未来——在亚太经合组织工商领导人峰会上的主旨演讲(二〇一八年十一月十七日,莫尔兹比港)》,《人民日报》2018年11月18日第2版。

非"十大合作计划",还邀请了史上最多的发展中国家参会;中国倡导和推动了金砖合作机制,2017年厦门峰会上又首次倡导"金砖+"机制;中国倡导和创建的上海合作组织不断扩容,在区域合作和全球治理方面发挥了积极作用。中国还参与东盟—中日韩"10+3"合作机制和清迈倡议多边化货币互换协议、举办中阿合作论坛与中非合作论坛、推动朝鲜半岛无核化六方会谈及其他小区域或次区域的合作机制等。

3. 成功举办中国国际进口博览会并坚持每年举办,以及成功举办2020年中国国际服务贸易交易会全球服务贸易峰会,中国用实际行动证明了支持贸易投资自由化便利化、主动向世界开放市场的决心,证明了中国对外开放的大门只会越开越大和将改革开放进行到底的决心。首届中国国际进口博览会于2018年11月在上海成功举办,吸引了172个国家、地区和国际组织,3600多家企业参展,40多万名境内外采购商到会洽谈采购,成交额达到578亿美元。2019年11月举办的第二届中国进博会规模和影响进一步扩大。习近平主席连续两年出席开幕式并发表主旨演讲,体现了中国支持多边贸易体制、推动贸易自由化便利化的一贯立场,体现了中国推动建设开放型世界经济、构建人类命运共同体的实际行动。据世界银行最新公布的《世界营商环境报告》显示,中国的排名连续两年大幅提升,2017年是78位,2018年是46位,2019年上升至31位。今后,中国将继续深化市场化改革,主动扩大进口规模,大幅放宽市场准入,加强知识产权保护,鼓励保障公平竞争,不断创造和优化更具吸引力的营商环境。

4. 作为各种国际条约和国际规则的积极参与者、坚定维护者和模范践行者,中国在全球治理中发挥了积极建设性和重要推动性作用。目前,我国已缔结或参加《联合国气候变化框架公约》《生物多样性公约》《保护世界文化和自然遗产公约》《巴黎协定》等60多个有关环境保护和生态安全的国际条约,以及《国际人权和公民权利公约》等重要国际条约。在2015年12月联合国气候变化巴黎大会上,中国关于碳排放峰值等一系列承诺和积极务实的外交努力,为最终达成《巴黎协定》发挥了至关重要的作用。2018年12月联合国卡托维兹气候变化大会能就《巴黎协定》实施细则达成协议，中国代表团做了非常重要的沟通协调工作，发挥了积极的建设性的重要作用，表明中国将继续做全球生态文明建设的重要参与者、贡献者和引领者。在"一带一路"倡议中，习近平主席关于秉承"以义为先，义利并举"和"既要重视投资利益，更要赢得好名声、好口碑"的正确义利观更是体现了中国的大国风范和大国担当。习近平主席在亚太经合组织2014年北京峰会和2016年利马峰会上关于构建亚太自由贸易区的倡议，以及在2018年莫尔兹比港峰会上关于世界经济发展要坚持开放、发展、包容、创新、规则导向的主张，为面临困境的经济全球化注入了新动力。中国是联合国常任理事国，世界贸易组织的主要成员国，国际货币基金组织第三大投票权国家，世界银行和亚洲开发银行第三大股东国，联合国常任理事国派驻维和部队人数最多、贡献最大的国家，在联合国、二十国集团等重要国际组织中的国际地位也显著提高。中国以一个负责任大国的实际行动积极践行人类命运共同体理念，参与和推动全球治理变革及其体制机制建设并发挥了越来越重要的作用。[①]

总之，党的十八大以来，我国提出和倡导的构建人类命运共同体理念，已经被连续多次载入联合国相关重要决议文本而融为国际社会话语体系的重要组成部分，成为中国为当今世界提供的以"和平发展、合作共赢"为核心的重要全球理念性公共产品；同时，中国还积极主张和践行构建人类命运共同体理念，从搭建"一带一路"国际合作平台到组建成立亚洲基础设施投资银行、金砖国家新开发银行和丝路基金，从举办中国国际服务贸易交易会、中国国际进口博览会到中国北京世界园艺博览会，从接续举办博鳌亚洲论坛到中非合作论坛、中阿合作论坛，从开通中欧班列到加强国际陆港合作和国际陆海新通道合作、"金砖+"

[①] 王同新：《构建人类命运共同体：全球性公共产品的视角》，《中国社会科学报》2020年5月27日第6版。

合作机制、核准加入区域全面经济伙伴关系协定（RCEP）等，中国不仅提出了一系列新理念、新思路、新方案，而且还构建了一系列新平台、新机制、新模式，从而为进一步推进经济全球化和全球公共治理贡献了中国智慧、中国方案和中国力量，成为中国为当今世界提供的重要全球制度性公共产品。"一个不断走向现代化的中国，必将为世界提供更多机遇，为国际合作注入更强动力，为全人类进步作出更大贡献！"①

第三节　建设人民满意的服务型政府，着力提高政府公共性实现水平

当下，中国特色社会主义进入新时代和新发展阶段。党的二十大报告指出："从现在起，中国共产党的中心任务就是团结带领全国各族人民全面建成社会主义现代化强国、实现第二个百年奋斗目标，以中国式现代化全面推进中华民族伟大复兴。"② 在新时代新阶段中国特色社会主义这个时代背景和历史方位下，开启全面建成社会主义现代化强国、实现第二个百年奋斗目标新征程，研究和应用马克思恩格斯政府公共性理论尤其是国家本质特征理论，着重领会和把握其中关于国家或政府的公共性与阶级性辩证关系思想的精神实质，对于我们正确认识研判我国社会主要矛盾的新变化、不断深化拓展马克思主义相关理论的学术研究，指导我国进一步转变政府职能、建设人民满意的服务型政府，着力提高政府公共性实现水平，都具有突出的现实指导意义。

---

① 习近平：《共迎时代挑战 共建美好未来——在二十国集团领导人第十七次峰会第一阶段会议上的讲话（2022 年 11 月 15 日，巴厘岛）》，《人民日报》2022 年 11 月 16 日第 2 版。
② 习近平：《高举中国特色社会主义伟大旗帜 为全面建设社会主义现代化国家而团结奋斗——在中国共产党第二十次全国代表大会上的报告》，人民出版社 2022 年版，第 21 页。

一 马克思恩格斯政府公共性理论研究现实意义的新时代彰显①

在政府公共性理论尤其是国家本质特征理论上,马克思恩格斯不仅对以资本主义国家为代表的剥削阶级专政国家政权进行了无情鞭挞和彻底批判,而且对以巴黎公社为代表的无产阶级专政国家政权表示了热情讴歌和高度赞扬。在《共产党宣言》中,马克思恩格斯就指出:"无产阶级将利用自己的政治统治,一步一步地夺取资产阶级的全部资本,把一切生产工具集中在国家即组织成为统治阶级的无产阶级手里,并且尽可能快地增加生产力的总量。"② 在《法兰西内战》中,马克思又指出:巴黎公社实质上是工人阶级当家作主的政府,这是社会和人民群众把国家政权重新收回,把它从压制社会的力量变成社会本身的生命力;公职人员都是为人民服务的公仆,由选举产生,接受人民监督,并且随时可以罢免;"旧政权的纯属压迫性质的机关予以铲除,而旧政权的合理职能则从僭越和凌驾于社会之上的当局那里夺取过来,归还给社会的负责任的勤务员"③。这里的"合理职能"就是指以实现公共性为根本宗旨的社会公共职能,这将是社会主义国家及其政府的主要职能。这说明:"无产阶级专政具有两个基本职能和属性,一是担负对内镇压被统治阶级、对外抵抗外来侵略的阶级工具职能,具有鲜明的阶级属性;二是具有组织生产、发展经济、协调关系、保证公平、繁荣文化、统一道德、提供保障等公共服务职能,具有公共服务的属性。"④ 并且,由于无产阶级专政条件下阶级矛盾和阶级斗争已经不是社会主要矛盾了,所以"无产阶级专政新型国家的阶级工具职能,其范围和作用会逐步缩小、

---

① 王同新:《公共性与阶级性:马克思主义国家观的理论透视及其当代价值》,《科学社会主义》2015年第6期;《恩格斯国家本质特征理论及其当代价值》,《马克思主义研究》2019年第9期。
② 《马克思恩格斯选集》第1卷,人民出版社1995年版,第293页。
③ 《马克思恩格斯选集》第3卷,人民出版社1995年版,第57页。
④ 王伟光:《坚持人民民主专政,并不输理》,《红旗文稿》2014年第18期。

减少，而公共服务职能会逐步扩大、加重"①。作为历史上第一个无产阶级专政的政权，巴黎公社的生命时间虽然只有短短的七十二天，但却开启了公共权力由与人民大众分离到向社会复归和消除国家政权政治性质的历史进程，从而为社会主义国家如何在正确把握国家公共性与阶级性关系基础上履行好"合理职能"和实现好国家公共性开辟了现实道路、提供了重要参照。此后，从世界上第一个社会主义国家苏联到新中国社会主义建设伟大实践，再到改革开放初期建设中国特色社会主义新探索，社会主义国家在政府公共性建设方面都做了大量而艰辛的工作，也取得了一定成效，但总体上都不尽如人意。

就当下中国特色社会主义进入新时代来说，这个新时代，既是社会主义国家政府公共性得以充分彰显和实现的历史时期，也恰是马克思恩格斯国家本质特征理论所揭示的国家公共性发展趋势中由下降到上升直至完全实现的历史转折时期；这个新时代，作为国家公共性发展历史进程中的关键拐点，不仅在科学社会主义发展史上具有重大的标志性意义，而且在人类社会发展史上具有深远的世界历史意义。在新时代中国特色社会主义这个时代背景和历史方位下，研究和应用马克思恩格斯政府公共性理论尤其是国家本质特征理论，着重理解和把握其中关于国家或政府的公共性与阶级性辩证关系思想的精神实质，对于我们正确认识研判我国社会主要矛盾的新变化、不断深化拓展马克思主义相关理论的学术研究，指导我国进一步转变政府职能、建设人民满意的服务型政府，都具有突出的现实指导意义暨学术价值、理论价值和实践价值。

（一）学术价值

学术上，本书以公共性问题尤其是政府公共性问题的当代凸显为背景，立足实际问题的理论思考和致力探寻破解之道，着力系统化挖掘整理归纳概括马克思恩格斯政府公共性理论的主要内容、主要特点和全面梳理概括提炼其核心要义，并阐明其当代价值和现实意义，从而充分彰

---

① 王伟光：《坚持人民民主专政，并不输理》，《红旗文稿》2014年第18期。

显马克思恩格斯政府公共性理论的学术思想,确立马克思恩格斯政府公共性理论的学术地位,捍卫马克思恩格斯政府公共性理论的学术立场,实现对马克思主义公共性理论否定观在学术上的有力否定。这对于推进21世纪马克思主义在中国的研究、运用、发展和创新,推进社会主义国家政府职能理论特别是服务型政府理论学术研究的深化和拓展,具有重要的学术价值。作为马克思主义理论的重要组成部分,马克思主义公共性理论特别是政府公共性理论有望成为当代马克思主义创新发展的一个新的学术生长点。

(二)理论价值

理论上,马克思恩格斯政府公共性理论指导我们要从辩证唯物主义和历史唯物主义的哲学高度去正确认识和理解政府公共性与阶级性之间的关系、经济社会建设与阶级斗争之间的关系,从理论上认清和把握公共性在国家本质特征中的基础地位、政府公共职能在政府职能体系中的基础地位、政府公共性建设在国家建设全局中的基础地位,特别是要善于从对我国社会主要矛盾新变化的正确分析和判断中认清加速推进政府职能转变的重要性、必要性和紧迫性。当下,为更好适应新时代中国特色社会主义条件下我国社会主要矛盾的新变化、新特点,迫切要求在理论上把政府公共职能由政府职能的基础地位提升到核心地位,把政府公共性建设由国家建设的基础地位提升到主导地位,着力提高社会主义国家的政府公共性实现水平。因此,笔者本着学以致用的原则,选择以建设公共服务型政府作为马克思恩格斯政府公共性理论的实践载体和价值载体,指出建设公共服务型政府是我国加强政府公共性建设和实现政府公共性的必然要求和有效途径,并从理论与实践的结合点上深刻阐明马克思恩格斯政府公共性理论对我国建设公共服务型政府的指导意义。

(三)实践价值

实践上,马克思恩格斯政府公共性理论指导我们要灵活运用马克思主义的世界观和方法论来正确处理和摆正社会主义国家的社会公职能与政治统治职能之间的关系，自觉坚持把正确的理论认识具体贯彻落实到政府各项实际工作中去，并善于根据社会主要矛盾和国家发展历史方位的新变化，及时调整、修订和完善相关政策方案，适时制定、出台和执行正确的路线方针政策，不断推进实现政府转型和职能转变的与时俱进。建设公共服务型政府是着力加强政府公共性建设和更好提高政府公共性实现水平的有效途径。新中国成立以来，我国的政府职能经历了由"全能型政府"到"经济建设型政府"，再到"公共服务型政府"的历史演变。相应地，我国在政府公共性建设和公共性实现方面也经历了三个阶段，既有成功与经验，也有失误与教训。党的十八大提出，要"建设职能科学、结构优化、廉洁高效、人民满意的服务型政府"[①]。党的十九大强调指出，要"转变政府职能，深化简政放权，创新监管方式，增强政府公信力和执行力，建设人民满意的服务型政府"[②]。党的二十大进一步指出，要"转变政府职能，优化政府职责体系和组织结构，推进机构、职能、权限、程序、责任法定化，提高行政效率和公信力"[③]。新时代，我国服务型政府建设实践仍然面临诸多困境和难题，如政务服务从服务理念到服务质量尚待进一步改进提高、适应新要求的政府职能转变尚待进一步加快推进到位、公共服务体系和供给体制机制尚待进一步健全完善、全国各地的建设实践进程尚待进一步平衡协调推进、人民群众的安全感和社会满意度尚待进一步充实提升等。具体表现在公务员公共理念和服务意识不太牢固、政府职能转变比较滞后、行政成本依然偏高、公共服务发展失衡、实践进度全国不一、缺乏统一的标准规范要求、社会公平问题日益凸显，基本公共服务总量不足、结构失衡、公共性差、绩效偏低等

[①] 胡锦涛：《坚定不移沿着中国特色社会主义道路前进 为全面建成小康社会而奋斗——在中国共产党第十八次全国代表大会上的报告》，《光明日报》2012年11月18日第1—5版。
[②] 习近平：《决胜全面建成小康社会 夺取新时代中国特色社会主义伟大胜利——在中国共产党第十九次全国代表大会上的报告》，《人民日报》2017年10月28日第1—5版。
[③] 习近平：《高举中国特色社会主义伟大旗帜 为全面建设社会主义现代化国家而团结奋斗——在中国共产党第二十次全国代表大会上的报告》，人民出版社2022年版，第41页。

问题仍然存在,特别是当前人民群众美好生活需要和公共产品需求的全面快速增长与政府有效提供公共产品和公共服务的能力相对不足之间矛盾突出,政府公共性建设和公共性实现水平依然不高。作为破解以上实践难题和困境的一把金钥匙,马克思恩格斯政府公共性理论正好为我国当前加快推进政府职能转变、建设人民满意的服务型政府提供了科学理论依据和实践指南,具有重要的实际应用价值。

二 马克思恩格斯政府公共性理论的新时代理论价值凸显[①]

从理论上看,研究和应用马克思恩格斯政府公共性理论有利于从辩证唯物主义和历史唯物主义的哲学高度全面、辩证、完整、准确地理解和把握国家的本质及其特征,从而正确分析和判断我国社会主要矛盾的变化,帮助人们走出以往片面强调阶级性而忽视公共性的理论误区,对于深化和拓展马克思主义相关理论研究具有重要的促进作用,使马克思主义公共性理论有望成为当代马克思主义创新发展的一个新的生长点。中国特色社会主义进入新时代,我国社会主要矛盾已发生重大变化,人民日益增长的美好生活需要表现突出,除了对一些中高端私人产品的少量需求外,主要集中于公共服务领域对政府提供充足优质高效的公共产品的大量需求。这说明,这个新时代是社会主义国家政府公共性得以充分彰显和实现的新时代,也正是马克思恩格斯国家本质特征理论所揭示的国家公共性发展趋势中由下降到上升的新时代。以马克思恩格斯国家本质特征理论为指导,习近平新时代中国特色社会主义思想继承、发展和深化了我们党自八大以来对我国社会主要矛盾问题的认识,特别是对我国当前社会主要矛盾的"变"与"不变"形成了新的正确分析和判断。

关于我国社会主义社会主要矛盾问题,我们党早在八大上就形成了

[①] 王同新:《公共性与阶级性:马克思主义国家观的理论透视及其当代价值》,《科学社会主义》2015年第6期;《恩格斯国家本质特征理论及其当代价值》,《马克思主义研究》2019年第9期。

正确的认识和判断。中共八大概括指出，社会主义改造基本完成以后国内的主要矛盾，"已经是人民对于建立先进的工业国的要求同落后的农业国的现实之间的矛盾，已经是人民对于经济文化迅速发展的需要同当前经济文化不能满足人民需要的状况之间的矛盾"①。解决的方法途径就是发展社会生产力、开展大规模的经济建设，从而实现党和国家工作重点由社会主义革命向社会主义建设的重大转移。如果我们把中国特色社会主义分为"奠基和探索阶段、开创和推进阶段、全面坚持和发展阶段"② 三个阶段来分析，那么这个正确理论判断也经历了三个阶段的曲折发展。一是在党的十一届三中全会前的中国特色社会主义奠基和探索阶段发生了反复和偏差，"文化大革命"时期甚至严重背离，原因主要是片面强调阶级斗争而忽视了公共性建设。二是在党的十一届三中全会后的中国特色社会主义开创和推进阶段又得以重新确立和进一步巩固。党的十一届六中全会通过的《关于建国以来党的若干历史问题的决议》把它归纳和准确表述为："在社会主义改造基本完成以后，我国所要解决的主要矛盾，是人民日益增长的物质文化需要同落后的社会生产之间的矛盾。"③ 同时，这一次全会还强调阶级斗争已经不是主要矛盾了，任何阶级斗争扩大化的观点和阶级斗争已经熄灭的观点都是错误的。解决的方针政策就是以经济建设为中心，把党和国家的工作重心转移到社会主义现代化建设上来。三是以党的十八大为标志，中国特色社会主义进入了全面坚持和发展的新时代，这个正确理论判断得到了全面继承和发展。党的十九大指出，中国特色社会主义进入新时代，我国社会主要矛盾已经转化为人民日益增长的美好生活需要和不平衡不充分的发展之间的矛盾。党的十九大既指出我国社会主要矛盾发生了全局性和历史性

---

① 中共中央文献研究室：《建国以来重要文献选编》第 9 册，中央文献出版社 1994 年版，第 341 页。

② 金民卿：《深刻理解中国特色社会主义进入新发展阶段的内涵和意义》，《世界社会主义研究》2017 年第 7 期。

③ 中共中央文献研究室：《改革开放三十年重要文献选编》（上），中央文献出版社 2008 年版，第 212 页。

的变化，又指出这种变化没有改变我们对我国社会主义所处历史阶段的判断，即"两个没有变"①。党的十九大关于我国社会主要矛盾与时俱进的新表述和这种"变"与"不变"的新论断，反映了我国发展总的量变进程中的阶段性部分质变，反映了我们党坚持辩证唯物主义和历史唯物主义的世界观和方法论，反映了我们党对八大以来关于我国社会主要矛盾正确理论判断的继承发展和不断深化。同时，党的十九大强调：实现伟大梦想，必须进行具有许多新的历史特点的伟大斗争，并号召全党要充分认识这场伟大斗争的长期性、复杂性、艰巨性。党的十九大报告提出的"五个更加、五个坚决"中，特别是第一条和第四条，就明确包括了阶级斗争内容，即阶级斗争是这场伟大斗争的题中应有之义。党的十九大报告把我国当前社会主要矛盾转化和必须进行伟大斗争相提并论，既反对阶级斗争扩大化的观点，又反对阶级斗争已经熄灭的观点，旗帜鲜明、态度坚决，从而在理论上避免犯"左"和右的错误。党的二十大报告指出："我国是一个发展中大国，仍处于社会主义初级阶段，……我们要善于通过历史看现实、透过现象看本质，把握好全局和局部、当前和长远、宏观和微观、主要矛盾和次要矛盾、特殊和一般的关系，不断提高战略思维、历史思维、辩证思维、系统思维、创新思维、法治思维、底线思维能力，为前瞻性思考、全局性谋划、整体性推进党和国家各项事业提供科学思想方法。"②当下，我国已经如期实现了全面建成小康社会的第一个百年奋斗目标，正处在向第二个百年奋斗目标阔步迈进和全面建设社会主义现代化国家、实现中华民族伟大复兴中国梦的关键时期，理论上能否做到在整个社会主义初级阶段既一以贯之又与时俱进地全面坚持和发展关于我国社会主要矛盾的正确理论判断，尤其具有根本性和决定性的重要意义。

---

① 习近平：《决胜全面建成小康社会 夺取新时代中国特色社会主义伟大胜利——在中国共产党第十九次全国代表大会上的报告》，《人民日报》2017年10月28日第1—5版。

② 习近平：《高举中国特色社会主义伟大旗帜 为全面建设社会主义现代化国家而团结奋斗——在中国共产党第二十次全国代表大会上的报告》，人民出版社2022年版，第20—21页。

三 马克思恩格斯政府公共性理论的新时代实践价值凸显[①]

从实践上看，研究和应用马克思恩格斯政府公共性理论有利于以马克思主义的世界观和方法论为指导来全面、正确地履行社会主义国家的政府职能，从而把人们从以往关于国家本质和政府职能的片面性理解和"以阶级斗争为纲"的错误做法中解脱出来，对于我国与时俱进地加快转变政府职能、构建完善公共服务型政府具有突出的实践意义。社会主义制度较之资本主义制度的优越性，不仅体现在它能创造更高水平的社会生产力，而且体现在它能实现更高水平的政府公共性。但我国在改革开放前的全能型政府时期，特别是"文革"期间，片面强调国家的政治统治或阶级斗争职能，社会公共职能弱化；改革开放初期的经济建设型政府片面追求 GDP 等经济指标，忽视了社会管理和公共服务，实践中都导致政府公共性的严重缺失。实践经验和教训告诉我们，社会主义国家尤其要始终坚持和更加注重把以实现公共性为根本宗旨的社会公共职能作为政府职能的基础来抓，任何时候都不能忽视和放松。

党的十八大以来，以习近平同志为核心的党中央科学把握国际国内两个大局，顺应世界大势和时代潮流，回应时代之问和人民期盼，一路高蹈宏略、攻坚克难，提出和落实了一系列新理念、新思想、新战略，出台和实施了一系列重大方针和政策举措，推动了改革开放和现代化建设取得历史性成就，实现了社会发展和各项事业的历史性变革。党的十九大从我国当前社会主要矛盾转化的客观分析中作出了中国特色社会主义进入新时代的重大判断，并对新时代建设人民满意的服务型政府提出了新要求、作出了新部署。中国特色社会主义进入了新时代，我国发展历史方位和社会主要矛盾的新变化对党和国家工作提出了新要求，特别是要求政府职能要紧跟新时代、适应新时代加速转变。经过 40 多年的

[①] 王同新：《公共性与阶级性：马克思主义国家观的理论透视及其当代价值》，《科学社会主义》2015 年第 6 期；《恩格斯国家本质特征理论及其当代价值》，《马克思主义研究》2019 年第 9 期。

改革发展，我国在如期实现了全面建成小康社会的第一个百年奋斗目标的基础上，正在朝着全面建成社会主义现代化强国的第二个百年奋斗目标奋进。我国目前总体发展状况已经达到中等偏上收入国家水平，距离高收入国家水平越来越近了，人民群众的获得感、幸福感、安全感普遍有了较大提高。人民生活已不仅仅局限于"物质文化需要"方面的吃饱穿暖和低水平、低层次的满足，而且是对包括营养健康、休闲娱乐、环境宜居、安全舒适、民主法治、公平正义和自由发展等在内的多样化、个性化、全方位、高品位的满足，普遍向往和期盼政府服务更加健全贴心、工作就业更加稳定舒心、个人收入更加满意称心、食品药品更加健康放心、医疗卫生更加方便省心、家庭生活更加殷实开心、居住条件更加舒适温馨、教育入学更加优质公平、出行出游更加安全便捷、自然环境更加优美宜人、社会环境更加公正和谐、精神生活更加丰富充实等。同时，我国"落后的社会生产"也已经成为"过去式"了，不仅生产力总体水平大幅提升，而且社会生产能力在很多方面已跻身世界前列。我国当下的经济社会发展状况已发生新的阶段性变化、呈现新的阶段性特点，突出问题在于目前发展还不平衡不充分，这是满足人民日益增长的美好生活需要的主要制约因素。由此可见，就新时代我国社会主要矛盾的转化来讲，从需求侧看，人民日益增长的以私人产品为主的物质文化需要已经基本满足，现在集中表现为对以公共产品为主的美好生活需要的向往和追求，普遍期盼政府能提供更加健全和更高水平的公共服务；从供给侧看，我国当前发展不平衡不充分已经取代落后的社会生产而成为主要矛盾的主要方面，突出表现在除了部分中高端私人产品短缺外，主要是在公共服务领域的公共产品短缺或供不应求，这恰恰是新时代政府职能转变的重中之重。比如，发展的质量和效益还不高，自主创新能力不够强，城乡、区域和群体发展不平衡，供需经济结构不平衡，生态环保压力较大；民生领域在就业、教育、医疗、居住、养老等方面还存在短板弱项，收入分配差距依然较大；社会矛盾和公平问题交织叠加，国家安全领域面临新挑战等。

进入新时代、迈进新阶段、开启新征程，我国已经告别了私人产品短缺时代而迅即跨入公共产品短缺时代，人民群众日益增长的私人产品需求得到了充分和有效满足之后，社会全面激增和"井喷式"的公共产品需求与政府提供公共产品和公共服务的能力相对不足之间的矛盾十分突出，并已成为影响我国当前和今后发展的直接制约因素。新时代、新阶段、新征程和我国社会主要矛盾的新变化、新特点、新要求告诉我们，必须坚持以马克思恩格斯政府公共性理论及其中国化时代化理论成果为指导，紧扣满足公共产品短缺时代人民群众的美好生活新期待，加快推进政府转型和职能转变、构建完善公共服务型政府，着力把公共服务职能提升到政府职能的核心地位，切实加强社会主义国家政府公共性建设，不断提高社会主义国家政府公共性实现水平。

第三章　中国建设服务型政府的历史回顾

作为实现政府公共性的实践载体，我国建设公共服务型政府是更好实现社会主义国家政府公共性、有力彰显社会主义制度优越性的必然要求和路径选择，是不断适应社会环境条件变化要求、加快推进政府转型和职能转变的现实诉求和迫切需要。回眸历史，鉴往知来。我国建设公共服务型政府有着特殊的历史缘起和理论缘由，经过了逐步深入的理论探讨和渐次展开的实践探索，走的是一条借鉴超越西方又富有中国特色的创新之路，大体上经历了由下到上自主探索、由上到下全面推开和新时代进一步提升完善三个实践阶段并取得了初步成效。

第一节　中国建设服务型政府的历史缘起与理论探索

从理论上讲，公共性是政府的第一属性，政府为全社会和公众提供公共产品和公共服务是政府实现公共性的实质载体和根本途径，也是政府的本分、天职和应尽义务。我国为什么要构建公共服务型政府或称服务型政府呢？关于我国建设服务型政府的历史缘起与理论缘由还得从人类社会和世界历史的发展变迁，特别是20世纪末至21世纪初的国际国内时代背景说起。

一 中国建设服务型政府的历史缘起

（一）从国际看

20世纪后期至21世纪初，随着全球化、后工业化进程明显加快，人类进入以高度复杂性和高度不确定性为主要特征的、以"加加速度"高速发展的风险社会，推进政府的公共性转型是世界历史发展的必然趋势。一方面，战后世界范围的科技革命特别是第三次科技革命浪潮汹涌澎湃，有力推动了社会生产力的巨大发展，促成了世界各国的生产关系、社会关系乃至全球范围的国际关系、国际格局的重大变革和调整，引发了人们对传统性与现代性、现代性与后现代性之间冲突和困境的反思和追问，尤其是对政府与市场、社会之间关系模式的新思考、新探索，西方发达国家先后掀起了轰轰烈烈的政府变革和再造运动。随着人类社会从传统的农业社会到现代工业社会再到后现代工业社会的发展和转变，政府与市场、社会的关系模式也必然发生相应的转型，即从与传统农业社会相适应的统治型政府，到与现代工业社会相适应的管理型政府，再到与后现代工业社会相适应的服务型政府转换。公共行政学自19世纪80年代末诞生以来，随着社会发展和时代变迁已经历了几次大的范式转换，即从旧公共行政到新公共行政，从新公共行政到新公共管理，再从新公共管理到后新公共管理（如新公共服务、治理善治理论等）。另一方面，在世界科技大革命、生产力大发展、社会大变革、政府大转型的同时，全球范围的公共性矛盾、公共性问题、公共性危机大凸显，严重威胁全人类的生存和安全。随着全球化的迅猛发展和扩展深化，全球范围的公共交往和公域范围不断扩大，全球性公共事务和公共问题日益增多且更趋复杂，正面的和负面的公共性积累与溢出效应越发凸显，传统的和非传统的公共安全威胁有增无减。比如边界领土争端、民族宗教纷争、局部军事冲突和难民问题、国际军事结盟对抗、霸权主义强权政治嚣张、核扩散和核威胁、南北贫富悬殊加剧、跨境犯罪和毒品走私猖獗、国际重要水道航道安全形势严峻、国际恐怖主义袭击、全球疾病流行和公共卫生事件、全球区域和次区域环境治理问题、全球温室效应和碳排放问题、全球经济可持续发展问题等。在这些全球性公共问题和公共危机面前，没有哪一个国家是与世隔绝的世外桃源，也没有哪一个国家能单枪匹马独善其身，因为全球化已经把世界各国紧密地联系在一起，生活在地球村里的各国人民相互依存度越来越高，人类社会日益成为一个你中有我、我中有你、一荣俱荣、一损俱损的命运共同体。面临全球性公共问题和公共危机的严峻挑战，人类战而胜之的重要法宝就是世界各国团结一心、携手并肩、同舟共济、共克时艰，大力加强国际协调合作，积极推进全球公共治理。

（二）从国内看

20世纪末至21世纪初，我国国内社会环境条件发生了新变化，我国发展呈现出阶段性新特点，推进政府转型和职能转变是适应这些新变化、新特点的必然要求。一方面，自改革开放起步至世纪之交，为适应党和国家工作重心向经济建设转移和以市场为导向的经济体制改革，特别是党的十四大以来发展社会主义市场经济的新形势、新要求，我国政府一改过去计划经济时代的全能型政府职能，把政府职能的重心放在了经济建设上，政府披挂上阵直接充当投融资、上项目等经济建设主体，从而形成了经济建设型政府。这个时期，我国GDP长期保持10%以上的高速增长，社会生产力接连实现了跨越式发展，提前完成了"三步走"战略目标的前两步，实现了人民生活水平由温饱到总体小康的历史性跨越，应该说，经济建设型政府功不可没。另一方面，这个时期我国政府职能在长期聚焦经济建设和经济增长的同时，没有统筹兼顾好社会建设、生态建设等其他方面职能的发挥，结果造成政府职能结构严重失衡和"一条腿长、一条腿短"的"跛脚"现象。2003年暴发的SARS疫情警示我们，经济建设型政府已经难以为继了，加快推进政府转型和职能转变、构建公共服务型政府已迫在眉睫。譬如，改革开放较长一段时间，我们的注意力大多集中在以经济建设为中心上，片面追求经济指标而忽视了经济社会的全面协调发展，在干部政绩考核方面也多以 GDP 论英雄，结果导致经济增长与资源、环境之间的张力越来越大，经济社会发展的结构性失衡尤其是社会建设长期滞后于经济建设的积累效应越来越严重，民生领域中的公共教育、医疗卫生、社会保障、就业、住房、环保、食品药品安全等问题突出，概括而言，就是政府的公共服务职能严重弱化，政府的公共性严重缺失。因此，要找回失落的政府公共性就必须因时因势推进政府转型和职能转变，强化政府的公共服务职能，加快构建公共服务型政府。新中国历史上先后经历了三次大的政府转型，这就是改革开放前与我国在受到外部封锁环境下实行计划经济相适应的职能无所不包的全能型政府，改革开放初期与我国在实行对外开放环境下推进以市场为导向的改革起步、聚焦经济起飞、实现人民生活水平由温饱到小康、尚处于私人产品短缺时代相适应的以经济建设为职能重心的经济建设型政府，20 世纪末以来与我国在深化改革开放和积极融入全球化环境下发展社会主义市场经济、实现了人民生活水平总体小康、逐渐进入公共产品短缺时代相适应的以公共服务为职能重心的公共服务型政府。

自 2000 年我国学者首次提出服务型政府概念以来，经过理论界的研究争论探讨和一些地方政府的尝试性探索实践，服务型政府理论和地方性建设实践初步达成共识并得到中央的确认而在全国范围内推开。2001 年我国成功加入 WTO，这既对我国政府工作提出了新挑战，也为建设服务型政府提供了新契机；2002 年党的十六大首次明确了"经济调节、市场监管、社会管理、公共服务"的政府职能定位；2003 年的 SARS 疫情更是暴露出我国社会建设中的短板和弱项，促使我们痛下决心加快推进政府转型；2004 年 2 月，在中央党校省部级主要领导干部"树立和落实科学发展观"专题研究班结业式上，温家宝总理作重要讲话时首次讲到要"努力建设服务型政府"；2005 年"两会"期间，温家宝总理在《政府工作报告》中首次正式提出要"努力建设服务型政府"；2006 年党的十六届六中全会作为党的重要会议首次正式论及建设服务型政府议题，一直到2007年党的十七大最终确定把建设服务型政府作为中国行政体制改革的总目标。此后，建设服务型政府作为国家的一项重大决策部署和行政体制改革的目标任务，在党中央和国务院的历次重要会议和重要文献中都有相关重要论述和安排部署，直至2017年党的十九大把它高度概括和凝练表述为"建设人民满意的服务型政府"。

二 中国建设服务型政府的理论探索

我国建设服务型政府的理论既具有学习借鉴西方的因素，又结合本国国情和具体实际，走的是一条借鉴超越西方又富有中国特色的创新之路。

（一）西方公共行政理论的历史发展

自20世纪以来，西方公共行政理论的发展大体上依次经历了"旧公共行政""新公共管理""后新公共管理"（如"新公共服务""整体政府""协作治理"等）三个历史时期。19世纪末以来，旧公共行政以政治与行政二分原则与泰勒等人的科学管理原理和韦伯的官僚制理论相结合，从而确立了其基本行政原则和组织理论框架。从20世纪20年代末30年代初的西方经济大萧条中的政府行政至第二次世界大战以罗斯福新政为代表，政府集权重新在国家行政管理中承担起多种政治职能。20世纪60年代末到70年代的新公共行政运动是对旧公共行政一定程度的反思和扬弃，它抛弃了政治与行政二分原则，吸纳了社会公平、民主参与等价值，但持续时间比较短。至20世纪70年代末，面对长期存在的"滞胀"等严重经济社会问题，出于对旧公共行政弊端的根本反思，以英国的撒切尔夫人改革和美国的里根政府革命为标志，西方国家掀起了一场轰轰烈烈的新公共管理改革浪潮并迅速波及全球。它注重单向度的市场价值、顾客导向，把市场竞争机制引入公共部门，追求效率效益效果、全面质量管理、着力政府再造，推行服务社会化和市场化改革，发挥第三部门的独特作用，收到良好效果但负面效应也不断显现。自

20世纪90年代末以来,英国、新西兰等西方国家又相继开展了超越新公共管理的"后新公共管理"运动,改革重心转向了注重公共价值管理、协作治理和整合,新公共服务理论则强调民主参与、责任意识、尊重公民价值,提倡"参与式国家"治理模式。

(二)中国服务型政府理论的缘起与发展

1. 服务型政府概念的提出

相比之下,我国公共行政学的发展起步较晚,走的是一条学习、借鉴、超越西方公共行政,又结合本国国情实际、具有自身特色的中国道路。与大部分西方国家推行新公共管理改革运动几乎同时同步,以党的十一届三中全会为标志,中国在20世纪70年代末80年代初开启了改革开放的历史新时期,行政学学科也在我国得以恢复和快速成长,从此我国行政学理论研究和实践探索便同西方行政学理论发展和政府改革运动密切相连。一方面,我国以实用主义态度大胆学习借鉴包括旧公共行政、新公共行政、新公共管理、后新公共管理等在内的西方公共行政理论有益成果和政府改革成功经验。在40多年的行政管理体制改革实践中,我国先后进行了八次大规模的国务院机构改革,诸如公共部门引入市场机制、兼顾效率和公平、推进公共服务市场化社会化改革、政府向社会力量购买服务、PPP模式、大部制改革等,都有学习借鉴西方国家政府改革成功经验,特别是新公共管理和后新公共管理有益成果的相关要素。另一方面,我国在学习借鉴西方的同时,也对其存在的理论缺陷和实践弊端进行了反思,并结合自身多次开展政府机构改革的历史经验大胆创新,不断探索建立具有中国特色的行政管理体制。基于对中西方行政学理论和实践的历史演变、发展趋势、取得经验、存在问题的准确把握和对我国推进行政体制改革历史经验的总结反思,中国学者对"我国行政体制改革的目标和方向"问题,或者说我们到底要"建立一个什么样的政府"问题进行了理论思考、反复酝酿,并在世纪之交2000年左右提出了服务型政府概念。随着我国理论界相关研究的百家争鸣、交流互鉴、凝聚共识和政府改革实践的积极推进、逐步深化、尝试创新，建设服务型政府最终得到中央的确认并成为中国行政体制改革的总目标。

2. 服务型政府内涵的争论

世纪之交，我国行政学领域围绕行政道德伦理建设及服务价值问题展开讨论，中国人民大学张康之教授基于对人类发展、社会治理和行政模式由与农业社会或农业时代对应的统治行政，到与工业社会或工业时代对应的管理行政，再到与后工业社会或后工业时代对应的服务行政历史沿革的历史考察和逻辑主义思考，于 2000 年提出了与此相对应的三种政府类型即农业社会的"统治型政府"、工业社会的"管理型政府"、后工业社会的"服务型政府"，所谓"服务型的政府也就是为人民服务的政府……政府定位于服务者的角色上，把为社会、为公众服务作为政府存在、运行和发展的基本宗旨"[1]。此后，学术界关于服务型政府内涵的理解呈现出百花齐放、百家争鸣的景象，代表性观点主要有：一是以张康之、张乾友、李传军等为代表的历史变迁学派，认为"服务型政府是一种不同于农业社会的'统治型政府'与工业社会的'管理型政府'的新的政府类型，是一种以服务为导向的政府模式"[2]，也就是与后工业社会之服务行政相对应的、为社会和公众服务的政府。二是以刘熙瑞、姜晓萍、吴玉宗等为代表的政民关系学派，认为人类政治文明史就是从管制型政府到服务型政府的发展史，其根本区别在于究竟是官本位还是民本位、是政府本位还是社会本位，也就是说，在政府与民众、政府与社会的关系上到底以谁为中心、以谁为根本？服务型政府就是"在公民本位、社会本位理念指导下，在整个社会民主秩序的框架下，通过法定程序，按照公民意志组建起来的以为公民服务为宗旨并承担着

---

[1] 张康之：《限制政府规模的理念》，《行政论坛》2000 年第 4 期；张康之：《把握服务型政府研究的理论方向》，《人民论坛》2006 年第 5 期；张康之：《我们为什么要建设服务型政府》，《行政论坛》2012 年第 1 期。

[2] 张乾友：《变革社会中的服务型政府建设——任务型组织的途径》，《北京行政学院学报》2014 年第 1 期。

服务责任的政府"①。三是以迟福林、谢庆奎、李军鹏等为代表的职能转变学派，基于对新中国成立以来政府职能类型的历史考察和对比分析、对我国进入公共产品短缺时代政府职能重心转向社会公共职能和更加注重公共服务的现实考量，而将服务型政府从职能类型角度界定为与"全能型政府""经济建设型政府"相并列的"公共服务型政府"，这是自新中国成立以来我国政府职能沿革依次经历的最新历时类型。所谓公共服务型政府就是"为全社会提供基本而有保障的公共产品和有效的公共服务，以不断满足广大社会成员日益增长的公共需求和公共利益诉求，在此基础上形成政府治理的制度安排"的政府。② 到底应该怎么正确理解把握"服务型政府"的科学内涵，特别是与"公共服务型政府"的联系和区别呢？对此，《人民论坛》杂志社曾在 2006 年特邀张康之、迟福林、刘熙瑞等数位资深专家进行了理论与实践方面的专题探讨，并在第 5、第 6 期分上下篇推出了特别策划，这对促进各派观点交流互鉴、消弭分歧、达成共识起到了积极推动作用。

笔者认为，"服务型政府"与"公共服务型政府"两种提法本质上是一致的，两者都强调政府的服务者角色定位和服务目标、方向、价值，只是各自特色或侧重点不同，但没有实质性区别，可以互换使用。服务型政府是面向长期战略目标、为完成政府根本性转型的比较宏观的表述，而公共服务型政府是立足当下近期战略目标、为完成政府阶段性转型的比较中微观的表述，即服务型政府是未来理想形态的公共服务型政府，而公共服务型政府是当下现实形态的服务型政府；服务型政府是公共服务型政府发展的目标和方向，而公共服务型政府是服务型政府建设的基础和立足点。所以，一方面，我们的学术探讨和学术分歧都要高度统一到党中央、国务院对我国服务型政府建设的权威表述和工作部署上来；另一方面，我们要清楚明了两者之间存在着理想与现实的区别，

---

① 刘熙瑞：《服务型政府——经济全球化背景下中国政府改革的目标选择》，《中国行政管理》2002 年第 7 期。
② 迟福林：《全面理解"公共服务型政府"的基本涵义》，《人民论坛》2006 年第 5 期。

既要仰望天空，又要脚踩大地。因为，在政府存在和发展的现实阶段上，承认了有限政府的理念，就必然承认公共服务型政府的提法。请看央视《经济半小时》栏目对原福建省省长习近平同志的专访，其中关于有限政府的论述今天仍有很强的现实指导意义："福建省政府这两年一个就是在观念上，政府要建设有限政府，提供有效服务。有效服务不是说你无所不包，无所不在的，无限的，无限的肯定做不好。有所为，有所不为……做那些不错位、不越位、不空位的事情，把主要精力放在自己该管好的事情，把那些自己不该管也管不好的事情还权于社会，还权于企业。"① 这里所说的政府"自己该管好的事情"就是为公众、企业和全社会提供有效公共产品和公共服务，有限政府就是以公共性为边界的现代政府。据此，笔者再阐明以下两点：

第一，服务型政府的提法比较宏观抽象，具有明显的政治性、理论性、价值性特点。特别是其"服务型的政府也就是为人民服务的政府"的表述，与我们党"为人民服务"的宗旨高度契合、完全一致，执政党的理念主张在政府工作中得到了完全彻底的贯彻执行，这在理论上、逻辑上、政治上顺理成章，也容易在全党全社会达成广泛共识，因此这种提法的政治性色彩较为浓重，理论上似乎很保险、很有说服力。同时，它虽然强调了政府的服务角色性、价值性，却对服务缺乏必要的具体界定和描述，没能回答"政府到底应该提供什么样的服务？"这个问题，因此显得比较宏观、抽象、模糊，理论性强而实践指导性不足。同样是讲"服务"，但对政府和政党来说，服务范围、程度、要求等具体内涵的界定却是不同的，严格地讲，"服务型政府"中的"服务"与"为人民服务"中的"服务"两者内涵是有区别的或者是不完全等同、不完全重叠的。"有限政府"理念被广为认同，但却没有"有限政党"之说；作为我们党的唯一宗旨，我们只能讲"为人民服务"，但不能讲

---

① 中央电视台陈响园：《引进外资 引进人才 福建"爱拼才会赢"——专访原福建省省长习近平（2002年10月15日22时04分）》，参见中央电视台《经济半小时》，http://www.cctv.com/financial/jingji/sanji/toutiao_ new/20021015/55.html，2002-10-15。

"为人民公共服务"。我们不妨来看看服务和公共服务之于政党和政府的区别和联系。首先,"公共服务的界限要比服务严格得多,只有有助于公共利益增进的服务才归属于公共服务,它是社会权利范围与政府职责范围的界定标准。服务型政府不是对社会进行无限制服务的全能政府,而是以公共性为边界的有限政府"[①]。有限政府理念认为政府的权力、职能、责任不是无限的、全能的,而是有限的、有边界的,因此政府必须做到有所为和有所不为,即法定职责必须为、法无授权不可为。政府作为国家公共权力的执行者,其公共性的本质属性决定了政府必须在公共领域中有所为,主要职责是解决公共问题、实现公共利益、为全社会提供公共产品和公共服务,以有效弥补市场失灵,否则将造成职能缺位;而私人领域中解决私人问题、提供私人产品和私人服务则不在政府的职责范围,应交由市场和社会来解决,政府不得插手干预,否则将造成政府失灵和职能越位。其次,全心全意为人民服务是我们党的唯一宗旨,党员干部无论职务高低,都是人民的勤务员;全体党员要牢记初心使命,坚持立党为公、执政为民,把有限的生命投入到无限的为人民服务之中去。中国共产党是当之无愧的服务型政党,"什么是共产党?共产党就是自己只有一条被子,也要剪下半条给老百姓的人"。作为我们党的唯一宗旨,这种为人民服务是全方位的、全生命周期的、无限度的、无止境的服务,服务内容既包括公共领域中的公共服务,也包括私人领域中的私人服务。总之,老百姓心里想的什么、需要什么,共产党就要满足什么,人民群众对美好生活的向往就是我们党的奋斗目标。

第二,公共服务型政府的提法比较微观具体,具有较强的学术性、实践性、可操作性特点。它基于对新中国成立以来政府职能转变的历史性考察,分析归纳了我国服务性政府职能随着时代变迁和社会环境条件

[①] 仇叶:《基层服务型政府建设中的服务泛化问题及其解决》,《中国行政管理》2020年第11期。

变化而经历的三个历史阶段和职能类型,即从新中国成立到改革开放前实行计划经济时期的"全能型政府",到改革开放初期党和国家工作重心转移与社会转型时期的"经济建设型政府",再到世纪之交发展社会主义市场经济、实现总体小康和进入公共产品短缺时代的"公共服务型政府"。这种提法既吸收借鉴了西方国家公共行政理论和实践发展的有益成果,如公共产品理论、有限政府理论等,又结合我国行政管理体制改革"转变职能、优化结构、理顺关系"的传统路径,抓住了推进政府职能方式、职能结构、职能重点等转变这个核心问题,从我国政府职能适应社会环境条件变迁的动态互动中梳理出三种政府模式和职能类型,强调指出:进入 21 世纪以来,随着我国发展历史方位的阶段性变化,尤其是经济实力显著增强、人民生活明显改善和实现了总体小康,我国已经告别私人产品短缺时代而进入公共产品短缺时代,人民日益增长的甚至"井喷式"的公共产品需求与政府提供公共产品能力严重不足之间的矛盾十分突出,所以当前政府职能重心应该聚焦为全体民众、市场主体和全社会提供充足优质高效的公共产品和公共服务,进一步推进经济建设型政府向公共服务型政府加速转型和转变到位。由此可见,这种提法不仅具有厚实的学术性,而且又紧贴实际、直面问题,具有很强的现实针对性和实践指导性,这当然与该流派的主要代表迟福林的努力是分不开的。作为一位具有广泛影响力的改革建言者、智库专家,中国(海南)改革发展研究院院长迟福林研究员,长期致力于我国经济体制和行政体制改革的理论与实践研究,曾多次参加国务院总理主持的专家座谈会,始终坚持以建言改革为己任,坚持问题导向的战略与行动研究,其研究成果贴近实际、紧扣问题、建言中肯、很接地气,有的被党和政府决策所采纳,有的作为国家制定相关规划的重要参阅件。[①] 自 2003 年以来,由他建言发起的政府转型改革进入公共服务型政府建设阶段,并在理论界尤其是几大知名高校形成了南北呼应的局面,在指导

[①] 迟福林:《迟福林学术自传》,广东经济出版社 2019 年版,第 1—2 页。

地方基层政府改革实践探索上成效显著。

3. 服务型政府理论的确立与发展

我国服务型政府理论的形成与发展，是自下而上和自上而下两条路径的综合结果。

从自下而上路径讲，我国服务型政府理论自2000年概念提出以来，就在学术界的探讨、分歧、争论和交流中不断提炼和凝聚共识，并在与一些地方基层政府尝试性改革实践的有效互动中逐步形成和发展起来。随后，从中央领导人的重要讲话到正式的中央政府文件再到党中央的正式文件，服务型政府理论和建设实践最终得到中央的确认并不断发展完善。大体经过是：2004年在中央党校省部级主要领导干部专题研究班结业式上，温家宝总理首次讲到要"努力建设服务型政府"，以此为标志，我国学术界的理论探讨和地方政府的实践探索得到了中央政府的肯定和认可，并于2005年十届人大三次会议将"努力建设服务型政府"首次正式载入《政府工作报告》。2006年党的十六届六中全会作为党的重要会议首次正式论及建设服务型政府议题，直至2007年党的十七大最终把建设服务型政府确定为中国行政管理体制改革的总目标。以党的十八大为标志，随着中国特色社会主义进入新时代，我国服务型政府建设也步入进一步推进、发展和完善的新时代，在服务型政府建设的目标定位和话语表述上先后实现了两次重大发展和升级完善。第一次是2012年党的十八大把服务型政府建设表述为"职能科学、结构优化、廉洁高效、人民满意"；第二次是2017年党的十九大将服务型政府建设集中凝练表述为"人民满意"，即"建设人民满意的服务型政府"。2022年，党的二十大进一步强调指出：要"转变政府职能，优化政府职责体系和组织结构，推进机构、职能、权限、程序、责任法定化，提高行政效率和公信力"[①]。

---

① 习近平：《高举中国特色社会主义伟大旗帜 为全面建设社会主义现代化国家而团结奋斗——在中国共产党第二十次全国代表大会上的报告》，人民出版社2022年版，第41页。

从自上而下路径讲，服务型政府理论是我国推进行政体制改革实践经验的概括、总结和升华，作为中国行政体制改革的总目标，我国建设服务型政府是在向西方学习借鉴并结合本国实际边学边想边做的改革实践中逐步探索、推进和展开的。改革开放以来，我国先后进行了八次大规模的自上而下的政府机构改革，相应的行政体制改革也由中央到地方逐步推开，在价值导向和核心目标上经历了从效率到公平再到服务的转变，经过长期的实践摸索之后，一直到2007年党的十七大，我们才最终确定把建设服务型政府作为中国行政体制改革的总目标。虽然中国与西方国家的政府改革都注重服务导向，但我国建设服务型政府的根本原则和核心价值是强调以人民为中心，即为人民服务、让人民满意，这与西方国家新公共管理运动的单向度市场价值导向和强调为顾客服务有着根本性区别。我国服务型政府理论的形成与发展，在向西方学习和借鉴了包括西方公共行政学发展成就如旧公共行政、新公共行政、新公共管理、后新公共管理、新公共服务、治理与善治等在内的多重理论与实践之合理要素与有益成果的同时，又立足本国国情、突出中国特色，表现在从其概念内涵、本质特征、理论依据、价值取向、根本原则到实践路径、对策措施等方面，走的是一条借鉴超越西方公共行政学发展最新成就又富有鲜明中国特色的中国道路。

第二节 中国建设服务型政府的实践 进程与初步成效

进入21世纪以来，在我国理论界对服务型政府建设进行激烈讨论的同时，推动构建服务型政府的实践也在全国各地如火如荼、逐步展开并取得了初步成效，目前新时代服务型政府建设正在向纵深推进、迈向高质量发展和进一步提升完善。

一 中国建设服务型政府的实践进程

截至目前,我国推进服务型政府建设实践大体上可分为三个阶段:

(一) 第一阶段是自下而上的各地方政府自主探索阶段

21世纪初,基于2001年我国加入WTO的新契机、2002年党的十六大对政府职能的新定位和2003年SARS疫情的警示,南京市、成都市、上海市、大连市、重庆市、深圳市等一些地方政府纷纷选择以改革行政审批制度为突破口,率先进行了创建服务型政府的尝试性探索并产生了积极示范效应。这是我国服务型政府建设自下而上的自主探索和尝试。与此同时,改革开放以来我国自上而下的政府机构改革暨行政体制改革也在进一步深入推进。2003年开启的新一轮政府机构改革,围绕建立起与社会主义市场经济体制相匹配相适应的中国特色行政管理体制的目标,着力改善宏观调控、加强社会管理和公共服务,重点解决政府工作中存在的政企不分、政事不分、职能交叉、机构人员臃肿等突出问题。主要内容是把国家发展计划委员会改组为国家发展和改革委员会,设立国有资产监督管理委员会和银行业监督管理委员会,组建商务部,改革创新行政审批的程序和方式,通过并实施了行政许可法、公务员法,完善听证、咨询、问责和处罚制度,调整公共财政的供给范围,继续推进政务公开和事业单位改革等。通过这次机构改革,党的十六大明确的经济调节、市场监管、社会管理、公共服务方面的政府职能得到了全面贯彻落实和明显加强提升,并开始形成与社会主义市场经济体制相契合、相适应的中国特色行政管理体制,这就为我国通过政府机构改革的探索途径最终确立起建设服务型政府的行政体制改革总目标奠定了基础和条件。

(二) 第二阶段是自上而下的由中央到地方全面推开阶段

2004年在中央党校省部级主要领导干部专题研究班结业式上,温家宝总理首次讲到要"努力建设服务型政府",以此为标志,地方政府的探索实践得到了中央政府的肯定和认可;2005年十届人大三次会议首次正式把"努力建设服务型政府"载入《政府工作报告》,由此开始,建设服务型政府正式上升到国家层面并成为中央政府的一项重大决策部署在全国范围内全面推开;2006年党的十六届六中全会从构建社会主义和谐社会的高度强调要建设服务型政府并写入会议《决定》,这是我们党的文献中首次正式论及建设服务型政府这个议题;2007年党的十七大明确提出要"加快行政管理体制改革,建设服务型政府",以这一权威表述为标志,建设服务型政府最终成为中国行政体制改革的总目标、总归属。"如果说服务型政府建设是中国行政改革的总目标,那么,行政管理体制改革则是建设服务型政府的总路径。"[1] 自建设服务型政府被确立为中国行政体制改革的总目标以来,我国政府坚持不懈致力于通过深化政府机构改革和行政管理体制改革这个总路径来积极推动构建服务型政府,先后于2008年、2013年、2018年即分别在党的十七大、十八大、十九大闭幕后的次年,适时启动和推进了三轮大规模的国务院机构改革。

2008年国务院机构改革,是在党的十七大明确把建设服务型政府作为我国行政管理体制改革总目标、总归属的历史背景下进行的,为贯彻落实党的十七大关于通过加快改革行政体制来建设服务型政府的任务要求,党的十七届二中全会专门出台了《关于深化行政管理体制改革的意见》和《国务院机构改革方案》两个指导性文件。本轮政府机构改革的目标方向就是要通过深化机构改革和行政体制改革来加快建立中国特色社会主义行政体制即建设服务型政府,着力解决机构重叠、职责交叉、政出多门、效率低下等问题,凸显强化以保障和改善民生为重点的社会管理和公共服务。一是围绕促进落实科学发展,着力打造更加强健完善的宏观调控体系,优化宏观调控部门职能合理配置,强化能源环境管理机构职能;二是加强社会管理和公共服务职能,促进社会建设与经

---

[1] 田小龙:《服务型政府建设路径的研究述评》,《公共管理与政策评论》2020年第5期。

济建设的平衡发展，重点保障和改善民生，继续强化各类便民便企政务服务，大幅削减、取消、下放和调整了行政审批事项；三是探索实行职能有机统一的大部门体制，对一些职能相近类同或高度关联的部门进行科学拆分和有机整合，优化部门之间和部门内部职能配置，进一步理顺部门内外的职能分工和职责关系，如组建工业和信息化部、人力资源和社会保障部、住房和城乡建设部、交通运输部、环境保护部、国家能源局，精简并规范各类议事协调机构等。通过本轮改革，政府组织机构更加优化、职责划分更加科学、职能转变方向更加明确、公共服务职能更加凸显，以建设服务型政府为目标的中国特色社会主义行政管理体制逐步完善。

（三）第三阶段是党的十八大以来我国建设服务型政府进入新时代

自 2005 年十届人大三次会议批准的《政府工作报告》和 2007 年党的十七大先后正式确认我国建设服务型政府的理论和实践成果并将"建设服务型政府"上升为国家层面的重大决策部署以来，建设服务型政府在目标定位和话语表述上实现了两次重大发展创新和升级完善。第一次是 2012 年党的十八大，伴随中国特色社会主义进入新时代，适应我国社会主要矛盾的新变化及其对党和国家工作的新要求，我国服务型政府建设也进入新时代，对于建设一个什么样的服务型政府问题，其具体表述为"职能科学、结构优化、廉洁高效、人民满意"；第二次是 2017 年党的十九大，基于对我国建设服务型政府近 20 年的理论研究和实践探索的经验总结和发展前瞻，将建设一个什么样的服务型政府问题集中概括、言简意赅、凝练升华表述为"人民满意"，即通过转变政府职能、深化简政放权、创新监管方式、增强政府公信力和执行力，最终"建设人民满意的服务型政府"。它更加突出了以人民为中心的发展理念和以人为本的公共性向度，使得服务型政府建设的目标定位、发展方向、价值取向、评价标准等更加明确精准，实践指导性更加根本高效。2022年，党的二十大进一步强调指出：要"转变政府职能，优化政府职责体系和组织结构，推进机构、职能、权限、程序、责任法定化，提高行政效率和公信力"①。党的十八大以来,我国新时代服务型政府建设继续沿着深化政府机构改革和行政管理体制改革这条总路径深入推进,以建设服务型政府为目标的中国特色社会主义行政管理体制进一步发展完善。

2013年开启的新一轮政府机构改革,是在党的十八大刚刚闭幕不久中国特色社会主义进入新时代的历史背景下进行的首场亮相。同年党的十八届三中全会正式开启了新时代全面深化改革的历史进程,本轮政府机构改革就是新时代我国全面深化改革的重要组成部分和引子序曲。为贯彻落实党的十八大提出的建设"职能科学、结构优化、廉洁高效、人民满意"的服务型政府这一决策部署和工作要求,本轮机构改革的重点任务有:一是继续稳步推进职能有机统一的大部制改革,如组建国家卫生和计划生育委员会、国家食品药品监督管理总局、国家新闻出版广电总局等,实行铁路行业政企分开、管办分离;二是深化行政审批制度改革,继续减少、取消和下放行政审批事项、行政许可认定,推进工商登记和商事制度改革,开始探索实行政府权力清单、责任清单加市场准入负面清单的清单管理制度,更好促进大众创业、万众创新;三是坚持科学指导、分类施策,统筹基层职能配置和区别社会服务功能,继续分类推进事业单位配套改革;四是强化依法行政和建设法治政府,健全完善行政决策、行政执行、行政监督等既分工配合又高效统一的体制机制。

2018年至今的最新一轮政府机构改革,是在党的十九届三中全会《关于深化党和国家机构改革的决定》(以下简称《决定》)的总体安排下进行的,目标直指党的十九大提出的建设人民满意的服务型政府。《决定》坚持以加强党的全面领导为统领,锚定完善和发展中国特色社会主义制度、推进国家治理体系和治理能力现代化总目标,着力实现党

---

① 习近平:《高举中国特色社会主义伟大旗帜 为全面建设社会主义现代化国家而团结奋斗——在中国共产党第二十次全国代表大会上的报告》,人民出版社2022年版,第41页。

和国家机构的职能优化和协同高效，对党中央、全国人大、国务院、全国政协的整体协同改革做了统筹安排。在优化政府机构设置和职能配置方面，《决定》围绕推动高质量发展和建设人民满意的服务型政府提出了具体意见要求：为充分发挥资源配置中市场的决定性作用同时让政府更好发挥作用，要坚持把有效市场和有为政府有机结合起来，坚决破除发展中存在的制约市场和政府相互配合、相互促进和自主发挥有效作用的各种相互掣肘现象和体制机制弊端，着眼全面提升政府治理效能，着手调整优化政府机构职能，着力推进政府转型和职能转变，着重围绕经济调节、市场监管、社会管理、公共服务、生态环境保护五个方面全面强化政府职能和提升政府履行职能的能力和水平，要在合理配置宏观管理部门职能、完善公共服务管理体制、深入推进简政放权和提高行政效率、完善市场监管执法体制和强化事中事后监管等方面抓实抓细，尤其是加快改革自然资源和生态环境管理体制更是强化政府生态环境保护职能的必然要求和必要之举。根据《决定》制定出台的《国务院机构改革方案》，国务院机构设置组成部门减至26个，如组建自然资源部、生态环境部、农业农村部、文化和旅游部、应急管理部、国家卫生健康委员会、国家监察委员会等，组建中国银行保险监督管理委员会、国家市场监督管理总局、国家广播电视总局、国家国际发展合作署、国家医疗保障局、国家林业和草原局等，重组科学技术部、司法部、国家知识产权局。

党的十八大以来，我国以强力推进"放管服"改革为总抓手全面深化行政管理体制改革，推动服务型政府建设不断向纵深发展。2015年5月，李克强总理在全国推进简政放权放管结合转变职能工作电视电话会议上明确提出，要把简政放权、放管结合、优化服务即"放管服"三管齐下、协同推进作为当前和今后一个时期深化行政体制改革、转变政府职能的总要求、总抓手。此后，国务院连续多年召开全国推进政府职能转变电视电话会议，强调要在更大范围、更深层次上深入推进"放管服"改革，进一步厘清和摆正政府与市场的关系，加速推进政府深度转型和职能深刻转变,着力营造世界一流的市场化、法治化、国际化营商环境,大力促进大众创业、万众创新,激发释放市场和社会的潜力活力,培育壮大新经济和新动能,充分发挥中央和地方两个积极性,加快建设与社会主义市场经济体制相适应、与新时代中国特色社会主义发展要求相符合、更好满足人民日益增长的美好生活需要和最终让人民满意的服务型政府。

二 党的十八大前中国建设服务型政府实践的初步成效

党的十八大前,我国建设服务型政府实践前两个阶段取得的初步成效主要表现在以下几个方面:①

(一) 改革行政审批制度,着力转变政府职能

我国建设公共服务型政府最早发端于20世纪末建立和完善社会主义市场经济体制的改革过程中,为打造良好的营商环境、全面兑现入世承诺并与国际市场规则接轨,以我国申请加入WTO为契机,中央政府于1999年启动了行政审批制度改革。在此背景下,我国于2003年8月颁布了《行政许可法》并于2004年7月开始施行,目的就在于通过规范行政许可的具体设定与实施行为,监督保障行政机关开展依法高效行政管理,维护社会公共利益和保护广大公民、法人及其他组织的合法权益,从而更好适应改革开放和发展社会主义市场经济的新形势。与此同时,像成都、南京、大连、上海、重庆、珠海、深圳等一些地方政府,纷纷选择从推进行政审批制度改革入手和着力清理减少行政审批项目,在全国率先发起了公共服务型政府创建活动,我国公共服务型政府建设实践就此在地方基层层面自主试验开展起来,通过更新观念、大胆实践、积极探索、勇于创新,建设实践取得了积极示范效应,并积累了一些宝贵经验。如南京市政府较早提出建设规范透明、廉洁高效的公共服

---

① 王同新:《马克思恩格斯政府公共性思想与公共服务型政府构建》,中央编译出版社2014年版,第157—164页。

务型政府，通过大幅削减行政审批事项、适度降低市场准入，改革以往办事拖沓、效率低下、控制过严、管制过死的行政审批制度，为企业和公民从事经济活动预留下更大的自由空间，有力调动了民间资本投资和引进利用外资的积极性，充分激发和释放了市场的潜力活力。自 2002 年开始，南京市政府先后两次清理行政审批事项 967 项，市级行政审批精简了三分之二；2004 年以来又加大了行政审批制度改革的力度，通过综合清理核定，保留行政许可事项 256 项，比行政审批制度改革前减少 1000 多项。

各级政府在清理削减放松行政审批的同时，还把注意力和着力点放在了转变政府职能上。2001 年，上海市就率先提出要打造一个高效精干的公共服务型政府，树立管理就是服务的理念，加快推进政府职能转变，为中外企业提供优质高效的公共服务和安全稳定的社会环境。经过这些年的改革实践，我国已初步实现政府职能逐步由注重行政审批向为市场主体提供优质服务和创造良好发展环境转变，由注重行政手段干预经济向综合运用经济手段、法律手段以及必要的行政手段调节经济转变，由注重计划调节经济为主向国家宏观调控下的市场调节经济为主转变，由注重和依靠微观经济管理向加强和改善宏观经济调控转变。政府的角色也逐渐从既是"裁判员"又是"运动员"的双重身份转向更好地履行"裁判员"的职责，由既"划桨"又"掌舵"转为更好地履行"掌舵"的职责。自 2002 年党的十六大提出我国政府职能的科学定位以来，一方面我国政府职能正围绕"经济调节、市场监管、社会管理、公共服务"的职能定位加速转变，着力改善宏观调控、严格市场监管、加强社会管理、更加注重公共服务；另一方面明确了以公共服务为核心，加快推进无限政府向有限政府转变、经济建设型政府向公共服务型政府转型。

（二）创新政府服务方式，着力改进工作作风

在创建公共服务型政府实践中，发展速度最快、群众反映最好的方面就是：各地政府充分利用电子计算机和信息网络技术等现代科技手

段，纷纷开通了政府门户网站和推行"电子政府"，开设了"政务大厅""政务中心""政务超市""一站式服务"等服务设施，开展亲民、便民服务，实行"一个窗口受理、一站式审批、一条龙服务、一个窗口收费"的运行模式与业务流程再造。各级政府通过职能的整合与集中、工作程序的简化与协调、业务流程的优化与再造，设立政务机关相互合作、职能部门有机统一的政务大厅等，面向服务对象对口提供集中化和专业化的一条龙服务。这种服务方式致力于打造一体化、多功能、无缝隙和方便、快捷、高效、公开、透明、廉洁的公共服务平台，革除了审批经济时代政府部门"公章旅行"和"门难进、脸难看、事难办"甚至"吃拿卡要""暗箱"操作，而企业群众要想办成事就得"跑断腿、磨破嘴、请吃饭、送小礼"的弊端，改进了服务方式和工作作风，提高了服务质量和效率，收到了很好的效果。2000年10月，南京市下关区热河南路街道把40多个社区服务项目集中到一个大厅办理，创建了"社区事务办事处"，面向社区居民提供"一站式"公共服务，首创了全国第一家"政务超市"，并迅速在全区乃至全国起到示范效应，各地纷纷效仿。2005年，该区行政服务中心正式通过了ISO9001质量管理体系国际标准认证，实现了行政管理和服务工作与国际接轨。中共中央办公厅、国务院办公厅于2011年8月印发了《关于深化政务公开，加强政务服务的意见》，充分肯定了我国地方政府开展政务公开和政务服务工作以来取得的进展，客观分析了目前工作中存在的突出问题和不足，明确提出了下一步深化政务公开和强化政务服务的目标任务和工作要求，从而为我国推进各级政务服务中心的规范化建设和进一步发展完善指明了方向、提供了遵循。

为了转变政府工作人员的工作作风和确保服务质量，坚决杜绝推诿扯皮、办事拖拉、慵懒散漫的不良现象，各地方政府普遍建立和完善了各种责任制度。比如实行服务承诺制、首问责任制、一次性告知制、限时办结制、否定报备制、岗位责任制、同岗替代制、责任追究制、投诉监督制等；提倡微笑服务、耐心服务、热情服务、优质服务和各种人性化服务，不断增强服务群众、服务企业、服务社会的服务意识；着力加强第一道门槛建设，使群众只进一道门、能办所有事。山东省烟台市早在1994年就推行了社会服务承诺制并收到良好效果，作为典型经验，后来在全国十大窗口行业相继推开，起到了积极示范作用；浙江省坚持以人民满意为最高追求，积极探索公共服务强化监管和提升质量的有效途径，于2002年倡导和开展了"树优良作风、创优质服务、做优秀公仆"活动，进展扎实、成效显著、评价良好；南京市、广州市于2003年先后出台了国家行政机关及其公务员从事公共服务工作的有关规定，进一步明确了公务员践行服务行政的行为规范和行为准则；福建省瞄准更高起点上加快推进海峡西岸经济区建设和积极践行先行先试，于2011年8月出台了《关于提高行政机关办事效率的十条意见》等。同时，更加重视发挥监察部门、人民群众和新闻舆论的监督作用，借鉴和引进了顾客投诉制度，广泛建立了行政投诉中心，对那些不认真履行职责或态度粗暴的工作人员、"吃拿卡要"或"不作为乱作为"的工作人员、群众反映强烈或企业投诉频繁的部门，按照《公务员法》和政府机关有关纪律予以严肃查处和追责问责。

(三) 大力推行政务公开，着力强化责任意识

各地在公共服务型政府建设过程中，都把推行政务公开作为工作重点之一，努力做到"阳光行政""透明行政""廉洁行政""责任行政"和"依法行政"，建设透明政府、廉洁政府、责任政府和法治政府。各地方政府充分整合利用公共宣传栏、政府门户网站、广播电视、公开出版物等大众传媒，开辟政务信息公开专栏，对凡应公开的政务信息包括事项内容、办理程序、收费标准、办理结果等及时向社会公开，自觉接受人大机关、社会团体和广大市民的监督。对保留的行政审批事项，要把办理主体、办理依据、办理条件、办理时限等具体事宜及时主动向社会公开。实行政务公开和建设透明政府，也促进了政府依法行政水平的显著提高。南京市政府把全面推进政务公开作为建设公共服务型政府的主要举措之一，市长常务会议邀请新闻媒体参加，建立健全政府新闻发

言人制度,努力提高政府决策和政务信息透明度;各级各部门的文件(除法律、规章明文规定的以外)、行政办事程序和办事结果,都主动通过政府公报、政府网站和新闻媒体及时向社会公开,自觉接受公众监督。重庆市政府于2004年7月颁布实施了《重庆市政务信息公开暂行办法》,规定包括管理规范和发展计划、与公众密切相关的重大事项、公共资金使用和监督、政府机构和人事以及其他方面应当公开的政务信息一律向社会公开,着力打造透明政府。近年来,上海市政府以服务群众为目的、以社会需求为导向,积极拓宽政府信息公开渠道,不断深化政务信息公开改革,如今小到与群众衣食住行密切相关的工商抽检不合格产品目录、食品药品安全预警和住房、劳动就业、社会保障最新政策,大到"十一五"规划、《上海市中心城控制性详细规划》和各种管理规范、发展计划等信息,基本上都能在网络上搜索找到、一"网"打尽;对诸如拆迁安置之类涉及老百姓切身利益并特别引发关注的重要问题,包括土地征用和房屋拆迁的批准文件、拆迁公告、补偿标准、安置方案、组织实施等各方面信息都按要求及时上网、向社会公开。

  推行政务公开和提高政府运作的透明度,也将政府工作人员的行为完全置于全社会的监督之下,在一定程度上强化了政府工作人员的服务观念和责任意识、廉洁观念和自律意识。自我国开展服务型政府建设以来,公职人员的"权力就是责任""权力就是服务""管理就是服务""领导就是服务"的行政理念普遍增强。为进一步推进建设责任政府,确保各项工作责任的落实,各级政府还普遍建立了行政服务责任制,如岗位责任制、目标责任制、首问责任制和责任追究制等;借鉴和引进了顾客投诉制度,广泛建立了行政投诉中心;对涉及多部门的审批事项,实行主办单位负责制,即由主办单位牵头、相关单位参加开展联合办公和进行联合审批、并联审批,做到"一次收文、交叉作业、同步推进、联合审查、一次审结"。通过制度来约束政府人员的行政行为,对于失职失责、不作为乱作为甚至违法违纪的行政人员分别给予法纪惩处,进一步增强了责任意识和服务精神。

（四）积极回应群众需求，着力提高服务质量

在公共服务型政府创建实践中，各地都把及时满足群众需求、着力提高服务质量和打造回应性政府作为主要举措和制度创新之一，使得政府工作更加注重察民情、晓民意、知民需、集民智、惜民力、惠民生，努力建设人民满意的政府。作为我们党和政府的一贯作风，各级政府普遍倡导领导干部要深入实际、深入基层，开展调查研究，充分了解民情，取得第一手资料。为了加强与社会各界和人民群众的沟通和互动，及时了解和回应群众需求，各地普遍开通了网络、电视、电话、报纸、信访等多渠道的群众意见和建议征集平台，如"市长信箱"等，群众对政府工作有何看法、建议或要求都能比较及时顺畅地表达出来。很多地方政府在每次党代会、人代会和政协会召开之际都充分利用互联网方便、快捷、互动、高效的优点，开通"民意直通车"，广泛征集群众意见和建议，使之成为党和政府与民沟通的重要渠道及重大决策的重要参考。许多地方还建立了事关广大人民群众切身利益的重大决策听证制度，政府决策之前要召开由社会各界代表广泛参与的"听证会"或"政策见面会"，广泛听取群众意见，做到集思广益、群策群力；有的还直接开通了"市长热线"、举办了"市长接待日"及定期召开"市民论坛"等，不断加强与民众沟通，及时了解群众需求，切实解决实际问题。如2003年12月31日，南京市第23期"市民论坛"在中山陵国际会议中心举行，南京市代市长蒋宏坤带着公安、建委、房产、工商、税务、监察6个与民生密切相关的部门领导参加，面对面地听取市民对建设公共服务型政府的意见和建议，时间长达3个半小时。

为了提高政府提供服务的质量，增强政府满足群众需求的针对性和回应性，许多地方在改进服务方式、改善服务态度、转变工作作风和强化责任制度的同时，以城乡社区综合服务设施为依托设立便民服务中心、便民代办点，免费承办便民服务代办事项；以政务服务中心为载体推广项目代理制，开辟"项目绿色通道"和"企业直通车"，全程免费为市场主体代理诸如行政许可、公共服务等业务事项。如福建省建阳市

2008年以来在全市乡村和社区逐步推行"为民办事全程代理制",其核心是"变群众跑为干部跑,变多次办为一次办,变随意办为规范办",形成了"群众办事、干部跑腿"式的基层政府公共服务职能新框架。一些地方政府坚持社会需求导向和引入顾客调查机制,开展了"万人评机关"活动等,并将顾客调查满意度作为政府部门绩效考核的主要指标。如南京市于2002年开展了万名市民评议政府活动,排名靠后的部门负责人分别受到免职或警示处分。这些举措,既利于政府更好地改进工作,更科学地加强自身建设,又使得政府提供的各项服务更贴近群众生活,更有效地满足群众需求;既密切了干群关系,改善了政府形象,又提高了服务质量,赢得了群众满意。

(五) 不断提升服务水平,着力保障改善民生

党的十八大前,我国构建公共服务型政府已经初见成效,政府在履行社会管理和公共服务方面的职能明显加强,表现在政府向社会公众提供公共产品和公共服务的能力和水平不断提高,民生问题普遍得到较大改善,特别是公共教育、公共医疗卫生、社会保障等民生领域的基本公共服务成绩斐然。改革开放以来,特别是党的十六大至党的十八大期间,我国政府在社会管理和公共服务方面的改革步伐明显加快,在服务型政府建设实践中摸索创造了许多有益的经验做法,各级政府在加强社会管理和公共服务方面取得了显著成绩。比如在农村扶贫减贫脱贫、人口与生育管理、社会保障事业、普及义务教育、基本医疗卫生、促进就业、保障住房、社会福利、社会救助、妇女儿童发展、民族团结进步、生态环境保护、基础设施建设等方面都有较大进展,我国许多重要社会发展指标和人类发展综合指数已从低收入国家行列升至中下等收入国家行列。政府社会事业和公共服务投入不断增加,社会保险和社会救助水平显著提高,以养老保险、医疗保险、失业保险、工伤保险、生育保险和住房公积金等"五险一金"为主体的社会保险制度基本确立,社会公共事业、城市社区建设、农村基层组织建设、民间社会组织培育等迈出较大步伐。政府与社会的关系更加理顺,依法行政和行政执法水平日

益提高，城管执法越来越规范文明，政府与民争利现象明显减少，土地征用和房屋拆迁等容易引发的利益冲突问题和信访群访、集体上访事件逐步下降，政府危机管理、应急处置能力和水平不断提升。① 武汉大学卢洪友教授等对我国31个省（自治区、直辖市）2003—2009年基本公共服务总体保障水平进行分析评估后指出：近年来，我国基本公共服务总体保障水平进步明显，各省（自治区、直辖市）的基本公共服务总体保障水平呈现逐年提高的趋势，全国基本公共服务总体保障平均得分从2003年的3.47分增长到2009年的6.50分，年平均增长率为11%，略高于同期的GDP增速。② 以基本医疗卫生服务为例，据国务院新闻办2012年9月17日透露，我国已初步建成世界上最大的医疗保障网，2011年医保参保人数超过13亿、覆盖率达95%以上，我国医疗卫生事业取得快速发展。

三 中国建设服务型政府初步探索实践的意义和不足

党的十八大前，我国推进服务型政府建设前两个阶段初步实践取得了初步成效，集中表现在以推进行政审批制度改革为突破口着力转变政府职能、以推进政务服务方式创新为抓手着力改进工作作风、以推进政务公开透明为指标要求着力增强责任意识、以及时回应群众需求为工作导向着力打造回应性政府、以不断保障改善民生为重点着力提升服务质量水平等。我国推进服务型政府建设的初步实践虽然存在明显的不足，但对于第三阶段整体工作深入推进、更快更好地促进国家公共性建设和公共性实现等具有重要的意义。

（一）初步探索实践的意义

第一，我国建设服务型政府初步探索实践从根本上动摇了以往传统的管理型行政理念，使得服务型行政理念开始逐步深入人心。建设服务

---

① 中国行政管理学会课题组：《加快我国社会管理和公共服务改革的研究报告》，《中国行政管理》2005年第2期。

② 卢洪友等：《中国基本公共服务均等化进程报告》，人民出版社2012年版，第14页。

型政府的根本前提和基础在于政府观念的更新和服务行政理念的确立，没有这种政府理念的根本性转变，要建设服务型政府只能是空中楼阁。世纪之交，我国当时的政府理念从其实际表征来说，总体上仍处于单向度的管理型行政理念状态，就是政府主动管理社会、社会只能被动服从，说白了就是"我是管你的，你服不服？不服就让你服""你要听话就行"，实际上把管理与服务相分离甚至相对立，以管理代服务、以管理压服务、只管理不服务和各种"被服务"现象比较常见。而服务型行政理念则是一种与传统管理型行政理念截然不同的双向互动的服务行政理念，它认为政府本身是个服务组织、行政是个服务行业，政府行政的实质就是为人民服务、政府的职责就是服务、政府的管理就是服务，管理属于服务、管理隶属服务、管理融于服务，管理与服务是高度一致的，或者说管理与服务就是一回事。而且服务行政理念还认为，行政服务不是政府的一厢情愿、主观臆断，强调政府应增强对群众服务需求的导向性、回应性、互动性，推动实现由政府想怎么服务就怎么服务的"端菜式"服务模式向群众让政府怎么服务就怎么服务的"点菜式"服务模式的根本转变。行政理念开始由传统管理型逐步转向现代服务型、服务行政理念开始逐步确立，这是我国建设服务型政府初步探索实践取得的最根本成就，对以后的进一步发展实践具有基础性、决定性意义。

　　第二，我国建设服务型政府初步探索实践中各级地方政府通过体制机制创新纷纷设立各级行政服务中心、政务服务中心、政务服务大厅或市民之家、政务超市等服务设施，开展各项行政审批服务或政务便民服务，深受广大群众、企业和社会各界的热烈欢迎和积极好评。从2000年10月南京市下关区热河南路街道首创全国第一家"政务超市"面向社区居民提供"一站式"公共服务，到2006年1月成都市武侯区正式运行全国第一家政务服务中心以来，各地政务服务中心如雨后春笋一般迅速在全国范围内发展起来，成为我国建设服务型政府初步探索实践的最亮丽的一道风景线。各级地方政府通过出台相关政策措施进行公共服务体制机制和服务模式创新，纷纷建立服务设施和采取一站式、一门式、一窗式等集成化便民服务举措，为群众、企业和社会提供各项人性化的热情周到、贴心温馨、规范透明、优质高效的集中政务服务和公共服务，大大方便解决了百姓生活和企业创业经营等方面的急难愁盼问题，在政府与百姓和社会之间架起了一座双向互动、加强沟通、相互理解的桥梁。各级政务服务中心、服务大厅或市民之家等作为政府把各项公共服务送到老百姓家门口的服务直通车，让服务型政府真正成为广大人民群众看得见、摸得着、感觉得到的实实在在的政府，这在中国历史上不说是数千年、数百年不曾有过的事实，就在新中国建设和改革开放的数十年历史上也是值得称道的重大事实。它一扫老百姓以往那种"害怕政府害怕官"的纠结心态和忐忑窘迫，政府部门以往那种"门难进、脸难看、事难办"的衙门作风和不良习气也成为过去，并在老百姓心目中树立起一个为民、爱民、亲民的政府形象，其积极进步意义怎么正面评价都不为过。如果说服务型政府确立起服务行政理念是一个无形而坚实的观念型基座而具有基础性、决定性意义的话，那么，各地普遍设立的各级政务服务中心和便民服务设施就是在人民群众心目中树立的一座有形而挺拔的实体型丰碑而具有标志性、象征性意义。

第三，我国建设服务型政府初步探索实践在为全社会提供公共产品和公共服务的实质性内容方面逐步充实，政府提供公共产品和公共服务的能力和水平有所提高，覆盖全国城乡的公共服务体系和社会保障体系初步建立，民生领域公共服务初步明显改善，原本很薄弱的社会建设基础初步得以夯实，我国发展整体协调性和质量效益持续提升、保持了科学发展的良好势头。世纪之初，我国之所以要决心建设服务型政府的重要起因之一就是，我国发展的总体结构不平衡不协调，尤其是社会建设、民生保障基础太弱，一场突如其来的"非典"疫情暴露出我国发展中存在的许多短板和弱项，严重制约了扩大内需、扩大消费和拉动经济增长，加之资源环境等瓶颈制约趋紧，致使我国经济发展的整体后劲不足、可持续性下降。因此，我们痛下决心要加快推进政府转型和职能转变，加大力度夯实社会建设基础，优先保障和改善民生领域公共服务，较快地初步建立了以"五险一金"为主要内容的社会保障体系，加速编织覆盖全国城乡的社会保障网，按照先扩面、再提质、可持续的原则逐步提升保障水平。十余年的初步探索实践，我国政府职能加速转变，社会建设基础逐步打牢，公共教育、公共医疗卫生、社会保障、就业服务、环境保护等民生状况持续改善，社会保障网从小到大、从稀到密越织越牢，政府公共服务能力不断提升，服务型政府建设开局和起步良好、实质性内容稳步充实，对下一阶段服务型政府建设的全面提质增效和进一步发展完善具有开拓性、奠基性意义。

第四，我国建设服务型政府初步探索实践还表现在政府自身的革命性变革上，通过政府机构改革和行政体制改革带动政府公共服务体制机制和服务模式不断创新，不仅政府职能转变步伐加快，而且推进政府自身现代化和建设现代政府也不断取得新进展。从党的十六大提出"经济调节、市场监管、社会管理、公共服务"的政府职能定位到党的十七大明确提出要"加快行政管理体制改革，建设服务型政府"从而把建设服务型政府作为我国行政体制改革的总目标。初步探索期间经过2003年和2008年两轮政府机构改革，政府自身建设明显加强。2003年政府机构改革围绕建立与发展社会主义市场经济相适应的中国特色行政管理体制，着力改善宏观调控、加强社会管理和公共服务，重点解决政府工作中存在的政企不分、政事不分、职责不清、机构人员臃肿等突出问题。2008年政府机构改革瞄准加快建立中国特色社会主义行政体制即建设服务型政府总目标，着力解决机构重叠、职能交叉、政出多门、效率低下等问题，强化以保障和改善民生为重点的社会管理和公共服务。通过和实施行政许可法、公务员法，公务员队伍建设明显加强，公务员整体素质和能力不断提升；深入推进政务公开，政府工作规范性、透明度逐步增强；着力推进依法行政和建设法治政府，政府工作法治化水平明显提高；探索推进行政审批制度改革和开展简政放权，行政审批事项逐步缩减；不断探索实行职能有机统一、综合协调高效的大部制改革，政府组织机构更加优化、职责划分更加科学、职能转变方向更加明确、公共服务职能更加凸显，以建设服务型政府为目标的中国特色社会主义行政体制逐步形成，从而为党的十八大以后持续深化"放管服"改革和新时代进一步构建完善高质量服务型政府打下了基础、准备了条件，因而具有阶梯性、接力性意义。

（二）初步探索实践的不足

站在新时代新阶段的更高起点上来回望党的十八大前的初步探索实践，其最明显的不足主要是：

第一，政府观念的转变是一个需要长期而艰辛的努力才能最终确立的过程，不可能一蹴而就，特别是在我国这样一个封建专制传统比较多而民主法制传统比较少的国度里，新中国成立以来又经历了像"文化大革命"那样的严重曲折，后来实行改革开放和依法治国的实践毕竟不长，所以在这样一种历史背景下要想短期内把根深蒂固的传统管理型或管制型的行政文化、行政观念转变成现代服务型的行政文化、行政观念谈何容易。因此，初步探索实践中服务行政理念总体上虽已开始确立和逐步深入人心，但其根基并不牢固、很容易摇摆，从而影响政府的服务行为和工作作风。由此可见，服务行政理念从开始和逐步确立到最终完全确立和巩固，需要我们付出更长一段时间的艰辛努力才行，但值得欣慰的是，这一进程毕竟已经开始了，我们一定要有信心、决心和耐心。

第二，全国地方各级政务服务中心实体大厅和网上办事大厅已经初步建立，网络化整体布局和系统化公共服务体系也开始形成，但总体上工作体制机制还没有很好理顺，组织结构还不完善，线上线下相互衔接还不顺畅，业务流程有待合理优化，办事程序和材料手续比较繁琐，服务的质量效率不高，办事普遍时限较长、拖沓扯皮现象不少。有的地方甚至是消极应付、做表面文章，花拳绣腿、华而不实，表现出认识缺位、动力不足、落实不力。各地方政府在地方层面尽力完成公共服务体制机制的表层性工作创新之后又暂时缺乏国家层面深层次制度性公共产品供给的持续有效支撑，所以我国服务型政府创建初期曾一度出现降温的现象，地方创建活动的热情和积极性也曾一度锐减。作为一种新生事物，其发展初期某些问题一定程度的存在是很正常的，好在以上这些问题在建设服务型政府下一阶段的实践推进中都有很大程度的改进和提高。

第三，政府在提供公共产品和公共服务的实质性内容方面的能力和水平还比较低，公共财政的基础还很脆弱，国家财政对公共服务的投入和支持力度还不够大，其中教育经费占国内生产总值的比例和国家财政支出的比例长期偏低，教育的历史欠账问题长期得不到应有的解决。社会建设和民生领域的短板弱项比较突出，比如上学难上学贵、看病难看病贵、住房难住房贵问题，低收入群众生活困难问题，农村留守老人留守儿童问题，以及人口老龄化带来的相关问题等，可以说政府工作千头万绪、任务艰巨。特别是城市住房问题尤为凸显，全国城市房价竞相攀升、月月刷新、一浪高过一浪，百姓住房"压力山大"、生活艰辛，房价虚高不下折射出我国多年的土地财政背后和房地产市场调控等方面诸多问题，这种严峻形势和窘迫状况一直持续到党的十八大以后才逐步趋于好转。

第四，政府自身建设方面还存在许多突出问题和不足，政府组织结构重叠臃肿、职责交叉不清、部门协调性不强，行政成本较高、行政效率低下、服务能力不强，政府机关式作风仍很浓厚、服务理念和服务意识还不牢固，政府依法行政能力和法治化水平不高，公务员队伍的整体素质、能力水平特别是公共理念和公共精神、责任担当精神以及公仆使命意识、为民服务意识、权力规则意识、民主法治意识、廉洁自律意识等还有待进一步增强和提升。政府权力体系和职能体系有待进一步优化配置，政府职能转变仍较迟缓，推进职能转变迟迟不到位，经济建设职能较强而社会建设职能较弱，GDP导向依然较强而公共服务导向相对较弱，重行政审批而轻市场监管、重资源开发而轻环境保护等职能特征仍很明显，特别是食品药品领域质量监管不力、安全问题曾一度十分突出。

第四章　新时代中国服务型政府建设的现状与成因

立足现实、把握现状、澄清原因、明确方向，是我们贯彻一切从实际出发、实事求是工作原则和制定执行正确的路线方针政策的基本前提和基础。当下，中国特色社会主义进入新时代、迈进新阶段、开启新征程，我国发展的历史方位有了新界定，推进服务型政府建设的历史方位也有了新坐标。党的十八大以来，我国推进服务型政府建设实践进入新时代、步入快车道，服务型政府建设各方面工作都取得了较大成就和积极成效，但实践中也还存在一些亟待破解的突出问题和不足，与新时代人民群众对美好生活的新期待、党和国家工作新要求还有不小的差距。我们要全面客观地认清现实状况，具体理性地剖析各种成因，以利于新时代进一步推进服务型政府建设全面提质增效、提升完善和高质量发展，努力让人民群众满意。

第一节　中国服务型政府建设进入新时代

以党的十八大为标志，中国特色社会主义进入新时代，我国服务型政府建设也进入新时代，这是我国推进服务型政府建设新的历史方位。2022年10月，党的二十大指出：自党的十八大以来的十年，"我们经历了对党和人民事业具有重大现实意义和深远历史意义的三件大事：一是迎来中国共产党成立一百周年，二是中国特色社会主义进入新时代，三是完成脱贫攻坚、全面建成小康社会的历史任务，实现第一个百年奋斗目标"。"从现在起，中国共产党的中心任务就是团结带领全国各族人民全面建成社会主义现代化强国、实现第二个百年奋斗目标，以中国式现代化全面推进中华民族伟大复兴。"① 因此，我们要全面认识新时代、适应新时代、紧跟新时代，开启新征程、奋进新征程、建功新征程，不断推进服务型政府建设全面适应新时代、新征程、新任务、新要求，继续夺取我国新时代服务型政府建设新胜利。

一 中国特色社会主义进入新时代、开启新征程

中国特色社会主义进入新时代，这是党的十九大作出的一个重大历史判断、政治论断和理论创新，其主要依据是我国自改革开放以来特别是党的十八大以来，中国特色社会主义建设事业取得的历史性成就和发生的历史性变革、我国社会主要矛盾的新变化。自党的十八大至党的二十大，"我们坚持马克思列宁主义、毛泽东思想、邓小平理论、'三个代表'重要思想、科学发展观，全面贯彻新时代中国特色社会主义思想，全面贯彻党的基本路线、基本方略，采取一系列战略性举措，推进一系列变革性实践，实现一系列突破性进展，取得一系列标志性成果，经受住了来自政治、经济、意识形态、自然界等方面的风险挑战考验，党和国家事业取得历史性成就、发生历史性变革，推动我国迈上全面建设社会主义现代化国家新征程"②。

（一）新时代十年的历史性成就和历史性变革

中国特色社会主义进入新时代、开启新征程是改革开放以来特别

---

① 习近平：《高举中国特色社会主义伟大旗帜 为全面建设社会主义现代化国家而团结奋斗——在中国共产党第二十次全国代表大会上的报告》，人民出版社2022年版，第4、21页。
② 习近平：《高举中国特色社会主义伟大旗帜 为全面建设社会主义现代化国家而团结奋斗——在中国共产党第二十次全国代表大会上的报告》，人民出版社2022年版，第6页。

是党的十八大以来我国取得历史性成就和发生历史性变革的必然结果。自党的十八大以来，我国社会主义现代化建设取得的历史性成就是全方位、开创性的，党和国家事业发生的历史性变革是深层次、根本性的。对此，党的二十大报告从以下十六个方面进行了高度概括和阐述：创立了新时代中国特色社会主义思想、实现了马克思主义中国化时代化新的飞跃；全面加强党的领导、全党更加团结统一；对新时代党和国家事业发展作出科学完整的战略部署、不断丰富和发展人类文明新形态；实现了小康这个中华民族的千年梦想、为全球减贫事业作出了重大贡献；提出并贯彻新发展理念、推动构建新发展格局、着力推进高质量发展、我国经济实力实现历史性跃升；以巨大的政治勇气全面深化改革、中国特色社会主义制度更加成熟、更加定型；实行更加积极主动的开放战略、形成更大范围更宽领域更深层次对外开放格局；坚持走中国特色社会主义政治发展道路、法治中国建设开创新局面；确立和坚持马克思主义在意识形态领域指导地位的根本制度、意识形态领域形势发生全局性根本性转变；深入贯彻以人民为中心的发展思想、人民生活全方位改善、共同富裕取得新成效；坚持绿水青山就是金山银山的理念、生态环境保护发生历史性转折性全局性变化；贯彻总体国家安全观、平安中国建设迈向更高水平；确立党在新时代的强军目标、贯彻新时代党的强军思想、中国特色强军之路越走越宽广；全面准确推进"一国两制"实践、坚决反对"台独"分裂行径和外部势力干涉、牢牢把握两岸关系主导权和主动权；全面推进中国特色大国外交、推动构建人类命运共同体、我国国际影响力感召力塑造力显著提升；深入推进全面从严治党、我们党找到了自我革命这一跳出治乱兴衰历史周期率的第二个答案。[①] 正是这些历史性成就和历史性变革，推动我国进入中国特色社会主义新时代并继而迈上全

[①] 习近平：《高举中国特色社会主义伟大旗帜 为全面建设社会主义现代化国家而团结奋斗——在中国共产党第二十次全国代表大会上的报告》，人民出版社2022年版，第6—14页。

面建设社会主义现代化国家新征程。我们可以把这些历史性成就和历史性变革归纳概括为以下十个主要方面：

1. 党的领导明显加强，全面从严治党成效卓著。党的十八大以来，我们以政治建设为统领，全面加强党的"五大建设"，不断健全完善制度建设和党的领导的体制机制，严明党的政治纪律和政治规矩，坚决反对和纠正"四风""五种主义"，着力夯实党员队伍的理想信念根基、强骨健体"补钙"，培育提升党员干部的忠诚干净担当精神，"四个意识"明显增强、"四个自信"更加坚定、"两个维护"更加自觉，扭转了一些部门长期存在的党的领导弱化虚化边缘化、党组织软弱涣散的被动局面。同时，经过努力探索，我们党找到了自我革命这一跳出治乱兴衰历史周期率的第二个答案，按照全面从严治党的战略部署，以"永远在路上"的精神状态持续开展正风肃纪，出台实施完善如中央八项规定等一系列党内法规制度，以坚强的意志决心、空前的深度力度铁腕反腐，着力解决人民群众反映最强烈、对党执政基础威胁最大的突出问题，坚持"打虎""拍蝇""猎狐"，夺取了反腐败斗争压倒性胜利，实现了管党治党从"宽松软"转向"严紧硬"，风清气正的党内政治生态不断形成和发展，党组织的向心力、凝聚力、战斗力显著增强，我们这个拥有九千六百多万名党员的马克思主义政党更加团结统一。我们创立了习近平新时代中国特色社会主义思想，明确了坚持和发展中国特色社会主义的基本方略，提出了一系列治国理政新理念、新思想、新战略，实现了马克思主义中国化时代化新的飞跃。

2. 全面深化改革扩大开放取得重大突破，中国特色社会主义制度日臻完善。我们以巨大的政治勇气全面深化改革，敢于突进深水区，敢于啃硬骨头，敢于涉险滩，敢于面对新矛盾、新挑战。党的十八届三中全会专题研究部署了全面深化改革问题，成立了中央全面深化改革领导小组（委员会），从增强改革的系统性、整体性、协同性出发，着力破解妨碍市场在资源配置中起决定性作用和更好发挥政府作用的体制机制问题和困扰百姓生活的民生堵点难点，对全面深化改革进行了谋篇布局、顶层设计和夯基垒土、立柱架梁,改革全面发力、多点突破、纵深推进,重要领域和关键环节改革取得突破性进展,主要领域改革主体框架基本确立并逐步完善。我们以抓铁有痕、踏石留印的实干作风狠抓改革措施落地见效,特别是在推进供给侧结构性改革和政府"放管服"改革方面成效显著,中国特色社会主义制度更加成熟、更加定型,国家治理体系和治理能力现代化水平明显提高。同时,我国继续致力推动和引领经济全球化,坚定实行更加积极主动的开放战略,不断构建面向全球的高标准自由贸易区网络,先后建立21个自由贸易试验区和海南自由贸易港,共建"一带一路"已经成为深受欢迎的国际公共产品和国际合作平台,形成了更大范围、更宽领域、更深层次、更高水平的对外开放格局。

3. 经济建设和科技事业取得重大成就,推动高质量发展迈上新台阶。党的十八大之前,受2008年国际金融危机和国内三期叠加的影响,我国经济形势比较严峻。面对这种形势,党中央作出我国经济发展进入新常态的重大判断,围绕实现中国经济由高速增长转向高质量发展,提出贯彻创新、协调、绿色、开放、共享的新发展理念,加快完善使市场在资源配置中起决定性作用和更好发挥政府作用的体制机制,着力推进供给侧结构性改革、发展壮大实体经济和推进新旧动能转换、培育壮大新动能,构建国内大循环为主体、国内国际双循环相互促进的新发展格局。通过有效措施,我国经济顶住了不断加大的下行压力,经济运行总体平稳和保持在合理区间,经济实力和科技实力持续大幅跃升、经济结构和产业结构不断优化升级、现代基础设施体系日臻完善、经济效益和发展质量明显提高,我国经济已由高速增长阶段向高质量发展阶段转变。我国科技整体实力和发展水平大幅跃升,科技研发和自主创新能力显著增强、活力竞相迸发,在一些重要行业、重点领域、重大项目、关键技术的国际竞争中,已跻身世界先进行列或处于全球领先地位,我国在推进实现科技自立自强和建设世界科技强国的进程中跑出了加速度。自2012年至2021年,我国经济增速一直保持在6%以上(仅2020年是

2.3%），国内生产总值从 54 万亿元增长到 114.4 万亿元，我国经济总量全球占比达 18.5%，稳居世界第二位；人均国内生产总值从 39800 元增加到 81000 元，跃居中等偏上收入国家行列；制造业规模、外汇储备稳居世界第一，城镇化率提高到 64.7%；全社会研发经费支出从 10000 亿元增加到 28000 亿元，位居世界第二，研发人员总量居世界首位。① 我国三次产业增加值之比为 7.7∶37.8∶54.5，成为工业大国和服务业大国。②

4. 民主法治建设迈出重大步伐，法治中国、平安中国建设成果丰硕。我们坚持走中国特色社会主义政治发展道路，全面发展全过程人民民主，全面推进社会主义民主政治制度化、规范化、程序化，人民民主权利更加广泛、更有制度保障，听证会、恳谈会、网络议政、远程协商等中国式人民民主形式丰富多彩，民主在中国正从一种不可触摸的价值理念逐步变成一种实实在在的制度形态和治理机制、生活方式，党的领导、人民当家作主、依法治国有机统一的社会主义民主政治制度体系及体制机制逐步完善。全面依法治国总体格局基本形成，中国特色社会主义法治体系加快建设，法治中国建设开创新局面。党的十八届四中全会专题聚焦全面推进依法治国、加快建设法治中国，开启了中国特色社会主义民主法治建设新篇章、新征程，按照全面推进依法治国总目标和"科学立法、严格执法、公正司法、全民守法"总方针，坚持法治国家、法治政府和法治社会建设一体推进，全面深化依法治国实践、法治中国和平安中国建设成效显著，人民群众安全感由 2012 年的 87.55%提高到 2021 年的 98.62%，我国是国际公认的世界上最安全的国家之一。③ 中国特色法治理论实现新突破，司法为

---

① 习近平：《高举中国特色社会主义伟大旗帜 为全面建设社会主义现代化国家而团结奋斗——在中国共产党第二十次全国代表大会上的报告》，人民出版社 2022 年版，第 8 页。
② 国务院新闻办公室：《中国的全面小康（2021 年 9 月）》，《人民日报》2021 年 9 月 29 日第 10 版。
③ 中央广播电视总台：《公安机关推进更高水平平安中国建设成效发布》，《新闻联播》2022 年 7 月 25 日。

民理念普遍确立和践行，现代法治体系日益完备，执法司法更加规范公正，全民法治观念明显增强；法治政府建设全面加强，司法责任制有力落实，司法公信力不断提高，人民群众的司法公平正义获得感显著提升。

5. 意识形态工作发生根本性转变，思想文化建设持续全面加强。当今世界，意识形态领域看不见硝烟的战争无处不在，帝国主义推行"和平演变"的图谋一刻未停。我们党高度重视意识形态工作，确立和坚持马克思主义在意识形态领域指导地位的根本制度，牢牢掌握党在意识形态领域的主导权和话语权，采取了坚强有力的措施，切实加强宣传舆论阵地和传播媒体载体管理，特别是对网络空间采取雷霆万钧的"净网""清朗"等专项行动，对各种错误思潮敢于说不、敢于亮剑，坚决抵制西方国家打着宗教信仰自由的幌子对高校师生等重点人群进行价值观渗透，防范化解"黑天鹅""灰犀牛"事件和"颜色革命"等各种重大风险，根本扭转了一度存在的"失语""失声""失踪"等被动局面，巩固了马克思主义指导地位，意识形态领域形势发生全局性、根本性转变。思想文化建设持续全面加强，讲仁爱、重民本、守诚信、崇正义、尚和合、求大同等中华优秀传统文化的价值理念和人文精神大力传承弘扬，积极进取、开放包容、理性平和的国民心态加速成熟定型，社会主义核心价值观激发了全社会向上向善向美的正能量，中华民族团结统一的思想基础更加牢不可破，全党全国各族人民的精神面貌更加奋发昂扬，中国特色社会主义的文化自觉和文化自信更加坚定不移，中华文化的国际影响力、亲和力、感召力进一步提升。

6. 人民生活不断改善，民生福祉显著提高。党的十八大以来，我们深入贯彻以人民为中心的发展思想，在幼有所育、学有所教、劳有所得、病有所医、老有所养、住有所居、弱有所扶上持续用力，人民生活全方位改善，共同富裕取得新成效。中国组织实施了人类历史上规模空前、力度最大、惠及人口最多的脱贫攻坚战，并于2020年如期实现了全面建成小康社会的第一个百年奋斗目标，正在向着全面建成社会主义现代化强国的第二个百年奋斗目标迈进。① 2020年全国居民人均可支配收入为32189元，城乡居民恩格尔系数分别下降到29.2%、32.7%，消费结构正由生存型逐步向发展型、享受型转变，衣食住行结构优化、提质升级，人们对生活品质、品位和多样化、个性化追求越来越高；教育事业繁荣勃兴，教育现代化总体水平跃升至世界中上国家行列。② 新时代十年来，我国居民人均可支配收入从16500元增加到35100元，城镇新增就业年均1300万人以上，人均预期寿命增长到78.2岁，建成世界上规模最大的教育体系、社会保障体系、医疗卫生体系，教育普及水平实现历史性跨越，基本养老保险覆盖10.4亿人，基本医疗保险参保率稳定在95%，教育、医疗、就业、养老、住房等民生状况持续改善，人民群众获得感、幸福感、安全感更加充实、更有保障、更可持续。③ 我国人均GDP于2019年首次突破1万美元大关后，2021年达到81000元人民币（折合1.256万美元），处于中等偏上收入国家行列，目前正越来越接近高收入国家水平，人民美好生活更加殷实和丰富多彩。

7. 生态文明建设发生深刻变革，生态环境保护取得显著成效。党中央把生态文明建设纳入"五位一体"总体布局放在了更加突出的战略位置，提出和贯彻落实新发展理念和"绿水青山就是金山银山"理念，坚持山水林田湖草沙一体化保护和系统治理，全方位、全地域、全过程加强生态环境保护，强化生态文明制度体系建设，制定和修订《环境保护法》等一系列法律法规，以最严格的制度和最刚性的约束推动实现发展的绿色转型，生态保护优先、绿色循环低碳的绿色发展方式加速形成。从2015年起，建立和推行中央环境保护督察制度，坚持严的基调和问题导向，实行党政同责和一岗双责，取得重大成效。持续加大环

---

① 习近平：《在庆祝中国共产党成立100周年大会上的讲话》，《人民日报》2021年7月2日第2版。
② 国务院新闻办公室：《中国的全面小康（2021年9月）》，《人民日报》2021年9月29日第10版。
③ 习近平：《高举中国特色社会主义伟大旗帜 为全面建设社会主义现代化国家而团结奋斗——在中国共产党第二十次全国代表大会上的报告》，人民出版社2022年版，第10—11页。

保投入力度和环境污染惩治力度,坚持山水林田湖草沙综合治理,着重打赢蓝天碧水净土保卫战,重点解决群众反映最突出的环境问题,2020年我国生态环境质量测评的民众满意度达89.5%。[①] 同时,民众的环境保护意识和生态友好观念显著增强,简约适度、绿色低碳、文明健康的绿色生活方式蔚然成风。新时代十年来,我国生态环境保护发生历史性、转折性、全局性变化,我国成为全球生态文明建设的重要参与者、贡献者、引领者。

8. 国防和军队现代化发生深刻变革,强军兴军和国家安全工作开创新局面。我国贯彻总体国家安全观和新时代党的强军思想,统筹发展与安全、富国与强军,围绕建设一支听党指挥、能打胜仗、作风优良的人民军队和建设世界一流军队,坚持政治建军、改革强军、科技兴军、依法治军,构建中国特色现代作战体系、军事力量体系、军事法治体系和一体化国家战略体系,聚焦能打仗、打胜仗,深入推进练兵备战,不断提高军队战斗力。党的十八大以来,通过重振政治纲纪、重塑组织形态、重整斗争格局、重构建设布局、重树作风形象,人民军队体制一新、结构一新、格局一新、面貌一新,国防和军队建设现代化水平和实战能力显著提升,中国特色强军之路越走越宽广,国家安全领导体制和法治体系、战略体系、政策体系不断完善。

9. 全面准确推进"一国两制"实践,港澳台工作取得新的重大进展。坚持"一国两制""港人治港""澳人治澳"、高度自治的方针,牢牢掌握中央对港澳的全面管治权,推进实施涉港国安立法和贯彻爱国者治港原则,推动实现香港进入由乱转治走向由治及兴的新阶段;规划实施粤港澳大湾区建设和前海深港合作区、横琴粤澳合作区建设方案,促进港澳与祖国内地的一体化融合发展,继续保持香港和澳门的繁荣稳定。坚持"一个中国"原则和"九二共识",坚决维护两岸和平发展与

---

① 国务院新闻办公室:《中国的全面小康(2021年9月)》,《人民日报》2021年9月29日第10版。

共同福祉,加强两岸合作交流互动,坚决反对"台独"分裂行径和外部势力干涉,牢牢掌握处理两岸关系的"时"与"势"、主导权和主动权。

10. 全面推进中国特色大国外交,构建人类命运共同体理念已达成国际共识。面对世界百年未有之大变局,我国坚定维护国际公平正义、积极推动构建新型国际关系,不断推进全方位务实外交和完善外交总体布局,发挥首脑外交的引领作用和多边外交的平台作用,搭建新平台、扩大朋友圈、提出新理念、占领制高点,为我国发展争取和赢得了外交主动,营造了和平的国际环境和良好的周边环境,维护了国家主权、安全和发展利益。中国致力于维护和践行真正的多边主义,为推进全球公共治理贡献中国智慧和中国方案,"一带一路"、亚投行、"金砖+"机制、中非中阿合作论坛等国际合作卓有成效,构建人类命运共同体理念主张获得国际社会普遍认同,积极推动抗疫国际合作和提供国际援助,充分彰显了负责任大国的务实作风与担当作为,我国的国际影响力、感召力、塑造力明显提升。

以上十个方面集中概括了自党的十八大以来的十年我国取得的历史性成就和实现的历史性变革,正是这些历史性成就和历史性变革推动我国进入了中国特色社会主义新时代,正是这些历史性成就和历史性变革推动我国继而迈入了向着实现第二个百年奋斗目标胜利进军的新发展阶段,成功开启了全面建成社会主义现代化强国新征程。

(二) 新时代我国社会主要矛盾的新变化

中国特色社会主义进入新时代,是新中国成立以来我国社会主义建设成就历史积累的必然结果,是改革开放以来我国开创推进发展中国特色社会主义伟大实践并取得跨越式发展的必然结果,是党的十八大以来我国社会主要矛盾转化的必然结果。正确分析判断把握处理我国社会主要矛盾,是我们党科学制定实施路线方针政策的基本依据,是推动社会主义现代化建设事业健康发展的基础和前提。新中国成立以来,从1956年党的八大到1981年党的十一届六中全会,到2017年党的十九大提出我国社会主要矛盾的新论断，再到 2022 年党的二十大进一步明确这个新论断，反映出我们党对我国社会主要矛盾的判断在随着社会发展变化而不断调整，折射了我们党对我国社会主要矛盾的认识在随着实践深入发展而逐步深化。1956 年，在我国即将完成三大改造而进入社会主义社会时，基于对当时国内社会环境条件客观变化的正确分析判断，党的八大指出：社会主义改造基本完成以后国内的主要矛盾，"已经是人民对于建立先进的工业国的要求同落后的农业国的现实之间的矛盾，已经是人民对于经济文化迅速发展的需要同当前经济文化不能满足人民需要的状况之间的矛盾"[1]。然而后来由于各种主客观原因，我们对当时国内社会主要矛盾的认识发生了波动偏差，导致八大的正确路线没能在实践中很好坚持下去，造成在社会主义建设初步探索中的挫折和失误。以党的十一届三中全会为标志，我国发生了重大历史性转折，反映在对社会主要矛盾的认识上就是开始重新回到党的八大作出的正确判断上来。1981 年，党的十一届六中全会标志着我们党全面完成拨乱反正，全会通过的《中共中央关于建国以来党的若干历史问题的决议》对我国社会主要矛盾作了精准、精确、精辟的概括："在社会主义改造基本完成以后，我国所要解决的主要矛盾，是人民日益增长的物质文化需要同落后的社会生产之间的矛盾。"[2] 2017 年，正值我国改革开放即将走过 40 年光辉历程的一年，党的十九大明确指出："中国特色社会主义进入新时代，我国社会主要矛盾已经转化为人民日益增长的美好生活需要和不平衡不充分的发展之间的矛盾。"[3] 2022 年，党的二十大在总结新时代十年的伟大变革时进一步指出："我们对新时代党和国家事业发展作出科学完整的战略部署，……明确我国社会主要矛盾是人民日益增长

---

[1] 中共中央文献研究室：《建国以来重要文献选编》第 9 册，中央文献出版社 1994 年版，第 341 页。

[2] 中共中央文献研究室：《改革开放三十年重要文献选编》（上），中央文献出版社 2008 年版，第 212 页。

[3] 习近平：《决胜全面建成小康社会 夺取新时代中国特色社会主义伟大胜利——在中国共产党第十九次全国代表大会上的报告》，《人民日报》2017 年 10 月 28 日第 1—5 版。

的美好生活需要和不平衡不充分的发展之间的矛盾,并紧紧围绕这个社会主要矛盾推进各项工作,不断丰富和发展人类文明新形态。"① 这是自 1981 年以来我们党关于我国社会主要矛盾表述上新的重大变化。就矛盾双方的分析来讲:首先,在人民美好生活需要方面,其内涵之深化、外延之扩展都十分明显,在满足于吃饱穿暖的需要已成历史之后,人民不仅对物质文化生活的数量、结构、规格、层次、品质、风格等提出了多层次、多样化、个性化的新的更高更好要求,而且提出了对民主法治、公平正义、平等自由、社会安全、环境治理、个性发展等方面的全方位、宽领域、广范围的新的更高更好要求;其次,在我国发展状况方面,总体来说已经今非昔比了,在落后的社会生产已成历史之后,我国发展表现在不仅社会生产力总量和总体水平取得大幅跃升和历史性跨越,而且社会生产能力在诸多领域和很多方面已经名列世界前茅和处于全球领先领跑地位,但目前最突出的问题是我国发展还存在诸如区域之间、城乡之间和居民生活水平上的不平衡,以及虽然有了一定发展但与现代化还有不小差距、还不十分充足充分,发展不平衡不充分是新时代我国社会主要矛盾的主要方面,对主要矛盾的性质和发展方向起着决定性、支配性作用。我国社会主要矛盾的新变化是关乎中国特色社会主义未来发展走向和社会主义初级阶段大政方针政策抉择的历史性、全局性变化,对党和国家工作提出了许多新任务、新要求。

二 推进服务型政府建设全面适应新时代、新征程、新任务、新要求

"新时代""新阶段"是坐标,"新征程"是号角,"新思想"是灵魂,"强起来"是底色。中国特色社会主义进入新时代、新阶段这一重大政治论断,不仅赋予我们党的历史使命、理论遵循、目标任务以新的

---

① 习近平:《高举中国特色社会主义伟大旗帜 为全面建设社会主义现代化国家而团结奋斗——在中国共产党第二十次全国代表大会上的报告》,人民出版社 2022 年版,第 7 页。

时代内涵,为我们党科学制定路线方针政策提供了时代坐标和基本依据,而且对我们积极主动、卓有成效地开展、改进、创新党和国家的各项工作,尤其是加快推进服务型政府建设紧跟新时代、适应新时代、契合新时代和开启新征程、奋进新征程、建功新征程提出了新任务、新标准、新要求。党的十九大指出:要深化机构和行政体制改革,"转变政府职能,深化简政放权,创新监管方式,增强政府公信力和执行力,建设人民满意的服务型政府"[1]。党的二十大进一步提出:要"转变政府职能,优化政府职责体系和组织结构,推进机构、职能、权限、程序、责任法定化,提高行政效率和公信力"[2]。这不仅为新时代服务型政府建设明确了新的目标任务,而且提出了新的更高要求。

(一) 适应新时代我国社会主要矛盾变化的新要求

新时代我国社会主要矛盾的转化对我国进一步构建完善服务型政府提出了新的更高要求、提供了新的发展动力,以此为标志,我国服务型政府建设进入新时代。

新时代我国社会主要矛盾的新变化要求政府工作必须紧跟新时代、适应新时代、契合新时代,服务型政府建设要紧紧围绕和切实加强政府向全社会提供公共产品和公共服务这个核心职能,加快推进政府转型和职能转变,不断推进政府工作改革创新,以便通过更好解决发展不平衡不充分问题来更好满足人民日益增长的美好生活需要,建设人民满意的服务型政府。

1. 在更好满足人民日益增长的美好生活需要方面的新要求

随着我国生产力的不断发展,人民生活水平显著提高,对美好生活的向往更加强烈。相比原来的物质文化需要,美好生活需要显然是更高层级的努力方向,意味着需求领域越来越宽、需求层次越来越高,因此

---

[1] 习近平:《决胜全面建成小康社会 夺取新时代中国特色社会主义伟大胜利——在中国共产党第十九次全国代表大会上的报告》,《人民日报》2017年10月28日第1—5版。

[2] 习近平:《高举中国特色社会主义伟大旗帜 为全面建设社会主义现代化国家而团结奋斗——在中国共产党第二十次全国代表大会上的报告》,人民出版社2022年版,第41页。

对政府提供公共服务的要求越来越多、越来越细。第一，对政府提供公共服务的领域范围要求越来越广。在我国基本解决了私人产品短缺问题和基本满足了私人产品需求之后，人民群众对公共产品需求的急剧增长与政府提供公共产品的能力不足之间的矛盾日益凸显，我国已告别私人产品短缺时代而进入公共产品短缺时代，公域范围的不断分化扩展对政府提供公共服务提出了全方位、宽领域、多层次、广涵盖的要求，不仅要更好满足人民在传统物质生活方面的更高要求，而且要有效满足人民在精神文化生活方面的现实要求，还要不断满足人民在诸如民主法治、公平正义、自由平等、社会安全、环境美丽、张扬个性和全面发展等社会政治生活方面日益广泛全面的迫切要求。第二，对政府提供公共服务的质量层次要求越来越高。在告别了私人产品短缺时代传统的衣食住行、吃饱穿暖和低水平、低层次消费需求基本得到满足之后，人民生活需要的内容、结构、层次、质量、分布等都发生许多新变化、呈现许多新特点，普遍期待工作就业更加稳定舒心、个人收入更加满意称心、食品药品更加健康放心、医疗卫生更加方便省心、家庭生活更加殷实开心、居住条件更加舒适温馨、教育入学更加优质公平、出行出游更加安全便捷、自然环境更加优美宜人、社会环境更加公正和谐、精神生活更加丰富充实等。这些美好生活需要虽然离不开增加少量的中高端私人产品供给来满足，但主要还是依靠增加大量的优质的公共产品供给来解决，而且百姓对政府提供公共服务的期望值更高、要求更加强烈。第三，对政府提供公共服务的回应性要求越来越强，而且要更富人文精神。政府服务要敢于直面百姓生活的急难愁盼和揪心事、烦心事、闹心事，要做到"民有所呼、府有所应"和"街巷吹哨、部门报到"，不断提升政府服务的回应性和满意度，着力打造回应性政府。面对人民群众日益多样化、个性化和全方位、高品位的消费需求新趋势和各种情景式、沉浸式、体验式消费日益走俏等消费方式新特点，特别是人民在民主法治、公平正义和自由全面发展等社会政治生活方面不断增长的新要求、新期待，为建设人民满意的服务型政府，政府服务要做到更加健全、周到、高效，更加贴心、暖心、温馨，更加富有人情味和人文关怀。

2. 在更好解决发展的不平衡不充分问题方面的新要求

解决矛盾要善于抓关键，抓主要矛盾的主要方面。我国新时代社会主要矛盾的关键不在于我国社会生产力水平和生产能力已经有了很大发展和提高，而是这种发展是不平衡和不充分的发展。第一，发展不平衡主要表现在：从发展各领域看，既有达到甚至领跑世界一流水平的具有比较优势的先进生产力，也有大量传统的甚至原始半原始的相对落后生产力，既存在如"双高"项目的钢铁、煤炭等行业产能严重过剩的情况，又存在如某些中高端产品等有效供给短缺的问题；从区域发展上看，有的地方快一些，有的地方慢一些，城市快于乡村，东部快于西部；从收入分配看，不同行业、不同职业的群体之间收入差距依然较大，贫富悬殊仍较明显，基尼系数居高不下。第二，发展不充分主要表现在：我国目前各领域各方面都取得了一定的发展，但总体上水平不高、成色不足、质量不佳，还不是充分的、完全的、长足的发展，亟待进一步提升；发展过程中存在明显的缺陷不足，如经济增长速度较快而质量效益不高，经济结构性问题依然严重，实现发展方式的根本性转变尚待时日，推进发展新旧动能转换、培育壮大新动能任务艰巨，发展的稳定性、协调性、可持续性有待提高；发展过程中的短板弱项表现突出，如经济发展长期超前而文化建设、社会建设和生态文明建设等相对滞后，尤其是民生领域的教育、医疗、社保、就业、住房等短板问题突出，文化产业发展严重滞后导致我国综合国力中硬实力较硬而软实力较软，因此更加注重锻长板、补短板、强弱项将是我国新发展阶段解决发展不平衡不充分问题的重点任务。总之，正是这种不平衡不充分的发展影响和制约着人民日益增长的美好生活需要的更好满足，它在社会主要矛盾中处于决定性和支配性地位，起着关键和引领作用，因此成为我国新时代社会主要矛盾的主要方面。

建设人民满意的服务型政府要紧紧围绕解决社会主要矛盾提供公共

产品和公共服务，善于抓住主要矛盾的主要方面，继续牵牢供给侧结构性改革这根主线，坚持问题导向、靶向治理、守正创新、久久为功，着力破解使市场在资源配置中发挥决定性作用和更好发挥政府作用的体制机制障碍，着重解决发展中突出存在的东中西部区域之间的不平衡不充分、城市与乡村之间的不平衡不充分、各职业群体之间的不平衡不充分、经济结构之间的不平衡不充分以及经济、政治、文化、社会、生态文明五大建设或五大系统及其各自内部子系统之间的不平衡不充分等问题。只有这样，才能更好地满足人民日益增长的美好生活需要，从而建设和建成人民满意的服务型政府。

（二）适应新发展阶段、贯彻新发展理念、构建新发展格局的新要求

目前，我国已经如期实现了到建党一百周年时全面建成小康社会的第一个百年奋斗目标，正满怀豪情以"新的赶考"的精神状态，踏上了向着到建国一百周年时全面建成社会主义现代化强国的第二个百年奋斗目标昂首挺进的历史新征程，新时代中国特色社会主义由此进入了一个新发展阶段。新时代新阶段，为推动实现我国经济社会高质量发展，在战略导向上，必须坚持立足新发展阶段的新的发展方位要求、贯彻新发展理念的新的发展实践要求、构建新发展格局的新的发展战略要求。新时代新阶段，为进一步建设和完善人民满意的高质量服务型政府，在战略思路上，必须围绕和紧扣满足人民日益增长的美好生活需要这个总任务和总方向，扭住和抓牢加速转变政府职能从而更好为全社会提供公共产品和公共服务这个"总关键"和"牛鼻子"，不断推进新时代服务型政府建设升级扩容、提质增效和高质量发展。

1. 更好适应新发展阶段

从我国社会主义发展的历史方位上来看，这个新发展阶段是继我们党的第一个百年奋斗目标如期实现之后、紧接着向第二个百年奋斗目标进军的重要历史阶段，大约介于实现两个一百年奋斗目标之间即从2021年到21世纪中叶；这个新发展阶段是经过改革开放40多年的改革发展和奋斗积累，中国特色社会主义迈上新台阶、进入新时代之后的重

要历史阶段；这个新发展阶段是我国自 1956 年底社会主义改造基本完成到 21 世纪中叶实现社会主义现代化的整个社会主义初级阶段中的后期阶段，也是我国社会主义初级阶段中具有关键性、决定性意义的重要历史阶段；这个新发展阶段是我们党自 1921 年成立以来团结带领中国人民经过百年奋斗和接力拼搏，在实现了中华民族"站起来""富起来"的目标之后阔步走向"强起来"和实现伟大复兴的重要历史阶段。从现实条件来看，我国目前已经拥有和具备了跨入新发展阶段、进而实现第二个百年奋斗目标的雄厚物质基础。

新中国成立 70 多年特别是改革开放 40 多年来，我们党领导全国各族人民勠力同心、持续奋斗、砥砺前行，推动我国社会主义现代化建设事业取得了举世公认的伟大成就。目前我国的社会生产能力和生产力总体水平都有了显著提升，不仅经济总量稳居全球第二位，而且是世界第一大工业国、第一大制造国、第一大货物贸易国、第一大外资引入国、第一大外汇储备国、第一大科技人力资源国，对世界经济增长的贡献率超过 30%。从我国人均 GNI 变化看，新中国成立之初只有几十美元，改革开放以来从不到 200 美元至 1997 年的 750 美元，一直处于低收入国家行列；从 1998 年的 790 美元至 2009 年的 3620 美元，进入下中等收入国家行列；从 2010 年的 4240 美元开始我国跃升上中等收入国家行列，到 2019 年超过 10000 美元（人均 GDP 是 10262 美元），世界排序位次显著提升，目前正加速向高收入国家过渡。从我国 GDP 总量变化看，1978 年只有 1495 亿美元，居全球第 11 位，占世界份额 1.7%；2008 年是 4.52 万亿美元，仅次于日本，居世界第三位，占世界份额 7.4%；从 2010 年的 5.88 万亿美元开始首超日本跃居世界第二位，占世界份额 9.2%；[①] 到 2019 年达 14.4 万亿美元，相当于美国的 2/3，占世界份额 16.3%；2020 年首超 100 万亿元大关，达

---

① 刘伟、蔡志洲：《我国人均国民收入的变化及展望》，《经济纵横》2014 年第 1 期。

101.6万亿元，占世界份额17%左右，创历史新高。① 据测算，我国GDP年均增速自新中国成立至2020年是5.7%，自改革开放至2020年是9.7%；2020年我国城镇化率超过60%，2021年提高到64.7%，中等收入群体超过4亿人。随着生产力水平的快速提高，我国社会生产能力很多方面已名列世界前茅。在世界500多种主要工农业产品当中，中国有220多种产品生产能力稳居世界第一位。制造业连续多年稳居世界第一位，部分领域如高铁、桥梁、航天、通信等产能、技术都遥遥领先。我国科技整体实力和发展水平大幅跃升，科技研发和自主创新能力显著增强、活力竞相迸发，在一些重要行业、重点领域、重大项目、关键技术的国际竞争中，已跻身世界先进行列或处于全球领先领跑地位。仅以5G技术为例，据记者日前从国家工信部获悉：我国5G商用三年来应用推广迅速、成绩斐然，截至2022年6月初，已开通建成5G基站161.5万个，实现全国所有地市、县城城区和87%的乡镇镇区5G网络全覆盖，5G移动电话即终端手机连接用户达4.13亿户以上，5G应用案例达2万多个，我国已进入5G规模化应用的关键时期。② 中国致力于打造世界主要科技中心和创新高地，下决心解决好科技领域存在的"卡脖子"问题，加速推进科技向产业等现实生产力转化，不断提升在全球产业链中所处的位置，在建设世界科技强国进程中正处于从量的增长向质的跃升转变的关键时期。

总之，新中国用了短短70多年的时间就走完了西方发达国家几百年才走完的工业化历程，尤其是改革开放40多年的创新发展，实现了GDP几十年的持续高增长和经济社会的跨越式发展，综合国力、国际地位大幅跃升，人民生活水平显著提高，创造了举世瞩目的中国奇迹，社会主义在中国焕发出旺盛的生机和活力。这就为我国在全面建成小康社会之后成功开启向全面建成社会主义现代化强国目标进军新征程、挺

---

① 陆娅楠：《中国经济总量首超100万亿元》，《人民日报》2021年1月19日第1版。
② 中央广播电视总台：《国内联播快讯》，《新闻联播》2022年6月6日。

进中国特色社会主义新时代之新发展阶段奠定了坚实的物质基础，同时为新时代新阶段进一步建设和完善人民满意的高质量服务型政府准备了物质条件。新时代、新阶段、新征程，为我国建设高质量服务型政府提供了全新坐标、明确了方向任务、提出了更高要求。

2. 全面贯彻新发展理念

新发展阶段必须全面、准确、完整地贯彻新发展理念，要坚持不懈、一以贯之地把创新、协调、绿色、开放、共享理念落实到推进发展的全过程、各方面。作为引领发展的先导，这五大发展理念相互贯通、相互促进，构成一个分工明确、有机联系、系统严密的集合体。相对于实现发展这个总目标和有机整体，这五大理念好比是组成发展体系的五大支撑和分支系统，而且各自的分工、地位和作用各不相同。其中，创新是其第一动力，协调是其内在要求，绿色是其必要条件，开放是其必由之路，共享是其本质要求。

新时代服务型政府建设，要具体落实关于指导我国发展的政治立场、价值导向、发展模式、发展道路，切实解决好关于发展的目的、动力、方式、路径等理论和实践问题。一是从根本宗旨上贯彻新发展理念。从"全心全意为人民服务""全体人民共同富裕""代表中国最广大人民根本利益""以人为本"一直到"人民至上"，我们党始终把人民放在心目中最崇高的位置。新时代新阶段，建设人民满意的服务型政府要坚持贯彻以人民为中心的发展思想和共享发展理念，实行既能体现经济效率又能更好兼顾社会公平的收入分配制度，既要做大做好蛋糕又要公平分好蛋糕，通过解放和发展生产力逐步实现全体人民共同富裕。二是从问题导向上贯彻新发展理念。针对诸如影响实现高质量发展的体制机制障碍、城乡区域群体间发展不平衡问题、制约实现经济社会发展全面绿色转型和"双碳"目标（即2030年前实现碳达峰、2060年前实现碳中和）问题、科技领域中的"卡脖子"问题以及各个领域存在的突出短板和弱项等，坚持问题导向、靶向治理，敢于猛药去疴、动真碰硬，强力破解发展中存在的不平衡不充分问题。三是从大局意识上贯彻新发展理念。政府工作要自觉服从服务于党和国家工作大局，新时代服务型政府建设要树立整体观念和大局意识，紧紧围绕我国实施"十四五"规划和2035年远景目标、"两步走"实现第二个百年奋斗目标和建成社会主义现代化强国这个总方向、总目标、总任务、总大局，一以贯之而又分步衔接地统一谋划、研究制定和推进实施"十四五""十五五""十六五"等阶段性目标方案，并狠抓各项具体政策措施的落实落细、落地见效。

3. 着力构建新发展格局

适应新发展阶段和贯彻新发展理念，其最终目的在于着力构建新发展格局和促进高质量发展，这就是要形成以国内大循环为主体、国内国际双循环相互促进的格局，并以此推动实现经济社会高质量发展。新发展阶段之所以要着力构建新发展格局，是因为我国发展的客观环境发生了深刻变化的结果，这是适应我国经济发展阶段性变化的必然要求，也是适应国际环境条件新变化的必然要求。从国内发展阶段看，改革开放特别是加入WTO后，我国主动融入全球化和国际大循环体系，形成了市场和资源"两头在外"的发展格局。党的十八大以来，为适应引领经济发展新常态、推动我国经济由高速增长阶段向高质量发展阶段转型，我们积极实施扩大内需战略、推进供给侧结构性改革，国内大循环活力日益强劲，从而为构建新发展格局奠定了物质基础。从国际环境条件看，近年来逆全球化、反全球化和单边主义、保护主义愈演愈烈，我国必须立足和依托国内大市场、以国内大循环为主体、充分发挥超大市场规模优势，以便有效化解因外需出口受挫或国际经济震荡带来的外部风险冲击，从而保持经济持续稳定健康发展。

新时代服务型政府建设，要积极主动适应新发展阶段的现实要求，坚定贯彻新发展理念的高度行动自觉，围绕服从和服务于构建新发展格局、促进高质量发展的工作大局，创造性地更好发挥政府的经济社会职能。一是要坚持有效市场和有为政府更好结合，加强和完善政府宏观调控，加快推进经济发展方式的根本性转变和经济结构的优化转型升级，继续深化供给侧结构性改革和提高供给体系对需求变化的适应性、灵活性，以高质量发展为目标牵引，大力发展新经济、着力培育新动能、提高全要素生产率，推动实现经济发展的质量变革、效率变革、动力变革，确保国内经济循环的畅通无阻，实现经济高水平的动态平衡。二是要更加注重立足本国自身、苦练内功底气、自主创新发展，拓宽深耕国内大市场，厚植国内市场资源优势，不断激发和释放内需潜力，增强经济发展的韧性、耐力和应对外部冲击的缓冲力、抗压力，夯实支撑国内大循环主体地位的雄厚基础和强大体系，实现经济高水平的自立自强。三是要促进形成对外开放与自力更生的高水平互动关系，在坚持把自己的事情办好从而具备强大的国内大循环体系和稳固的经济发展基本盘的同时，秉持和平、发展、合作、共赢的原则继续扩大对外开放，践行真正的多边主义，致力推动全球经济治理和深度融入全球化进程，积极参与全球经济合作与竞争，不断提升我国开放型经济水平，实现我国高水平的对外开放。

第二节　新时代中国服务型政府建设取得成就与存在问题

新时代我国服务型政府建设的现状如何，可以从目前我国推进服务型政府建设实践所取得的主要成就与存在的主要问题这两个方面来全面认清、客观描述和正确把握。

一　新时代服务型政府建设取得的主要成就

党的十八大以来，随着中国特色社会主义进入新时代，我国服务型政府建设也进入新时代。新时代服务型政府建设在我国推进服务型政府建设实践经历前两个阶段并取得初步成效的基础上又进一步深化拓展、发展完善，取得了以下几个方面的历史性成就。主要表现在：

(一)各级政府及公务员为民服务意识普遍增强,服务行政理念基本确立

随着人类社会由传统的农业社会向现代工业社会再向后现代工业社会的发展变迁,国家行政模式也由与传统农业社会相适应的统治行政,向与现代工业社会相适应的管理行政,再向与后现代工业社会相适应的服务行政递次转型。树立服务行政理念是适应后现代工业社会发展和政府转型客观规律的必然要求,也是构建服务型政府的思想先导、观念支撑和基础前提,为民服务是服务型政府的首要特征、核心价值和根本任务。

我国自开展服务型政府建设以来,在自下而上自主探索和自上而下全面铺开的前两个阶段,各级政府机关开始改变以往重管理轻服务的管理行政的传统观念和工作作风,逐步树立服务行政的理念,为民服务意识不断增强,服务型政府建设初见成效。自党的十八大以来,我国服务型政府建设进入新时代,这是我国推进服务型政府建设的第三个阶段。我国新时代服务型政府建设在习近平新时代中国特色社会主义思想指引下全面发展完善、提质增效,各级政府服务行政理念基本确立,为民服务意识普遍增强。主要表现在:

1. 与"行政服务"不同,"服务行政"既包括了行政服务的具体内容,又涵盖了以"服务"作为政府行政的根本宗旨、价值取向、目标任务和职能定位等全方位丰富内涵,明确了政府与社会关系中的公民本位、社会本位,强调了政府始终作为"服务者"的角色定位,为民服务是政府应尽的职责和义务,而不是一时一地的心血来潮和施舍恩赐。我国是共产党执政的社会主义国家,全心全意为人民服务是党和政府的唯一宗旨,树立和践行为民服务的服务行政理念,努力建设人民满意的服务型政府,是马克思主义政府公共性理论及其中国化成果的具体要求和中国实践。在践行为民服务理念方面,从毛泽东同志提出"全心全意为人民服务",邓小平同志提出"领导就是服务",江泽民同志提出"立党为公、执政为民",胡锦涛同志提出"权为民所用、情为民所系、

利为民所谋",一直到习近平同志提出"以人民为中心"的发展思想和"江山就是人民、人民就是江山",我们党和政府具有一脉相承而又与时俱进的优良传统和独特优势。党的十八大以来,随着中国特色社会主义进入新时代和我国社会主要矛盾的新变化,围绕着力解决人民越来越多的美好生活需要与当前发展不平衡不充分之间的突出矛盾,为满足人民群众日益多样化、个性化和全方位、高品位的美好生活需要,尤其是全面快速增长的公共产品和公共服务需求,各级政府机关一方面主动作为、自主改革,自觉树立服务行政理念,不断强化服务意识,积极转变工作作风,针对人民群众的"急难愁盼"问题和操心事、揪心事、烦心事、闹心事,瞄准企业和市场主体的所困所思所盼和干事创业的堵点痛点难点,切实为公众和企业办实事解难事,并力争"把好事办实,把实事办好",以往那种"门难进、脸难看、事难办"和"吃拿卡要"的情况已根本改观,服务网点及其工作人员在服务态度、服务质量、服务效率、服务流程优化、人性化设施配套以及暖心人文关怀等方面也有很大改进和提高,基本做到了微笑服务、耐心服务、廉洁服务和政务服务能力提升、便民利企、社会认可,人民群众的获得感和满意度不断提高;另一方面刀刃向内、正风肃纪,加强自身建设,敢于自我革命,以壮士断腕、刮骨疗毒、猛药去疴的勇气,坚决惩治贪污腐败、有权任性、懒政怠政和乱作为、慢作为、不作为,坚决抵制懒政怠政的躺平做派、部门内耗的内卷做派、水面打滚的点卯做派、攀比牢骚的怨妇做派、弱者有理的巨婴做派、花拳绣腿的演员做派、坐而论道的君子做派、夸夸其谈的官僚做派、阳奉阴违的两面人做派、谁都不得罪的老好人做派,大力营造干事创业、勤政为民、廉洁担当的良好政治生态,推动服务型政府建设取得显著成效。

2. 与"管理行政"不同,"服务行政"彻底摒弃了工业化时代的以管理为核心、以效率为价值原则、以公众服从为标志、以官僚主义为特征、缺乏人文关怀、见物不见人的泰勒式行政模式,更多强调的是以服务为核心、以人民满意为价值追求、以政民互动为标志、以爱民亲民为特征、注重以人为本、寓管理于服务之中的后现代行政模式。服务行政不是不要管理，相反，后现代社会对管理的要求更高、更新、更精、更细，科学管理的重要性越发突出了。但是，服务行政中的管理已不同于以往管理行政时代的管理，这种管理服从和服务于"为民服务"这个总的目标原则和价值统摄，而不是游离于或凌驾于"为民服务"之外或之上的，从根本上讲，"管理就是服务""管理隶属服务""管理为了服务"。如何做到寓管理于服务之中，在服务中实现管理、在管理中体现服务，这就对各级政府部门及其工作人员的工作能力、工作作风和方式方法创新提出了严峻挑战，而最根本的前提条件和行动先导还是要牢固确立高度自觉的为民服务意识。新时代我国服务型政府建设之所以取得较大成就，主要得益于以习近平同志为核心的党中央坚持把人民对美好生活的向往作为我们党和政府的奋斗目标和"打江山守江山、守的是人民的心"的为民情怀，尊重人民群众的主体地位和首创精神，确立了"以人民为中心"的发展思想，贯彻落实发展为了人民、发展依靠人民、发展成果由人民共享。各级政府及其公务员一改过去那种高高在上的"管理者"观念和作风，为民服务意识和使命宗旨意识普遍增强，"服务者"观念和服务行政理念基本确立。

（二）深化简政放权和"放管服"改革成效显著，政府职能转变加快推进

党的十八大以后，新一届政府开门所办的第一件大事就是深化改革、简政放权、转变职能，以2013年党的十八届三中全会专题研究部署全面深化改革为标志，简政放权工作进入新时代、掀开新篇章。2014年，从提出"放"和"管"双轮齐圆到"接、放、管、服"一体推进，新时代简政放权工作全面展开。2015年5月在全国推进简政放权放管结合转变职能工作电视电话会上，李克强总理提出要着力简政放权、放管结合、优化服务这三管齐下和协同推进转变政府职能，大力促进大众创业、万众创新，加快建设法治政府、创新政府、廉洁政府和服务型政府，是当前和今后深化行政改革、转变政府职能的总要求。此后国务院

连续多年召开此类会议,研究部署和持续推进"放管服"改革进一步向更大范围、更深层次拓展深化并取得积极成效。

纵观这场刀刃向内的自我革命和全面深入广泛的中国式新公共管理运动,"放管服"改革带来了政府职能和管理理念的深刻转变、权力运行方式和运作机制的深层变革、新一代信息技术在政府管理中的深度运用。2019年,中国行政管理学会课题组从建设人民满意的服务型政府的高度,把我国深化"放管服"改革取得的成就和意义从进一步优化了营商环境、回应民众对美好生活的新期盼、创新政务服务和管理理念、提升了政府效率和能力、完善了现代市场经济体制等方面作了较为全面的概括和总结。①

1. 深化行政审批制度和商事制度改革方面。以全面贯彻落实党的十八届三中全会精神为契机,围绕处理好政府与市场的关系、把市场在资源配置中的决定性作用和更好发挥政府作用两者有机结合起来,新一届政府将简政放权尤其是深化行政审批制度和商事制度改革作为转变政府职能的"当头炮"和深化行政体制改革的突破口、"先手棋",继而逐步形成了以持续推进"放管服"改革为有力抓手和重点内容的政府职能加速转变、行政体制改革全面深化的良好态势。党的十八大以来,从中央到地方各级政府不断加大行政审批制度改革力度,纷纷设立各级行政服务中心,有的地方还专门设立了行政审批局,逐步推广实行权力清单、责任清单加负面清单的清单管理制度,全面开展各项利企便民政务服务和公共服务,从创新体制机制层面不断破解企业投资经营和大众创业、万众创新市场准入等方面存在的门槛多、手续繁、成本高以及"玻璃门""弹簧门""旋转门"等问题。大幅削减和压缩行政审批事项和审批时限、优化审批流程、提高审批效率,全部取消非行政许可审批;大幅压减各类资质资格认定事项和达标评比表彰活动,并将中介服

---

① 中国行政管理学会课题组鲍静等:《深化"放管服"改革 建设人民满意的服务型政府》,《中国行政管理》2019年第3期。

务事项大部分纳入服务清单以便加强监管。截至 2019 年初，共计削减国务院部门行政审批事项 699 项、清理规范中介服务事项 323 项，中央指定地方实施行政审批事项取消 317 项，中央层面核准的投资项目累计减少 90%，职业资格许可和认定事项取消 434 项。① 大力推行以"证照分离、多证合一"为重点的商事制度改革，针对市场准入限制过多、"准入不准营"等问题，采取"宽进严管"等政策举措，适度降低市场准入门槛和难度系数，大幅削减工商登记前置审批事项，更加注重加强和严格事中事后监管，推行"双随机一公开""互联网+监管"等，不断创新监管方式方法，着力提升监管质量效率，不仅明显增强了政府提供公共服务的能力和水平，而且极大激发了市场和社会的活力、创造力，有力促进了大众创业、万众创新。"放管服"改革一方面促进了各种创新创业平台如雨后春笋般蓬勃发展，创客经济、分享经济、平台经济、数字经济竞相涌现，快递物流、无接触配送、电子商务、在线办公、远程问诊、外卖服务、网约车、共享单车等新产业、新业态、新商业模式层出不穷，我国"三新"经济发展势头强劲，经济发展新动能日益成长壮大。根据国家统计局发布，我国经济发展新动能指数 2020 年为 440.3，比 2019 年增长 35.3%，其中网络经济指数增长最快、贡献最大，分别为 1323.6 和 81.7%。② 另一方面推动了大数据、云计算、人工智能、物联网、区块链和"互联网+"等现代信息技术创新手段与实体经济的深度融合以及先进制造业与现代服务业的深度融合，不断改造提升了传统动能，促进了新旧动能接续转换、经济结构优化升级、就业扩大和高质量发展。自 2014 年 3 月至 2019 年初，我国累计新设企业达 2597.6 万户，日均新设企业增长 113%，市场主体活跃度近 70%，每年新增城镇就业超过 1300 万人，深化商事制度改革对稳增长、转方式、

---

① 中国行政管理学会课题组鲍静等：《深化"放管服"改革 建设人民满意的服务型政府》，《中国行政管理》2019 年第 3 期。

② 陆娅楠：《"三新"经济快速增长 各项分类指标均有提升 经济发展新动能更加强劲（经济新方位）》，《人民日报》2021 年 8 月 14 日第 2 版。

调结构、换动能、保就业、惠民生发挥了重要支撑作用。①

2. 着力惠企纾困、优化营商环境方面。"放管服"改革中，政府一改过去重审批、轻监管、弱服务的作风，把主要精力逐步转向为企业和社会提供优质高效的公共服务，着力为各类市场主体打造市场化、法治化、国际化、便利化的营商环境和适度宽松、激励创业、公平竞争的发展软环境，政府工作人员深入基层第一线甘当金牌"店小二"，帮助企业尤其是广大民营企业、中小微企业解决发展中遇到的诸如融资难、融资贵等各种实际困难。及时出台和推进实施"营改增"改革和助企纾困、减税降费、中小微企业税收优惠等政策扶持举措，减免乃至取消各种不合理收费事项，切实减轻企业负担，降低制度性交易成本和生产经营成本。自 2013 年 9 月以来，我国先后在上海、福建等省市设立了 22 个自贸试验区，2020 年 6 月国家又正式设立海南自由贸易港，积极探索可借鉴、可推广、可复制的示范经验做法，促进了贸易和投资自由化、便利化，改善和优化了营商环境。2019 年 10 月国务院颁布了《优化营商环境条例》，首次以行政立法的形式把推进优化营商环境纳入法治化、规范化实施轨道。根据世界银行《全球营商环境报告 2020》显示，在世界各国的营商环境便利度全球排名中，我国已从 2013 年的第 96 位上升至 2019 年的第 31 位，被世界银行评为全球营商环境改善幅度最大的十大经济体之一，尤其是在办理建筑施工许可证方面的指标改善突出、表现亮眼。特别是自 2020 年初以来受新冠疫情影响期间，为统筹经济社会发展和疫情防控工作，确保落实"六稳""六保"，国务院常务会议多次聚焦研究部署助企纾困、优化营商环境，先后制定出台了多项针对性惠企纾困的帮扶政策措施，如建立中央财政资金直达企业和基层机制、采取金融政策直达工具、对企业应缴税负和社保费等酌情实行阶段性缓征缓缴、协助解决企业

---

① 中国行政管理学会课题组鲍静等：《深化"放管服"改革 建设人民满意的服务型政府》，《中国行政管理》2019 年第 3 期。

特别是民营小微企业融资难融资贵和用工用电用能用地问题等，设身处地为企业排忧解难，助力企业渡过难关。为积极有效应对疫情冲击下新的经济下行压力，针对近期中小企业发展遇到的突出问题，2021年11月国务院办公厅印发了《关于进一步加大对中小企业纾困帮扶力度的通知》，提出了加大纾困资金支持力度、进一步推进减税降费、灵活精准运用金融政策工具、缓解成本上涨压力、加强企业用电保障、支持企业稳岗扩岗、保障中小企业款项支付、着力扩大内需、全面压实责任等9条具体举措。2021年11月国务院又出台了《关于开展营商环境创新试点工作的意见》，安排部署在北京、上海、重庆、杭州、广州、深圳6个城市开展试点，有望通过发挥试点城市的积极示范效应，进一步促进利企便民和改善营商环境，为我国着力打造市场化、法治化、国际化的世界一流营商环境探索积累经验。

3. 回应民生关切、优化便民服务方面。人民对美好生活的向往就是党和政府的奋斗目标，让人民满意是服务型政府建设的核心目标和根本价值取向，回应民生关切、优化便民服务、祛除繁苛之弊是推进"放管服"改革的必然要求和重要任务。为此，国务院设立了专题协调小组，就各地区、各部门及国有企事业单位公共服务，尤其是与民生密切相关的教科文卫体等领域以及水电气暖等公用事业方面的公共服务，全面梳理制定了公共服务目录清单，并逐项编制了服务指南，具体明确了材料要件、服务流程、办结时限、收费标准等要求。近年来，行政服务中索要各种"奇葩"证明、重复证明、循环证明等现象引起了广大民众的较多诟病和不少反感，针对林林总总的不合理证明事项，由司法部牵头专门设立了"证明事项清理投诉监督平台"组织进行专项清理行动，收到了良好效果。对于各级政府间、部门间及国有企事业单位间涉及的公共服务事项，依托"互联网+"积极推进多方信息共享、互通互认及开展多部门"联合审批"，着力打破政务服务中的各自为政、部门壁垒和信息孤岛，有效解决"多头审批""多次审批"和"反复审批"问题，主动以"部门协同办"避免让"群众来回跑"，大大方便了企业和群众办事创业，真正做到了让信息多跑路、让群众少跑腿。政府精准对接和及时回应百姓需求和民生关切，不断创新和优化政务服务的方式方法途径和模式，及时简化取消一大批不必要的证明材料和繁琐手续，注重提高各类公共服务的公平性和可及性，并结合推进实施"互联网+政务服务"积极开展网上审批，推广落实"一窗受理、一站服务""最多跑一次"和"一次也不用跑"等便民举措，最大限度地简化审批、提高效率、服务民生、便民利企。浙江省在优化政务服务方面走在全国前列，近年来结合数字化改革而推行的一些创新举措如"四张清单一张网""最多跑一次""最多跑一地""一网通办"等产生了积极示范效应并在全国范围内推广应用。

4. 创新管理方式、优化政府效能方面。"放管服"改革着力创新管理方式和提高行政效率，推动政府管理逐步由以往微观管理、直接管理为主向宏观管理、监督管理为主转变，由以往重审批、轻监管、弱服务向简审批、严监管、强服务转变，更加注重加强和创新事中事后监管、强化公共服务，有效矫正了政府职能越位、缺位、错位等问题，革除了审批权带来的权力寻租和行政腐败的弊端，斩断与行政审批相关的各种利益链条，法治政府、廉洁政府、效能政府、责任政府、服务型政府建设取得重大进展。全面推开"双随机一公开"监管、"互联网+"监管，加强跨部门联合监管和部门联合"双随机"抽查，整合制定抽查事项清单和具体工作标准指引，对新兴产业实行包容审慎监管。探索建立健全企业征信和信用监管制度，建成全国企业信用信息公示系统、信用信息共享平台和网站，推动重点行业、重点领域企业守信联合激励和失信联合惩戒全覆盖。"放管服"改革坚持问题导向、靶向治理，针对企业和群众反映强烈的"堵点""痛点""难点"问题精准发力，通过创新政务服务体制机制，全面提升和优化政府效能。很多地方政府通过"两集中、两到位"改革设立行政服务中心或市民之家，把原来分散在各部门的行政审批权集中起来进驻政务服务大厅集中办公；有的干脆专门独立设置行政审批局，把分散的行政审批权进行汇总集成打包，然后统一划拨给行政审批局专事审批，从而实现了"一个窗口受理、一个处室审核、一个领导审批、一个公章办结"，大大提高了服务能力和审批效率。在企业公共服务方面，开办企业环节已压减至4个，开办审批时间大幅压缩、效率大幅提高；持续深化工业产品生产许可证改革，大力推行"一企一证"；深入推进工程建设项目审批制度改革，"15+1"试点地区项目审批时间压减至120个工作日。在公用事业服务领域，尽量压减事项材料、简化办事流程、缩短业务时限，比如供电企业为客户办理用电业务压减至50个工作日以内。

"放管服"改革致力于加快转变政府职能和建设人民满意的服务型政府，通过不断创新政府服务理念、服务模式、管理方式、业务流程、技术工具乃至组织结构、机构职能、体制机制等，在试点探索、大胆创新、总结经验、推广施行多项改革举措方面成效显著，积累了许多好经验、好做法、好典型，比如：政府权力清单责任清单加市场准入负面清单的服务清单管理、"一窗受理、一站服务""一次告知、一次办好""最多跑一次""互联网+政务服务""一网通办""不见面审批""联合审批""证照分离、多证合一""双随机一公开"监管、"互联网+"监管、多部门联合监管、企业征信监管和失信联合惩戒等。随着简政放权和关联性改革逐步向纵深推进，"放管服"改革的红利持续释放和显现出来。政府逐步从以往主要忙于审批发证、事无巨细的工作状态中解脱出来，把大量不该管、管不了也管不好的事项交给市场和社会，政府职能主要转向创造良好营商环境、完善经济宏观调控、加强事中事后监管，集中精力向全社会提供公共产品和公共服务。同时，政府与市场、政府与社会的关系在各自的边界、职责、定位、分工等方面进一步厘清和理顺，政府职能长期存在的越位、缺位、错位问题得到了有效矫正，政府管理理念不断更新进步、组织结构日趋科学优化、权力运行更加廉洁高效、管理方式持续深化变革、管理手段日益丰富创新、管理效能逐步明显增强，政府治理现代化水平特别是提供公共服务的能力和水平不断提升。

（三）覆盖全国城乡的政务服务体系基本形成，人民群众满意度逐年提升

1. 从组织机构上看，为切实解决各地在推进"放管服"改革中反映的突出问题和积极回应实践中提出的迫切要求，中央层面在2018年新一轮政府机构改革中继续按照"大部制"改革思路，组建了中国银行保险监督管理委员会、自然资源部、环境保护部、国家市场监督管理总局等，还专门成立了由国务院副总理韩正任组长的国务院推进政府职能转变和"放管服"改革协调小组。相应地，各地方政府纷纷设立了各具特色的"放管服"改革办公室、市场监管局、行政审批局、政务服务中心等配套机构，中办国办还发文要求对乡镇与街道党政机关和事业单位依机构职能权责关系实行统筹配置和综合设置，从而建立起从中央到地方和基层的一整套推进政府职能转变、优化政务服务的组织架构。

2. 从体制机制上看，"放管服"改革从企业和群众要办的"一件事"着手，大力推进政务服务全流程再造和全过程目标管理，精细打造从上到下覆盖城乡的全链条、无缝隙的政务服务体系。各级政务服务大厅作为政务服务体系的毛细血管和推进"放管服"改革的前沿阵地，通过将原先分散在各部门的行政审批权进行集中进驻、统一管理，不断集成了大量行政审批权力资源和各种行政许可审批、非行政许可审批和其他公共服务事项，"前台综合受理、后台分类审批、综合窗口出件"的政务服务新模式逐步形成，极大方便了企业和群众办事创业，也大大提高了政务服务的质量和效率，一经产生便在全国各地引发示范效应。自2006年1月成都市武侯区正式运行全国第一家政务服务中心以来，"武侯政务服务"品牌的辐射力和影响力不断扩大，并为全国推进政府职能转变、深化行政审批制度改革及后来的"放管服"改革提供了可复制的典型经验。据相关普查，到2019年初，全国县级以上地方各级人民政府共设立政务大厅3058个、覆盖率94.3%，乡镇（街道）共设立便民服务中心38513个、覆盖率96.8%，每个村（社区）设立代办

点或服务点,加强省级统筹和深入推进政务服务向基层延伸拓展,畅通完善政务服务体系的毛细血管、微循环和神经末梢,从而基本形成了覆盖全国城乡的省、市、县、乡、村五级政务服务体系,基本实现了政务服务"马上办、就近办、一次办"①。坚持政务服务线下与线上共同推进、相互融合、优势互补,依托省、市、县、乡、村多级联动政务服务网实施"互联网+政务服务",把各类政务服务都搬到了网上可以随时提供,实现政务服务"网上办",打造"24小时不打烊政府";运用现代信息技术改造整合提升传统的政府热线服务,打造12345政府热线综合性智能客服平台,受理群众各种服务咨询、建议、求助、投诉等诉求,实现政务服务"电话办";还开发手机等移动自助终端各类政务服务App和公众号,实现政务服务"掌上办",全方位、全天候、多渠道、多手段地主动满足广大企业和群众多样化、个性化的政务服务需求,充分展示和有力彰显了智慧服务型政府践行服务行政的现代服务理念、服务方式、服务质量和服务效率。

3. 从人民满意度上看,党的十九大坚持"以人民为中心"的发展思想,明确了新时代"建设人民满意的服务型政府"的目标方向,由此我国建设服务型政府由党的十八大提出的四大目标特征高度凝练升华为唯一的目标特征,那就是让"人民满意",充分彰显了我们党和政府全心全意为人民服务的唯一宗旨和建设服务型政府的根本价值目标、价值取向。"放管服"改革作为新时代构建完善人民满意的服务型政府的有力抓手,从理念到措施,都是一场政府自身刀刃向内的自我革命,改到深处是利益,被"革"掉的是政府自己的利益,获利最多的是人民群众。通过运用现代科技手段武装政务服务、提升政府效能,大力推进"互联网+政务服务",各级政府实体政务大厅和网上办事大厅建设线上线下相互融合、同时推进,从而形成了服务网点覆盖全国城乡的政务服

---

① 中国行政管理学会课题组鲍静等:《深化"放管服"改革 建设人民满意的服务型政府》,《中国行政管理》2019年第3期。

务体系，切实方便了企业和群众办事创业，赢得人民群众的由衷欢迎和普遍点赞。根据国务院发展研究中心关于我国民生状况调查，在城乡居民对政府提供公共服务的满意度方面的调查结果显示，已经从2013年的58.3%提升至2017年的69.1%，目前人民群众的获得感、满意度总体呈现持续改善和逐年上升态势。[①]

（四）政府的社会公信力和政策执行力不断增强，政府自身建设明显加强

1. 在政府公信力执行力方面。古商鞅变法采取"徙木立信"逐步在社会和民众心目中确立起法律的权威、制度的诚信和执政者的公信力、执行力，为秦国的富国强兵和日益强大发挥了重要作用。法令行则国治，法令弛则国乱。在新时代全面推进依法治国进程中，政府的表率带头作用至关重要。2014年10月党的十八届四中全会专题聚焦全面推进依法治国议题，提出各级政府必须在党的领导下、在法治的轨道上开展工作，做到依法行政、严格执法、公正司法、带头守法，加速打造职能科学、权责法定、执法严明、公开公正、廉洁高效、守法诚信的法治政府，次年12月中共中央、国务院又印发了《法治政府建设实施纲要（2015—2020年）》，我国在推进法治政府建设道路上跑出了加速度，现在正加快推进实施《法治政府建设实施纲要（2021—2025年）》。2017年10月，党的十九大强调指出要增强政府公信力和执行力、建设人民满意的服务型政府。自党的十八大以来，政府工作贯彻落实以人民为中心的发展思想和一切让人民满意的最高标准，严格依法行政、率先垂范，坚持说到做到、言而有信，践行取信于民、造福于民，过去那种有权任性、有权不为、有权乱为和诚信缺失、弄虚作假、欺上瞒下的现象得到有效根治。作为全面建成小康社会的重要目标之一，2020年我国"法治政府基本建成"的目标总体实现，政府的社会公信力和政策执行力大大增强，人民群众对政府的信任度、理解度、支持度、满意度

[①] 龙海波：《努力建设新时代人民满意的服务型政府》，《政策瞭望》2018年第2期。

显著提高。

2. 在政府自身建设方面。打铁先得自身硬,建设服务型政府先得从政府自身做起。党的十八大以来,经过2013年和2018年两轮政府机构改革,政府组织结构和机构设置更加合理优化,政府职能职责体系配置更趋科学完善,政府权力体系运行更加廉洁高效,政府权力监督制约更加有力有效。持续深化"放管服"改革就像一把刀刃向内进行自我革命的利剑,革除了政府自身多年的积弊,铲除了滋生权力腐败的温床,促进政府职能由审批行政向服务行政加速转变,大大提高了政府工作的质量和效率,大大加快了政府自身的现代化转型。大力推进服务行政、依法行政、阳光行政,有限政府、责任政府、法治政府、阳光政府、透明政府、廉洁政府建设全面提速,政府提供公共服务的能力和水平、政府治理质量和效能全面提升。公务员队伍建设明显加强,结构更趋合理优化完善,思想道德素质、政治纪律素质、知识理论素质、业务能力素质、科学创新素质、生理心理素质等整体综合素质进一步提高,忠诚干净担当的干部队伍茁壮成长,马克思主义国家观、政府观、权力观、权利观、政绩观以及公共理念和公共精神基本树立,现代服务行政的理念基本确立,人民公仆意识、使命担当意识、为民服务意识、权力规则意识、民主法治意识、廉洁自律意识等日益增强并趋巩固,服务态度、服务作风、服务能力、服务水平、服务质量、服务效率等显著改进和提升。

二 新时代服务型政府建设存在的主要问题

虽然我国通过深化行政体制改革特别是"放管服"改革等在推动新时代服务型政府建设方面取得了积极成效和历史性成就,但与建设人民满意的服务型政府的目标任务相比,与新时代我国社会主要矛盾的新变化、人民群众对美好生活的新期待、经济社会发展的新形势对服务型政府建设提出的新要求相比,还有一定的差距,存在一些不相适应、不尽人意的明显地方和不少亟待解决的突出问题。主要表现在:

第四章 新时代中国服务型政府建设的现状与成因

(一) 政务服务从服务理念到服务质量尚待进一步改进提高

服务行政理念从无到有、从弱到强、从微观个体到宏观整体、从开始确立到基本确立再到完全巩固，政府观念、行政理念和整个行政文化的现代化转型是一个革命性的脱胎换骨的过程，服务行政理念的牢固确立和服务质量效率的改进提高是一个长期艰辛努力的结果。相比之下，服务行政理念的最终确立和完全牢固可能会比基本确立需要更长的时间。经过推进服务型政府建设实践前两个阶段的艰苦努力，我国服务行政理念在当下新时代新阶段总体上基本确立起来，但还远未巩固和完全牢固，很容易发生动摇、偏差甚至背离和反复。行百里者半九十，所以今后要走的路会更长、任务更艰巨、考验更残酷。同时，关于我国目前服务行政理念总体上基本确立的判断是就全国各级政府及其公务员队伍整体和宏观来说的，但就微观个体来说，诸如服务意识淡薄、服务态度不好、服务质量差劲，以及自由裁量空间过大、裁量失公失当、新官不理旧账，甚至刁难群众、暴力执法、钓鱼执法、徇私枉法等现象，在某些地区、某些单位和某些个人仍时有发生，群众满意度不高，甚至意见较大、吐槽较多。这说明，当下新时代新阶段我国在推进服务型政府建设完善进程中，政府机关及其公务员队伍的政府公共性意识、公仆使命意识、责任担当意识、为民服务意识、质量效率意识、权力规则意识、民主法治意识、廉洁自律意识等现代服务型行政文化和价值理念虽然总体上基本确立，但还没有全员、全程、全面地牢固确立，尚待进一步努力增强和加以巩固提升。服务理念决定服务态度，服务态度决定服务质量。我国当下服务行政理念的总体发展向好但水平不高、稳定性不强的基本状况和态势就决定了政府在推进政务服务的服务态度、服务能力、服务质量和服务水平等方面也同样是总体向好但质量不高、稳定性不佳，地区之间、部门之间、个体之间的服务质量水平和百姓办事体验感差异较为明显，仍需进一步努力加以改进和提高。

(二) 适应新要求的政府职能转变尚待进一步加快推进到位

随着我国行政体制改革特别是"放管服"改革的持续深化，政府职能由以往重审批、轻监管、弱服务加快向简审批、重监管、强服务转变，尤其是公共服务职能得到不断凸显和强化，政府职能结构、职能关系、职能重心、职能方式、职能特点等都发生了许多积极变化，但与新时代、新形势、新变化和人民群众新期待、新愿景、新要求相比，距离建设人民满意的服务型政府的目标要求还有较大差距。例如：随着行政审批制度改革不断深化，改革已突破原来简政放权的微观层面而涉及整个行政职能体系的权力配置、机构整合、职责分工和整体效能，但目前我国政府间及其部门间职能配置和职能关系不尽合理，职能交叉、权责不清、效率低下问题和职能"缺位""越位""错位"现象依然存在；我国的营商环境总体上有了较大改善，综合指标全球排名大幅提升（2019年排名第31位），但中国在纳税、获得信贷和跨境贸易等方面仍很薄弱，全球排名还很滞后（2019年排名分别是第105、80、56位），这与我国实现营造世界一流的市场化、法治化、国际化营商环境的目标还有较大差距；"放管服"改革中放权不到位、监管有缺位、服务常错位等问题仍然存在，对某些自然垄断行业如电网、铁路、民航等部门尚需加大改革力度，坚决革除利益部门化、部门利益化弊端；推进法治政府建设中严格依法行政还不够到位，行政裁量权执行还不够规范，自由裁量空间过大，执法中的畸轻畸重现象尚未杜绝；政府机构改革中一些被整合重构的部门还没有实现从"物理反应"上升到"化学反应"，存在内部"几张皮"、工作不协调、办事效率低等问题；政务服务中精减材料证明、简化业务流程、方便群众办事方面的便民举措实际落实还有较大差距，要求群众提交材料繁琐、手续繁多、重复证明、不合理证明的现象仍不罕见，有些事业单位行政主管部门为了建立职工电子档案，要求职工提交一大堆证明材料，搞得大家来回奔波、苦不堪言；还有个别政府机关和事业单位行政主管部门在推进服务型政府建设特别是"放管服"改革中敷衍应付、做表面文章，抓改革举措实际落地见效差，有的甚至政治"作秀"，花拳绣腿、虚张声势、华而不实，对群众办事也声称"最多跑一次"，可事实上不知跑了多少次。另外，还有像政务服务大厅及其管理机构的法律地位和功能作用如何进一步明确问题，在全国部分市县进行的综合执法局改革是否需要确认并全面推广问题等。这些问题的存在和解决，都需要我们持续深化"放管服"改革，进一步推进政府职能转变加快到位。

（三）公共服务体系和供给体制机制尚待进一步健全完善

目前我国从中央到地方和基层的一整套推进政府职能转变、优化政务服务的组织架构已初步搭建起来，覆盖全国城乡的五级公共服务体系基本形成，公共服务线上线下融合发展、相互促进的良好格局初步形成。但总体来说，我国公共服务体系发展还不健全、不均衡，区域之间、城乡之间差距较大，实现基本公共服务均等化目标还很艰巨。在广大农村，特别是西部地区、老少边穷地区以及刚刚实现脱贫目标和达到小康水平的一些地区，小康社会根基还未巩固，公共基础设施比较薄弱，公共服务资源和投入相对不足，公共服务体系建设相对滞后、比较脆弱，服务网格网点比较稀疏，服务能力水平比较有限。这些仍然是我国公共服务体系建设的突出短板和弱项，亟待进一步加大投入、夯实根基、巩固提升、健全完善，不断提高农村公共服务的公平性、持续性和可及性。城市公共服务体系尚需进一步创新服务方式手段、健全神经末梢和畅通毛细血管，着力增容扩面、提质增效，尤其是基本公共服务要努力覆盖到城市常住流动人口和广大农民工群体。新时代我国公共服务供给的体制机制尚不健全完善，供给体制机制仍比较单一、方式模式仍比较单调，对需求的反应性、回应性、适应性、灵活性还不够强。目前公共服务领域的结构性矛盾比较突出，无效供给过剩与有效供给不足问题同时并存，一方面存量上，供给结构与需求结构的局部错位和不对口、不匹配因而造成的无效供给现象大量存在；另一方面增量上，供给结构对人民群众日益丰富多彩的美好生活需要和全方位、高品位、多层次、多样化、个性化的公共服务需求的反应灵敏度不高甚至反应迟钝，因而造成的有效供给不足或迟缓滞后现象比较突出。因此，要着力加强公共服务领域的供给侧结构性改革，深化完善公共服务供给的市场化、社会化改革，在公共服务领域强化引入市场机制，加大政府向社会力量购买公共服务的范围和力度，推进实现公共服务供给主体的多元化、供给方式的多样化、供给模式的灵活化，加速形成以人民美好生活需求为导向、以政府机制为主导和市场机制多元参与、社会合作协同治理的反应敏捷、灵活多样、优质高效的公共服务供给格局。

（四）全国各地的建设实践进程尚待进一步平衡协调推进

由于地理的、历史的、文化的等多种原因，我国目前推进服务型政府建设的实践进程不一，不平衡性比较突出，总体水平参差不齐，明显呈现出东、中、西三个大层次，即东部沿海地区高于中部地区，中部地区高于西部地区；城乡两个大台阶，即城市明显高于农村，其中北京、上海、杭州、重庆等地市在推进服务型政府建设方面处于全国领先水平，而广大农村，尤其是西部地区、老少边穷地区的实际水平明显滞后。从实现基本公共服务均等化目标来说，它意味着政府提供如义务教育、社会保障、公共医疗卫生等方面基本公共服务的能力和水平全国各地大体相当，也就是说，北上广深发展水平怎样，云贵川藏也应该在实际上大体一样或差别不大，而至于政府提供准公共产品或混合公共服务方面则可以有所区别，各地应该根据本地实际有先有后、有快有慢地逐步推进、均衡发展。到2035年"基本公共服务实现均等化，城乡区域发展差距和居民生活水平差距显著缩小"已被列入我国《"十四五"规划和2035年远景目标纲要》。从当前实际情况看，实现这个远景目标的任务还很艰巨，不仅全国城乡和区域之间的基本公共服务配套基础设施差距、不同职业群体之间的收入分配和生活水平之间的差距依然较大，各项硬性指标如城乡发展恩格尔系数反差较大、我国基尼系数仍长期居高不下，涉及实现共同富裕目标的担子还很重，而且在作为建设服务型政府软件系统的服务型行政文化和政府理念等软性指标方面的差距也非常明显，需要我们在加快构建完善服务型政府方面坚持全国一盘棋，统筹兼顾、一体推进，从加强中西部和县乡村的公共服务软硬件设施建设等各方面同时发力。国家要给予广大农村特别是中西部地区偏远农村更多的中央财政转移支付和其他财政资金倾斜和政策扶持，更加注重加大投入和补短板、强弱项，进一步增强各地推进服务型政府建设实际进程的整体性、平衡性、协调性。

（五）人民群众的安全感和社会满意度尚待进一步充实提升

近些年来，我国在食品药品安全领域、社会治安综合治理和安全生产等方面的安全形势根本好转，以前广为社会诟病的安全事件和安全事故易发、多发、高发的严峻态势初步得到了有效遏制，开展了扫黑除恶专项斗争并取得重大成效，人民群众的获得感、幸福感、安全感不断增强，社会对政府工作的满意度也明显提升，我国是世界公认的最具安全感的国家之一。但是，客观地讲，我国目前影响甚至威胁人民群众生命健康和人身财产安全方面的风险隐患问题依然不少，安全形势依然不能掉以轻心。按照总体国家安全观，人民安全是国家安全的宗旨，必须引起党和政府工作的高度重视和切实解决。比如：近年来电信网络诈骗案件易发高发，电信网络诈骗呈现手段翻新、高科技、专业化、隐蔽性和团伙作案、跨境犯罪、活动猖獗的特点和势头，给人民群众造成极大的财产损失。虽然我国政府采取了一系列强有力措施，加强国际刑侦合作和开展专项惩治行动打团伙、端窝点、缴赃款、追逃犯，强化全民防诈骗安全宣传教育、国家反诈中心手机 App 上线运行和进行电子设备监听监控等，警民携手、齐心反诈，有力打击了电信网络诈骗嚣张气焰，有效遏制了涉诈案件高发态势，但是目前形势依然不容乐观，急需尽快出台相关立法予以严惩。又比如：我国在推进社会治安综合治理方面，从"严打"到"打黑"再到"扫黑"行动雷霆万钧、步步深化，特别是近年来开展了扫黑除恶专项斗争并取得重大成效，严惩和清除了一批为害一方的黑恶势力及其背后的保护伞，换来了中华大地海晏河清、朗朗乾坤，百姓安居乐业、社会祥和安宁，人民群众的安全感大大提高。但 2022 年夏季发生的"唐山烧烤店打人"事件又向世人敲响了警钟，人们在反思和追问：为什么开展扫黑除恶专项行动已经几年了还会发生这种恶性事件？唐山打人事件是偶然的单独事件吗？类似事件今后还会发生吗？它警示人们：黑恶势力直接危害着老百姓的安全感，要坚持对黑恶势力的"零容忍"和"靶向治疗"，关键在于精准打掉其背后的关系网、保护伞，让法治的阳光普照大地，全面推进依法治国、建设法治中国永远在路上。再比如：2021年7月郑州"7·20"特大暴雨灾害，如果党政部门思想认识和风险意识到位、防范组织及时、应急处置得当，是可以把灾害损失最大限度降低的，至少可以避免发生地铁、隧道等本不该发生的伤亡事件。但恰恰相反，党政主要负责人缺乏风险意识和底线思维，对人民生命、政治责任缺乏敬畏，在灾害面前慢作为、不会为、不善为，国务院公开处理和严肃追责问责理所应当。无独有偶，2022年6月又发生"郑州赋红码"事件，出于维护社会治安和害怕群众维权闹事的非疫情防控之目的，该市擅自决定对部分村镇银行储户的健康码赋红码，折射出责任官员有权任性、权大于法的错误观念和胡作为、乱作为、胆大妄为的恶劣作风，严重伤害了人民群众的安全感、社会对政府的满意度和政府自身的公信力，应该引以为戒、以儆效尤。

此外，政府的依法行政能力和法治化水平有待进一步加强提高，政府对社会需求的回应性和人民群众的满意度有待进一步促进提升，公务员队伍的整体素质和服务能力有待进一步全面增强，政府提供公共服务的质量效率有待进一步改进提高，提供公共服务的方式方法有待进一步创新丰富，服务型政府理论研究尚需进一步深化完善等。

第三节　新时代中国服务型政府建设现状的成因分析

新时代我国服务型政府建设之所以呈现如此现状，我们可以从取得的历史性成就和存在的主要问题两个方面具体分析和查找其成因，以利于今后有针对性地开展工作、对症下药、对照整改，促进政府各项工作进一步改进提高和上层次、上台阶，最终让人民群众满意。

一 新时代服务型政府建设取得主要成就的原因分析

新时代我国服务型政府建设之所以取得以上历史性进展和成就,主要原因是:

(一) 认识深化方面

如何正确认识政府与市场的关系问题尤其是两者谁起决定性作用问题是服务型政府建设的基础和前提,伴随改革开放的探索实践,我国对政府与市场关系问题的认识在不断深化。1992年党的十四大全面贯彻了年初邓小平南方谈话的主要精神,特别是关于"计划和市场都是经济手段"的著名论断,大会提出要发展社会主义市场经济、使市场在国家宏观调控下对资源配置起基础性作用,从而确立了建立社会主义市场经济体制的改革目标模式。把"社会主义"与"市场经济"原来看似水火不容的两样东西首次结合起来和放在一起,说了老祖宗没有说过的新话,这是我们党对社会主义建设规律特别是对市场作用认识上的一次巨大飞跃,它丰富了马克思主义的科学社会主义理论宝库,是邓小平社会主义市场经济理论对科学社会主义理论和实践的重大发展和创新。党的十八大以来,中国特色社会主义进入了新时代,我国发展的历史方位发生了重大变化。2013年党的十八届三中全会专题聚焦全面深化改革问题时指出,要进一步加大我国市场化改革力度,正确认识和处理政府这只"看得见的手"与市场这只"看不见的手"之间的关系,让市场在资源配置中起决定性作用和更好发挥政府作用,充分发挥社会主义制度下计划与市场各自的长处和优势,大力促进社会主义市场经济的健康发展。全会最突出的亮点之一就是把市场的作用由"基础性"改为"决定性",并把政府和市场作用两者放在一句话中来讲,反映了我们党对社会主义市场经济规律认识上的又一次巨大飞跃和理论创新,标志着我国对政府与市场关系问题的认识已上升到一个新的科学高度。

政府与市场是相辅相成、相互促进的辩证统一体,两者之间不是谁大谁小、谁多谁少、谁强谁弱的关系,而是资源配置中两只手之间相互补充、相互促进、相得益彰、缺一不可的关系，发展社会主义市场经济就是要致力于打造"有效的市场"和"有为的政府"这一双铁手，使政府与市场之间关系达到管弦协奏、琴瑟和鸣的理想状态。但归根到底，是市场在资源配置中起第一位的决定性作用，政府的作用就是要提供公共产品、弥补市场失灵，通过完善宏观调控、强化市场监管、提供产权保护和政策法规等公共服务，为各类市场主体营造公平竞争、优胜劣汰的市场化、法治化、国际化营商环境，从而及时有效地矫正市场的缺陷和不足，更好维护社会公平正义、提升国家治理现代化水平、推动经济社会高质量发展。政府的角色定位就是要为市场服务，为社会服务，最终是为人民服务，努力建设服务型政府。党的十八大以来，我国政府的职能定位由十六大提出的"经济调节、市场监管、社会管理、公共服务"四个方面拓展上升为"经济调节、市场监管、社会管理、公共服务、生态保护"五个方面，政府职能体系和职能配置更加全面系统、科学合理、优化完善。党的十九大把我国服务型政府的职能特征和目标任务由十八大提出的"职能科学、结构优化、廉洁高效、人民满意"四个方面升华凝练集于一尊，一言以蔽之曰"建设人民满意的服务型政府"。这个凝练表述旗帜鲜明地确立了我国建设服务型政府的核心价值取向和根本原则标准，是我们党全心全意为人民服务的根本宗旨和以人民为中心的发展思想的集中体现，标志着我国对构建什么样的服务型政府和怎样构建服务型政府的认识达到了新高度，推动新时代服务型政府建设进入了新阶段。

（二）实践推进方面

如何正确处理政府与市场的关系是我国经济体制改革的核心，改革开放以来，我国经济体制改革实践就是围绕着这个核心展开的。我国对政府与市场关系问题认识上的不断深化，促进了服务型政府建设实践不断向纵深推进。党的十八大以来，我国改革开放进入全面深化新阶段，经济社会发展全面提质增效，服务型政府建设步入快车道。2013年、2018年我国先后开启了进入中国特色社会主义新时代以来的两轮大规模政府机构改革，面对我国社会主要矛盾的新变化和新时代、新形势、新任务、新要求，继续按照推进"大部制"改革的总体思路和系统整体协同联动的原则，通过优化政府组织结构和职权体系配置等顶层设计，重组和新设了诸如国家市场监督管理总局、生态环境部、自然资源部等一批新的政府机构，着力深化行政体制改革，聚焦新时代加快推进政府职能转变和推动构建人民满意的服务型政府，机构改革取得丰硕成果和积极成效。

自2014年以来持续开展的"放管服"改革是一场深刻的政府自我革命，成为我国新时代加快转变政府职能、构建完善服务型政府的有力抓手。"放管服"改革着眼于优化服务、着手于简政放权、着力于放管结合，坚持放管服三管齐下、同向发力、协同推进，其中优化服务是目的、放管结合是关键、简政放权是手段。通过深化行政审批制度和商事制度改革、着力惠企纾困和打造市场化法治化国际化营商环境、回应民生关切和优化便民服务、创新管理方式和提升政府效能等一系列政策举措，广泛采用互联网、大数据、云计算、人工智能等现代信息技术手段，加强政务服务线上线下相互呼应、一体推进，实现了政府从重审批、轻监管、弱服务向简审批、重监管、优服务的华丽转身，促进了政府转型和职能转变加速到位，政务服务质量和效率大幅提高，人民群众获得感、满意度节节攀升。各级政务服务中心或政务大厅是"放管服"改革的前沿阵地，连接着政府与企业、社会和千家万户，是老百姓对政府工作感受最直接、最现实的一线窗口。这些综合性实体政务大厅通过把与企业发展和百姓生活密切相关的高频事项集中起来集成办理和提供一站式服务，实行严格清单管理、压减材料证明、简化办事流程、加强事中事后监管等一系列便民利企的务实之举，大大方便了企业和群众办事创业，激发了市场主体和社会创新活力，是"放管服"改革中老百姓得实惠最多、最受群众欢迎的成功亮点，因此成为推动构建完善新时代服务型政府的亮丽地标。

党的十八大以来，以习近平同志为核心的党中央坚决正风肃纪、铁腕反腐和重塑风清气正的良好政治生态，出台了一系列加强党风廉政建设的政策条例规定等制度文件，坚持反腐败斗争全覆盖、无禁区、零容忍，开展"打虎""拍蝇""猎狐"霹雳行动，始终保持反腐败斗争的高压态势和震慑威力，党风廉政建设和反腐败斗争取得压倒性胜利，为新时代建设人民满意的服务型政府提供了坚强有力的政治保证和制度保障，促进了法治政府、廉洁政府、责任政府、效能政府建设提质增效，有权不为、有权乱为、有权慢为、有权任性等现象得到了有效根治，政府依法行政的能力和水平、政府提供公共产品和公共服务的能力和水平、政府治理体系和治理能力的现代化水平进一步提升。

（三）制度创新方面

认识的深化和实践的推进，最终需要把作为认识和实践不断探索积淀之积极经验和有益成果及时总结提炼升华到制度层面，并通过制度创新将这些理论创新和实践创新成果加以固定和坚持下来。党的十八大以来，以习近平同志为核心的党中央提出了一系列新理念、新思想、新论断、新战略，出台了一系列重大改革举措和政策措施，推出了一系列重大制度设计和制度创新，推动了一系列重大工作和各项事业向纵深发展。进入新时代，我国制度建设全面提速和加强，全面深化改革由摸着石头过河到科学顶层设计，由试点探索单项突破到注重整体协同系统集成，支撑我国国家制度的根本制度、基本制度、重要制度加速构建和形成体系，系统完备、科学规范、运行有效的中国特色社会主义制度体系更趋成熟定型并日臻完善，不敢腐、不能腐、不想腐的制度笼子越扎越密、越扎越牢，中国特色社会主义制度的显著优势和治理效能已经初步显现，这就为我国推进国家治理体系和治理能力现代化打下了坚实的制度基础。从2013年党的十八届三中全会提出把"完善和发展中国特色社会主义制度，推进国家治理体系和治理能力现代化"作为全面深化改革的总目标，到2019年党的十九届四中全会全面总结中国特色社会主义制度十三个方面的显著优势并提出十三个方面的战略部署和工作要求，特别是在关于坚持和完善中国特色社会主义行政体制方面，明确了

"构建职责明确、依法行政的政府治理体系"的工作部署和要求举措，这些都为新时代推进服务型政府建设取得历史性成就提供了重要思想指导、实践遵循、制度支撑和政治保证。

（四）理论研究方面

我国服务型政府理论研究从 2000 年概念的首次提出，经过学术界的热烈讨论、百家争鸣和由交流、交锋到交融的深入研究探讨，特别是 2006 年《人民论坛》杂志社就我国服务型政府研究的理论与实践问题策划特邀张康之、刘熙瑞、迟福林等国内资深专家和各流派代表人物进行专题权威研讨的积极推动促进，同时在我国学术话语与政党话语、政府话语的良性互动中不断向前发展。20 多年来，在这三条话语路径形成的良性互动中，"学术话语开启和推动了政府话语的发展，政党话语是学术话语的源泉和发展动力，政府话语指导和推动学术话语的发展，政党话语和政府话语整合了学术话语的分歧"[①]。目前我国学术界已就服务型政府的概念内涵、相关范畴、历史缘起、理论依据、理论定位以及实践原则、价值取向、目标任务、总体路径等方面达成一定程度的共识和接近一致的观点，并且形成了比较丰硕的学术研究成果，推动我国服务型政府理论研究逐步趋于成熟，但在实践路径、政策举措和具体方法创新等方面则见仁见智。理论研究方面的逐步深入拓展和日臻系统成熟，为我国新时代构建完善服务型政府的具体实践提供了科学有力的理论支撑和正确有效的行动指南，从而推动服务型政府建设不断取得积极成效并进一步向纵深发展。

二 新时代服务型政府建设存在主要问题的原因分析

概括地说，新时代我国服务型政府建设存在问题的主要原因包括以下三个方面：

[①] 谢新水：《从服务型政府到人民满意的服务型政府——一个话语路径的分析》，《探索》2018 年第 2 期。

（一）行政文化根源

我国是一个封建专制统治历史比西方更漫长的国家，封建专制统治共计两千一百多年的时间。从公元前221年秦始皇统一中国开始实行封建专制和中央集权，到1840年鸦片战争以后中国逐步沦为半封建半殖民地社会，至1949年新民主主义革命取得胜利和中华人民共和国成立，我国从此进入一个过渡性的新民主主义社会时期，直到1956年底我国基本完成了对个体农业、手工业和资本主义工商业的社会主义改造并初步确立了社会主义基本制度，由此开始，中国全面进入了社会主义时代，我国历史发展掀开了崭新的一页。但很可惜的是，我国社会主义建设道路的初步探索没走多远就在20世纪50年代末至70年代中期先后发生了像"大跃进"和"文化大革命"那样全局性的失误，使我国社会主义事业遭受了严重的曲折和挫折，到1978年党的十一届三中全会实现了新中国历史上的一次伟大转折，全会作出改革开放和工作重心转移的重大决策，从此我国开启了社会主义现代化建设的历史新时期，开创了建设中国特色社会主义伟大事业，直至2012年党的十八大以来，中国特色社会主义进入了新时代。

从以上关于中国历史特别是新中国社会主义发展史的简短回顾中可见，就像邓小平同志曾一针见血地指出的那样，我国的封建专制传统比较多而民主法制的传统比较少，这是我们今天建设中国特色社会主义和推进社会主义现代化建设必须正视的历史事实，也是我们新时代进一步推进服务型政府建设无法回避和回避不了的历史事实。新中国是直接脱胎于半封建半殖民地社会的，这是我们的先天出身而无法选择的，中间经历了一个短暂的只有几年时间的新民主主义社会，就像"撑杆跳"一样直接迅速过渡到了社会主义社会，马克思把它称作东方落后国家"跨越卡夫丁峡谷"理论。事实上，我国制度性峡谷是很快就跨越过来了，但是要跨越观念性峡谷却很艰难而又漫长。我们党历史上第一次明确提出"依法治国、建设社会主义法治国家"的法治理念和治国方略是1997年党的十五大，屈指算来距今也就25年左右，而旧中国传统文化的封建性糟粕和遗毒却是根深蒂固、影响久远的。例如：封建皇权思想，认为君权神授、奉天承运、君临天下、唯我独尊，实行家国一体制，"普天之下莫非王土，率土之滨莫非王臣"；官本位思想，认为官为本民为末、官贵民轻，当官做老爷高人一等，百姓乃子民贱民概不如官；权力上授观念，认为官员手中的权力是自己的顶头上司、上级官府赋予的，权力源于上层而与民众无关，有钱可以买、有人可以求、钱权皆可谋；"民主"即民之主思想，认为当官就是为民做主、替民做主，就是来主宰统治管制人民的，所谓"当官不为民做主，不如回家卖红薯"；升官发财思想，认为升官就是为了发财、光宗耀祖、出人头地，所谓"三年清知府，十万雪花银"；裙带关系、人身依附，所谓"一人得道，鸡犬升天"；还有封建特权思想、等级观念和权力崇拜心理等。归根结底，我国传统行政文化中封建性糟粕和遗毒的总根子在于权力观念扭曲、权利观念缺失。反观现实，当下以官本位思想为代表的封建遗毒的现代表现仍然屡见不鲜，例如大家都习以为常的"规则转移"现象，就是人们把原本适用于官场即行政场合或市场经济等场合的主流规则自觉或不自觉地搬用于一般的社交场合因而发生的某些似是而非的不适症状。大的不说，就以日常生活小节为例，仔细观察一下社会交往中朋友宴请或亲友聚会排座次，有一种现象并不鲜见，这就是同等条件下不同身份的客人或亲友谁位上？曰官！谁位一？曰最大的官！有的由于安排细节疏忽而闹情绪起冲突，有的甚至连长幼有序等公序良俗都不好意思提了，真是让人啼笑皆非。小事既如此，大事自可期。没有正确的权力观、权利观，摆不正官与民之间的关系，哪里来的公共理念、公仆意识、服务意识和服务行政呢？此乃我国建设服务型政府之大敌，行政文化之大敌、思想理念之大敌。

总之，中国传统行政文化中的封建"官本位"意识、等级观念、特权思想、权力崇拜心理根深蒂固，当官出人头地、优人一等、升官发财、光宗耀祖的封建旧思想遗毒难以肃清，官僚主义、奢靡享受、有权任性、君临天下的封建"官老爷"习气挥之难去，对上级点头哈腰、唯唯诺诺、前呼后拥，对下级倚仗权势、发号施令、颐指气使，对百姓为民做主、高高在上、作威作福。这与公共服务型政府倡导的"公民本位""社会本位""公共理念""责任意识""服务精神"格格不入，与马克思主义政府公共性理论、人民主权思想、公仆服务主张和我们党全心全意为人民服务的根本宗旨、建设人民满意的服务型政府的目标要求格格不入。因此，传统行政文化的负面影响及其惯性作用，成为我国新时代构建完善公共服务型政府的深层文化制约因素，必须大力推进传统统治型、近代管理型行政文化向现代服务型行政文化全面加速转型。

(二) 制度体制根源

与西方国家主张通过约束人的本性弱点甚至以"无赖原则"注重加强制度法制建设的文化传统不同，我国传统文化中的儒家思想注重强调个人内心"向善"的道德修为，主张通过格物致知、诚意正心达到修身齐家治国平天下，倡导修身为本、内圣外王。比如，孔子曰："政者，正也，子帅以正，孰敢不正？"，"其身正，不令而行，其身不正，虽令不从"[①]。强调"身正"本身没有错，但这样在"身正"和"令行"之间偏执一端的主张就未免有些将圣人道德示范的引领感化作用绝对化了，势必会忽视人性的弱点和人的道德风险，弱化了制度建设外在"抑恶"的功能和制度对权力的规范约束，必然导致重视人治而轻视法治、权力失控而腐败丛生，实质就是主张和推行人治即圣人之治。新中国成立后，我们也一直注重强调加强党政干部的思想道德建设和政治理论教育、理想纪律教育、反腐倡廉教育，着力提高干部队伍的思想政治觉悟水平和拒腐防变、廉洁自律能力。注重和强调修身，这是我国文化传统和党的建设的一个显著特点和优势，我们可以理直气壮地说，这样做当然没有错，不仅非常必要而且要切实加强。但问题是，单靠加强道德修养和思想政治教育这一手只是软约束，如果没有制度建设尤其是法制硬约束这一手相配合的话，或者这两只手一手硬而一手软的话，那都

---

① 刘泽华：《中国古代政治思想史》，南开大学出版社1992年版，第54—55页。

是远远不够的,"文革"的失误和教训就是典型的例子。所以,思想道德教育的软约束和法律制度建设的硬约束这两只手,或者说是德治与法治,必须双管齐下、软硬兼施、相得益彰、不可偏废。

邓小平同志在反思"文革"教训时曾深刻指出:就我国的文化传统来说,封建专制的传统比较多,就是指的人治方面的传统比较多;但是民主法制的传统比较少,就是指的制度建设特别是法治方面的传统比较少。就此而论,我们不得不承认,中国文化传统确实存在着某些方面的明显缺陷和不足。在《党和国家领导制度的改革》讲话中,邓小平同志又从制度建设重要性的角度强调指出:新中国成立以来,党和国家制度建设方面曾一度出现的严重失误暴露出我们这方面存在的明显不足,所以制度问题更带有根本性、全局性、稳定性和长期性,它关系到我们党和国家是否改变颜色、关系到国家的稳定发展和社会的长治久安,必须引起高度重视并着力尽快解决。无论是从中国文化传统习惯的明显缺陷方面讲,还是从新中国社会主义建设初步探索实践产生的严重失误方面看,我国制度建设方面存在的突出问题如制度不健全、体制机制不完善等也严重地影响和制约着我国服务型政府建设向纵深推进,成为新时代进一步构建完善服务型政府的突出短板和弱项。

进入新时代,我国制度建设全面提速和加强,各方面的制度体系更趋成熟和定型,中国特色社会主义制度十三个方面的显著优势和治理效能已经初步显现,不敢腐、不能腐、不想腐的制度笼子越扎越密、越扎越牢,这就为我国推进国家治理体系和治理能力现代化打下了坚实的制度基础。但就目前总体情况看,我国制度建设还不健全、不完备,系统性、协同性、配套性还不够高,体制机制运行还不很顺畅,权力监督制约还不很有力,制度体系及其体制机制的系统集成和运行合力尚待进一步形成和加强。规制权力的制度笼子仍然比较稀松,甚至还存在个别制度性漏洞和安全隐患,"猫钻牛栏"现象依然存在,制度笼子虽然落锁但没有锁牢锁好,钥匙还没有上交人民管严管好,非法违规开锁现象和公权私用、权力滥用、有权任性现象尚未杜绝,制度不可僭越的至上性和权威性仍很脆弱。我国行政管理体制尚不健全，行政立法、执行、监督相互制约、协同高效的运行机制还不完善，体制机制的适应性、灵活性、创新性不强，影响和制约资源配置中让市场起决定作用同时更好发挥政府作用的体制机制性障碍依然存在，机构设置、权力结构和职能配置不尽科学合理，职能交叉、机构重叠、权责不清和推诿扯皮、效率低下问题仍较严重，政府职能转变比较迟缓滞后，职能越位、缺位、错位现象亟待矫正。制度规则及其体制机制不完善，造成政府推进依法行政和法治化工作水平还不够高，以权抗法、以权压法、以身试法、徇私枉法、有权任性、有权不为、有权乱为以及粗暴执法、野蛮执法、钓鱼执法、司法不公等现象仍时有发生，法治政府建设亟待进一步加强。在公共产品和公共服务方面，当前人民对美好生活需要的全面激增与政府提供公共服务的能力不足、公共产品的供不应求之间的矛盾尤为突出，公共产品和公共服务供给体制机制单一、供给方式模式单调，对日益多样化、个性化、全方位、多层次公共服务需求的反应性、回应性、适应性、灵活性不强，供给与需求结构性错位造成无效供给过剩与有效供给不足同时并存，急需通过深化公共服务领域市场化、社会化改革，充分引入和有效发挥市场机制作用，坚持需求导向、问题导向、市场导向，不断创新公共服务供给的新形式新方式、打造多元参与共同治理的新平台新优势、探索政府与市场和社会合作的多样式多模式、提升公共服务供给的质量效率和水平，力争让人民群众满意。

（三）社会基础根源

马克思恩格斯政府公共性理论认为，市民社会是政治国家产生和发展的经济基础，市民社会决定政治国家，政治国家依赖于和反作用于市民社会，市民社会与政治国家之间的矛盾运动推动着人类历史前进并构成了人类社会发展的基本态势。也就是说，国家的发展和进步、政府的变革和运行，都根源于社会历史发展和环境条件变化的需要，市民社会是国家和政府运动变化发展进步的源头活水或动力之源，那么，推进服务型政府建设当然也离不开市民社会建设这个源头活水，而且从根本上说，市民社会建设的实际状况和水平决定着服务型政府建设的推进状况和水平。

我国社会主义社会是直接脱胎于半封建半殖民地社会的，中间经过一个短暂的新民主主义社会就直接过渡到了社会主义社会，当时是作为东方落后的农业大国通过"跨越卡夫丁峡谷"而建立的社会主义国家，旧中国留给我们的是一个千疮百孔、民生凋敝、积贫积弱、百废待兴的烂摊子，社会建设的基础差、底子薄、一穷二白。经过新中国成立后社会主义建设初步的艰辛探索，我国社会生产力有了较快发展、民生也有了较大改善、社会建设有所加强，但总体上说，商品经济不发达、生产力落后的状况没有根本性实质性改变，这就是后来邓小平同志给我们定位的我国所处的社会主义初级阶段，它是由我国特殊的历史国情决定的、在生产力和商品经济不发达状态下建设社会主义要必然经历的、不可超越的特定历史阶段，从1956年底我国基本完成三大改造和建立社会主义基本制度开始一直到21世纪中叶实现现代化大约需要上百年的时间。改革开放40多年至今，我国的经济总量和社会生产力水平、人民生活水平、综合国力等都实现了历史性跨越、发生了历史性巨变，我国社会主要矛盾已经发生重大转变，我国发展的历史方位已经发生新的变化，这就是中国特色社会主义进入了新时代和新发展阶段。但是，无论是新时代也好，新发展阶段也罢，总而言之，我国社会主义初级阶段的基本国情没有变，这仍然是我国目前最大的实际。社会主义初级阶段的一个很重要特征就是市民社会还不发达不成熟，社会生产方式和商品经济、市场经济不发达，相应的人们的思想观念、思维方式和社会交往方式比较传统。可以说，我国当下新时代服务型政府建设实践中存在的诸多问题和不足，在很大程度上与我国当前市民社会仍不成熟不发达、市民社会建设相对滞后从而导致服务型政府建设的社会基础还比较薄弱、不很牢固密切相关。

服务型政府建设的根基在社会、在民众，动力在政府与社会之间高质量的政民互动。通过政民互动，一方面可以增强广大公民及社会组织的社会责任感和政治参与意识，培养和提高公民的思想政治素质和参政议政的能力和水平，更好增进政府与市民之间的沟通和理解；另一方面可以增强政府工作的主动性、针对性、透明性，不断提高政府决策的科学性、民主性、回应性，有利于进一步促进和改进政府工作、更好为全社会提供公共产品和公共服务。较之政府主动的自我革命来说，社会环境条件的新变化、人民群众的新期待对政府工作提出的新要求乃至各种现实问题的"倒逼"对推动服务型政府建设往往更根本、更持久、更可靠。但我国当下民众的公共理念和公共精神还比较淡薄，民主法治观念、制度规则意识、主人翁责任感还不浓厚，特别是权利意识、监督意识还相当欠缺，政治参与的积极性、主动性还普遍偏低；公民政治权利对国家政治权力的监督制约、市民社会对政府工作的监督制约还比较软弱、低效乏力，市民社会对政府失灵的有效预防弥补矫正作用还力不从心、难以发挥到位；市民社会仍处于初步成长和加快发育的欠成熟状态，社会的组织化程度和水平不高，第三部门的成长发育还很迟缓滞后，社会组织在很大程度上还具有半官半民、半行政半社会的特征，对政府的依附性还比较大而独立性不强，其内部治理结构尚不成熟、参与公共治理的能力尚显不足，对政府职能转变所释放出来的部分职能的承接资质不够、能力不强、效果不佳，严重制约了我国推进政府职能转变和公共产品供给市场化、社会化改革进程。总之，我国目前建设服务型政府的社会基础还比较薄弱，尚不能形成政府与社会之间高质量的政民互动，致使新时代推动构建完善服务型政府的基础不牢、动力不足、质量不高。

第五章　新时代构建完善服务型政府的思路、对策与建议

新时代构建完善服务型政府要在前两个实践阶段大力推进并取得积极成效的基础上，继续坚持以马克思恩格斯政府公共性理论和习近平新时代中国特色社会主义思想为指导，锚定建设人民满意的高质量服务型政府这个目标方向和围绕满足人民日益增长的美好生活需要，坚持目标导向、问题导向和系统治理、靶向治理，着力破解制约推进服务型政府建设的突出矛盾和难题，进一步加大力度、拓宽广度、挖掘深度、提升效度。为了更好适应新时代、新征程、新要求，展示工作新气象、新担当、新作为，推进新时代全面提升和完善服务型政府要有新思路、新对策、新举措。

第一节　新时代构建完善服务型政府的基本思路

"新时代""新阶段"是我国发展的方位坐标，"新征程"是我国发展的前进号角，"新思想"是我国发展的指导灵魂，"强起来"是我国发展的目标底色，推进新时代全面提升和完善服务型政府要有新思路。

一 新时代构建完善服务型政府的基本思路

新时代进一步构建完善服务型政府的基本思路是：以更加积极昂扬的精神状态和扎实有为的工作作风主动适应新时代、新征程、新任务、新要求，坚持以人民为中心的发展思想和稳中求进的工作总基调，全面贯彻落实党的十九大、十九届历次中央全会精神特别是党的二十大精神，牢牢把握立足新时代中国特色社会主义的新发展阶段、全面准确完整地贯彻五大新发展理念、着力构建双循环相互促进的新发展格局、不断推动经济社会高质量发展这个战略导向，以马克思恩格斯政府公共性理论及其中国化成果为理论指导，以习近平新时代中国特色社会主义思想为行动指南，以高水平建设人民满意的高质量服务型政府为目标任务，以不断深化政府机构改革和行政体制改革为有效途径，以加快推进政府职能转变和持续深化"放管服"改革为有力抓手，从加快推进行政文化由传统统治型和近代管理型向现代服务型的现代化转型、加强服务型政府制度建设和完善体制机制、加速培育社会组织和夯实社会基础等三个方面同向发力、综合施策、协同推进，着力提升政府满足人民日益增长的美好生活需要的能力和水平、提供公共产品和公共服务的能力和水平、推进自身建设和政府治理现代化的能力和水平，不断增强政府的社会公信力、政策执行力和群众引导力，全面构建和完善人民满意的高质量服务型政府。

具体来说，新时代进一步构建完善服务型政府就是要把新时代我国社会主要矛盾的转化作为根本立足点、出发点，把最终让人民群众满意和实现社会公平正义作为根本标准和核心价值取向，把持续深化行政体制改革、"放管服"改革和推进政府职能转变作为强大内生动力和工作着力点，把服务民生、利企惠民和为全社会提供优质高效便捷的公共产品和公共服务作为主体工作重点，把强化公共服务职能和完善覆盖城乡、惠及全民、功能完备、运转高效的公共服务体系作为主体工作任务，把建设法治政府、推动政府依法行政和提高政府工作法治化水平作为必然要求和有力保障,把创新政府治理方式和提升政府治理能力、政府公信力、执行力作为重要支撑和努力方向。为此,要从我国目前服务型政府建设实践中存在的突出问题及其主要原因入手,突出问题导向和靶向治理,有的放矢,对症下药,精准施治,务求实效。

二 坚持三管齐下、同向发力、协同推进

新时代构建完善人民满意的高质量服务型政府,必须从加快推进行政文化由传统统治型和近代管理型向现代服务型的现代化转型、加强服务型政府制度建设和完善体制机制、加速培育社会组织和夯实社会基础等三个方面同向发力、综合施策、协同推进。

(一) 加快推进行政文化的现代化转型

行政文化是支撑和推动服务型政府建设不可或缺的观念性软件系统和实践软环境,具有非常重要的基础性、前提性地位。优质良好的行政文化是滋养催生服务型政府建设的培养基和推动促进服务型政府建设的动力源,而劣质不良的行政文化则是消解破坏服务型政府建设的腐蚀剂和制约阻碍服务型政府建设的绊脚石。我国目前的行政文化是动态混合型的行政文化,既有以封建官本位、权力本位为主要特征的传统统治型行政文化的封建性糟粕和遗毒,当然也有其民主性精华;既有以追求效率效益效果、见物不见人为主要特征的近代管理型行政文化的不良或有害成分,当然也有其合理性因素;既有以公民本位、社会本位、权利本位为主要特征的现代服务型行政文化的初步发育形成,并且在以马克思主义为指导的中国革命文化的主导推动下得以广泛宣传传播和产生一定程度的积极效应,但总体来说又存在一定的局限性、效果不理想,比如这种积极效应还很不充分或者很有限,尚待进一步完全形成成熟的、强大的、占主导地位的现代服务型行政文化生态。这种状况与我国新时代进一步构建完善服务型政府的实践要求很不匹配、很不相称、很不适应,成为影响我国新时代服务型政府建设的深层次文化观念性制约,必须引起高度重视并采取强力措施切实加以解决,加快推进我国行政文化

由传统统治型和近代管理型向现代服务型的现代化转型。力争经过几年的不懈努力，基本形成和造就适合我国新时代构建完善服务型政府实践要求、居于主导地位的，具有强大文化统摄力、雄厚政治塑造力、强势价值引领力的现代服务型行政文化生态。

一方面，以马克思恩格斯政府公共性理论为核心，以现代服务型政府理论为主要内容，以强化马克思主义国家观、政府观和现代服务行政理念的教育和灌输为重点，切实加强我国公务员队伍特别是党政领导干部的系统化、制度化、全员化理论学习和教育培训，不断改进和优化教育教学的课程设置、考核办法和方式手段，合理配置和利用好各种各类教育资源如各级党校、行政学院、干部培训学院、社会主义学院等，特别是充分发挥红色教育资源和教育基地的优势作用，科学设置理论教学与实践教学（现场教学）、正面激励与案例警示等的授课构成和课时比例，着力提高教育教学的针对性和实效性，使之内化于心、外化于行，自觉落实在日常政府工作中，坚决避免学习培训的形式化和走过场。大力弘扬以马克思主义为指导的中国革命文化，加强马克思恩格斯政府公共性思想的理论研究和宣传传播，特别是加强党员领导干部和公务员队伍的马克思主义政府公共性理论的系统性教育培训学习，以开展现代服务型行政文化所倡导的社会本位、公民本位和服务行政理念教育为重点，努力提高党政机关干部和公务员队伍的马克思主义理论水平和思想政治素质，牢固树立正确的权力观、政绩观、群众观和公共理念、公共精神，不断增强公职人员的人民公仆意识、为民服务意识、责任担当意识、敬业奉献意识、民主法治意识、制度规则意识、廉洁自律意识，培育确立高尚的公仆情怀、爱民情怀、事业情怀和奉献情怀。

另一方面，通过多种渠道、利用各种场合、丰富科技手段、创新现代方式，坚持潜移默化、润物无声、移风易俗、更新观念，大力加强全体公民和普通民众的现代服务型政府理念教育，着力培育和夯实与公务员队伍教育相互呼应、相互支持、相互配合、相互促进的民众文化观念基础，努力培养和增强民众的政治权利意识、政治参与意识、政治监督意识、民主法治意识、公平竞争意识和主人翁责任感、社会正义感、公共理念与公共精神。通过强化全民观念教育，逐步摒弃封建落后思想和传统偏见、打破传统习惯思维定式、克服权力崇拜和权力恐惧心理，自觉抵制各种不正之风，敢于同违法乱纪现象作斗争，共同致力肃清封建传统遗毒的影响，滋润涵养有利于营造服务型行政文化的社会文化生态，为推动行政文化的现代化转型和构建服务型政府提供观念性软件系统和实践软环境的有力支撑。

(二) 加强服务型政府制度建设和完善体制机制

制度规则是人类社会长期实践的智慧结晶，并对实践活动中的人与人、人与社会、人与自然关系发挥着规范和调节作用，俗话说"无规矩不能成方圆"，就是这个道理。制度文明是人类文明的重要组成部分，是连接人类精神文明和物质文明的桥梁和纽带。按马克思主义唯物史观来说，制度建设属于社会的上层建筑领域，当它适应了经济基础发展要求的时候就会对生产力和社会发展起积极促进作用，而当它不适应经济基础发展要求时就会对生产力和社会发展起消极阻碍作用。从根本上说，制度建设的核心要素是人，无论是制度的创设还是执行等，都是围绕着人及其社会实践活动展开的，所以制度建设的第一原则就是要坚持尊重规律、以人为本。从理论上看，制度的生命力在于制度的执行力，只有做到执行中的不折不扣和无一例外方能确立起制度不可僭越的至上权威性，因此制度建设的关键在于制度执行的普遍一律和刚性约束，否则将会造成"破窗效应"，使得制度建设及其效力荡然无存。但从实践来看，制度从创设到执行都要直面千变万化的大千世界和实际情况，尤其是针对特殊个案，具体执行上又要体现因地制宜、因时制宜、因人制宜和机动灵活。制度政策往往只针对一般通用情形即"共案"作出原则性规定，必须按要求严格执行，而针对个别特殊情况则要作为"个案"在实际执行过程中一事一议灵活处理。任何制度作为一个由制度原则、具体制度（体制）和运行机制构成的有机整体，其内部都存在着制度原则的刚性或硬性与体制机制的柔性或弹性之间的张力。因此，制度建设要注重处理好制度与体制机制之间的辩证统一关系，制度决定体制机制并有赖于体制机制来保障实现，而体制机制反作用于制度并服务于制度建设来发挥作用；制度特别是根本制度要坚持原则上的坚定性、刚性，对原则性规定必须做到执行中不变通、不走样，而体制机制要更多体现策略上的适应性、灵活性，如柔性执法、柔性维稳等，制度建设要善于把制度的刚性原则与体制机制的柔性灵活二者更好结合起来，做到相互支持、相互配合、相互促进、相得益彰、有机统一。

关于国家制度建设问题，是作为执政党的中国共产党人必须严肃回答的时代课题。早在改革开放之初反思"文革"教训时，邓小平就曾深刻指出："旧中国留给我们的，封建专制传统比较多，民主法制传统很少。"① 在1980年《党和国家领导制度的改革》这篇讲话中，邓小平在深刻分析过去我们所犯错误的主要原因时强调指出："我们过去发生的各种错误，固然与某些领导人的思想、作风有关，但是组织制度、工作制度方面的问题更重要。……领导制度、组织制度问题更带有根本性、全局性、稳定性和长期性。这种制度问题，关系到党和国家是否改变颜色，必须引起全党的高度重视。"② 在1992年初春视察南方的谈话中，邓小平提出一个战略目标，那就是"恐怕再有三十年的时间，我们才会在各方面形成一整套更加成熟、更加定型的制度"③。同年秋党的十四大胜利召开，大会认真贯彻了邓小平南方谈话的主要精神，并就制度建设问题明确提出了"到建党一百周年的时候"这一时间表。在中国共产党人奋斗不息的历史接力赛中，历史的接力棒一届一届地传到当下，这一庄严使命和神圣责任沉甸甸地落到了以习近平同志为核心的当代中国共产党人的肩上。

党的十八大以来，中国特色社会主义进入新时代，我们党把国家制度建设和国家治理现代化问题摆在了更加突出的战略位置，关于国家制

---

① 《邓小平文选》第2卷，人民出版社1994年版，第332页。
② 《邓小平文选》第2卷，人民出版社1994年版，第333页。
③ 《邓小平文选》第3卷，人民出版社1993年版，第372页。

度建设有了初步系统的比较清晰的思路框架和顶层设计，特别是以党的十八届三中全会和十九届四中全会为代表，我国在制度建设方面更是取得了重大进展和丰硕成果。2013年召开的党的十八届三中全会拉开了新时代我国新一轮改革开放的大幕，全会首次把完善和发展中国特色社会主义制度、推进国家治理体系和治理能力现代化确定为全面深化改革的总目标，这在新中国改革开放史上具有重要的里程碑意义。2019年，站在新中国成立70周年的历史时刻、处在"两个一百年"的历史交汇期、面对世界百年未有之大变局，下一个70年我们怎么干？通向中国梦的路该怎么走？我们党必须作出战略谋划和明确回答。同时，世界怎么了？我们怎么办？全球治理何去何从？全世界都把好奇和期待的目光投向中国，不仅想知道中国成功的秘诀是什么，更希望中国能够带领大家一起走出阴霾、走向光明。所以，我们比以往任何时候都更加需要明确回答这样一个重大问题，这就是：在我国的国家制度和国家治理上到底应该"坚持和巩固什么、完善和发展什么"？就在这个历史背景下，同年10月党的十九届四中全会胜利召开了。全会认为，中国特色社会主义制度是我国国家治理一切活动的根本依据，国家治理则是中国特色社会主义制度及其执行能力的集中体现。国家制度和国家治理两者相辅相成、有机统一，所以才把这两句话放在一起说，但相对国家治理来说，国家制度更为根本，制度侧重于理论，而治理则偏重实践。全会着重就坚定中国特色社会主义制度自信问题从三个逻辑层面全面系统回答了中国特色社会主义制度何以自信、自信什么、怎么自信等问题。第一，中国特色社会主义制度和国家治理体系以马克思主义为指导，从而深刻揭示了其科学性和先进性；它深深植根于中国大地、具有深厚的中华文化根基、完全适合中国国情，从而深刻揭示了其民族性和历史性；它是深得中国人民衷心拥护的国家制度和治理体系，从而深刻揭示了其人民性和正义性。因此，我们对中国特色社会主义制度充满了高度自信。第二，全会从坚持党的集中统一领导、坚持人民当家作主、坚持全面依法治国、坚持全国一盘棋和集中力量办大事等十三个方面系统总结了我国国家制度和国家治理体系的显著优势。对比"中国之治"与"西方之乱",中国共产党为什么"能"、马克思主义为什么"行"、中国特色社会主义为什么"好"? 我国国家制度和国家治理体系的多方面显著优势深刻揭示了其"制度密码",也揭示了中国人民能在如此短的时间里取得如此辉煌成就、创造中国奇迹的最大秘密所在。第三,对于如何做到和切实落实制度自信,全会明确提出了相应的总体目标、基本原则、措施要求,并就坚持和完善党的领导制度体系、人民当家作主制度体系、中国特色社会主义法治体系、行政体制和政府治理体系等十三个方面的重点任务和工作要求进行了具体安排部署。[①] 总之,党的十九届四中全会是对党的十八届三中全会以来我国全面深化改革取得积极成果的系统集成,其目标任务一以贯之、重点工作接续递进、政策措施环环紧扣,但同时又立足更高起点、前瞻更远未来、出台更新举措,对新时代进一步全面深化改革、推进制度建设和国家治理谋划和勾勒出更加清晰的顶层设计。为此,我们要一如既往地牢牢抓住和重点突出制度建设这条主线,着力坚持和完善由根本制度、基本制度、重要制度构成的中国特色社会主义制度体系,持之以恒、久久为功、慎终如始、善作善成,加速把我国的制度优势更好地转化为治理效能,不断提升国家治理尤其是政府治理现代化水平。

作为公共权力执行部门,政府的制度建设和治理体系对推动整个国家制度文明进步和治理现代化起着关键和核心的作用。围绕党的十九届四中全会提出的"坚持和完善中国特色社会主义行政体制,构建职责明确、依法行政的政府治理体系"的重点任务和工作要求,新时代必须坚持以进一步构建完善人民满意的服务型政府为目标方向,着力加强服务型政府制度建设和完善体制机制。在人类社会发展的政府制度建设和制度文明的历史进程中,先后经过了统治型政府时期的制度体系及其相应

[①] 《中共中央关于坚持和完善中国特色社会主义制度、推进国家治理体系和治理能力现代化若干重大问题的决定》,《人民日报》2019年11月1日第1版。

的体制机制，管理型政府时期的制度体系及其相应的体制机制，当下正转向服务型政府时期的制度体系及其相应的体制机制。加强服务型政府制度建设和完善体制机制，要坚持以人民为中心的发展思想，以人民满意为最高标准，构建贯彻和体现公民本位、社会本位、权利本位等价值原则和服务行政、依法行政、廉洁行政等基本理念并承担着向全社会和全体公民提供优质高效的公共产品和公共服务主要职责的服务型政府制度体系，并适应中国特色社会主义进入新时代以及我国社会主要矛盾的新变化，进一步完善中国特色社会主义行政体制和运行机制。这些相应的体制机制主要包括：使市场在资源配置中起决定性作用和更好发挥政府作用的体制机制，以公共服务为核心、组织结构合理、职能配置优化、职责分工明确的政府职能体系和职能运行体制机制，权力配置科学、权力规制有力、监督制约有效的权力监督制约体制机制，法律规范完备、确保依法行政、廉洁透明高效的法治政府体制机制，公共产品和公共服务供给市场化、社会化体制机制以及供给主体多元化和供给方式多样化体制机制，如大力推进政府向社会力量购买公共服务、政府与民间资本合作的 PPP 模式等。

（三）加速培育社会组织和夯实社会基础

既然推动构建服务型政府的动力源泉来自社会和民众之中、根本动力在于形成高质量的政民互动，既然我国当前推动构建服务型政府的社会基础仍然比较薄弱、还不扎实牢固，那么我国新时代进一步构建完善服务型政府就必须在加速培育社会组织和夯实社会基础方面狠下功夫。为此，要着力做到以下几点：

1. 围绕建立完善党委领导、政府负责、民主协商、社会协同、公众参与、法治保障、科技支撑的社会治理体制，切实加强和创新社会公共治理，依法规范和引导群团组织和社会组织健康发展，积极培育壮大第三部门，适度放松和改进创新传统的政府行政管制，营造有利于群团和社会组织健康成长的适度宽松的政策环境，给予其更多更大的自主发展空间和公平竞争机会，拓宽、畅通和规范各级工会、青年团、妇联和各种行业协会、商会、基金会等群团组织与非政府组织以及各类市场主体、新的社会阶层、社会工作者、志愿服务者等广泛参与社会治理的主要渠道和有效途径，不断提升社会治理的系统开放度、社会协同度、公众参与度、过程透明度、结果满意度及其多元化、组织化、法治化、专业化、智能化、现代化水平，着力打造政府主导、多元参与的共建共治共享的社会治理格局，促进和实现政府治理机制、社会调节机制、居民自治机制的协同高效和良性互动。

2. 建设服务型政府必须着力转变政府职能，而确保政府职能转变顺利推进到位的前提条件之一是要保证政府转移出来的若干职能有足够数量的相当资质和能力的社会组织来承接，如果支撑服务型政府建设的社会基础薄弱、社会组织发育迟缓滞后、社会组织的资质能力条件不足，或者具有相当资质能力和意愿的社会组织数量太少而不足以形成充分的市场竞争，那么推进政府职能转变就是一句空话，建设服务型政府也就失去了根基。就我国目前的社会组织发展现状来看，虽然较前有了一定的成长进步，但总体上还比较滞后和不足，社会组织的自身管理现代化水平不高、内部治理结构不尽合理、资质能力和专业性独立性不强，有的甚至仍带有浓厚的半行政化特点和行政机关附属机构的色彩。因此，为适应新时代我国社会主要矛盾新变化和推进政府职能转变、建设人民满意的服务型政府新要求，必须加快培育引导社会组织健康成长并不断提高组织管理水平、专业技术水平和参与社会治理能力，鼓励各种具有相当资质能力条件的社会组织和广大公民主动参与政府招标，通过公平竞争积极承接政府职能转变中转移出来的各项职能，从而形成更加灵活多样的市场化、社会化、多元化的公共服务供给体制机制。

3. 改进和创新社会治理的方式、方法、手段，依托运用互联网、大数据、人工智能等数字技术创新社会治理模式，推进实施数字治理与系统治理、源头治理、依法治理、综合治理的精准对接和深度融合，不断改造提升社会治理的能力、水平和绩效。弘扬新时代的"枫桥经验"，完善社会矛盾的多元化预防、调处、化解体制机制，促进实现政府治理和社会调节、居民自治的良性互动。加强社会心理健康疏导，建立健全心理健康服务体系，着力引导和培育自尊自信、理性平和、宽容和合、积极向上的良好社会心态。加强城乡社区治理体系和治理能力建设，努力把更多资源、服务、管理等要素下沉到社区和基层一线，充分发挥社区作为党和政府联系群众、服务群众的"最后一公里"的桥梁和纽带作用，并通过广泛运用数字技术和数字赋能，加快打造智慧社区、智慧家居、智慧养老、智慧助残、智慧餐饮、智慧出行等，更多更好地为广大居民提供经常化经济化、人性化个性化、精准化精细化、智能化智慧化服务，把党和政府的温暖和关怀、新时代服务型政府的便民服务及时送到老百姓的家门口、心坎上。

第二节　新时代构建完善服务型政府的对策措施

鉴于我国当下推进服务型政府建设的现实状况和存在的突出问题，在明确了新时代进一步提升完善服务型政府基本思路的基础上，现就如何破解这些困境和难题进而建设人民满意的高质量服务型政府，提出以下几点针对性的破解之方和应对之策。

一　新时代推动构建完善高质量服务型政府的新策略

新时代进一步构建完善服务型政府，要在我国推进服务型政府建设前两个阶段取得良好成效的基础上，紧紧围绕"让人民满意"这个根本的目标任务和价值取向，更加突出问题导向和靶向治理，更加突出"新时代""新阶段""新征程"和"高质量"这几个关键词，紧密结合我国"十四五"规划和2035年远景目标纲要，对新时代背景下构建完善高质量的服务型政府进行科学评估、统筹规划和谋篇布局，及时调整更新实施策略并制定适应新时代、新征程、新任务、新要求的服务型政府建设新策略。

就服务型政府履行公共服务核心职能而言，建立和完善各级各类政府公共服务体系是其主要和重点任务。政府公共服务体系可分为核心公共服务体系、基本公共服务体系和扩展公共服务体系三个层级。我国服务型政府建设自2000年开始进入学界理论视野并经过由下至上、由上至下和党的十八大以来的实践探索，采取了先核心再基本、先扩面再提质、有步骤分层次逐步推进的渐进策略。首先，作为政府公共服务体系最内层的核心公共服务体系，其所体现的政府公共性程度最高，主要提供义务教育、基本社会保障、基本医疗卫生三大类纯公共产品和公共服务。这一层级的工作任务目前基本完成，新时代的主要任务是继续巩固提高、提质增效。其次，作为政府公共服务体系中间层的基本公共服务体系，其所体现的政府公共性程度居中，主要提供包括收入分配、普通教育、社会保障、医疗卫生、公共基础设施、公共就业、公共住房保障、环境保护等在内的基本公共产品和公共服务。通过加强普惠性、基础性、兜底性民生建设和不断推进基本公共服务均等化，这一层级的工作任务目前已形成主体工程框架，我国建成了世界上规模最大的社会保障体系，10.2亿人拥有基本养老保险，13.6亿人拥有基本医疗保险，[①]新时代面临的主要任务是充实完善、提质扩面和加快推进实现基本公共服务均等化。最后，作为政府公共服务体系最外层的扩展公共服务体系，其所体现的政府公共性程度较低，主要提供包括公共信息、公共文化、科技服务、生态环境、体育健身、休闲娱乐等在内的混合公共产品和公共服务。这一层级虽然处于整个公共服务体系的最外层，属于政府提供基本公共服务在范围和领域上的不断扩展，但是它标志着人民生活水平的不断提高，特别是人民生活在公共需求、公共消费结构上的积极变化和发展态势，新时代满足人民快速增长的美好生活需要大多属于这个层次，即为社会公众提供便于自由全面发展和个性化、多样化、高层

[①] 《中共中央关于党的百年奋斗重大成就和历史经验的决议》（2021年11月11日中国共产党第十九届中央委员会第六次全体会议通过），《人民日报》2021年11月17日第1、5—8版。

次、高水平的发展型公共服务，绝大多数属于准公共产品、半公共产品或俱乐部公共产品。但就政府提供这一层级公共服务的能力和水平来说，目前还普遍较低，有些工作甚至才刚刚起步，新时代需要付出更大努力着力加强、着重提高。因此，为适应新时代、新变化、新要求，我国进一步构建完善高质量服务型政府必须在实施策略上及时进行调整。

（一）在策略原则上

我国服务型政府建设前两个阶段大约从2000年开始理论准备到2012年党的十八大之前，主要任务是在我国实现了总体小康的基础上开启全面建设小康社会新征程，注重强化政府公共服务职能、加强以改善民生为重点的社会建设和解决发展低水平、不全面、不协调问题，按照立足国情、量力而行、突出重点、有步骤分层次稳步渐进的策略原则，我国初步建立了核心公共服务体系并初步搭建了基本公共服务体系基础性框架。自党的十八大以来，我国服务型政府建设进入新时代即第三个阶段，到目前已经十年了，我国核心公共服务体系基本建成、基本公共服务体系已形成主体工程框架。随着我们党第一个百年奋斗目标如期实现并开启全面实现第二个百年奋斗目标新征程，中国特色社会主义进入了新发展阶段，我国服务型政府建设也进入一个新发展阶段。新时代新阶段进一步构建完善服务型政府，在策略原则上，要在前两个阶段推进实施并取得积极成效的基础上，更加注重进一步健全完善体制机制和政府建设上层次、上水平，更加注重围绕满足人民日益增长的美好生活需要建设高质量、高水平的服务型政府，更加注重维护社会公平正义和提升百姓获得感、幸福感、安全感，最终让人民群众满意。

（二）在策略重点上

构建服务型政府策略重点的调整变化转移是保障政府工作及时适应社会环境条件变化和不断推进政府职能转变的必然要求，也反映和折射了时代发展和社会进步的必然趋势。从整个政府公共服务体系结构变化趋势来看，随着新时代服务型政府的进一步发展提升完善，核心公共服务体系在整个公共服务体系中的占比会稳中趋降，基本公共服务体系占比会逐步升高，扩展公共服务体系占比会大幅攀升。因此，在策略重点上，为更快适应新时代我国社会主要矛盾转化的新形势、新要求，为更好满足人民日益增长的美好生活新需要、新期待，政府公共服务体系的结构重心必须适时地逐步从核心层转移到基本层、再转移到扩展层，后两个层级的公共服务在新时代政府公共服务体系中所占权重将日益增大并将逐步成为满足人民美好生活对公共服务需要的主体和主流，特别是扩展公共服务的增长更加迅速、地位更加突出，将代表着新时代政府工作在提供公共产品和公共服务方面的努力方向、发展趋势和重点任务。

（三）在策略目标和步骤上

在策略目标和策略步骤上，依据党的十九大和二十大明确提出的分两个阶段或分两步走、以中国式现代化全面推进中华民族伟大复兴的战略安排，新时代进一步构建完善服务型政府可以分为以下三个时期或分三步走逐步全面深入推进。

1. 第一个时期（第一步）：从2012年到2020年，服务型政府建设的主要任务是围绕全面建成小康社会战略目标，依据我国新时代社会主要矛盾的转化，重点打好防范化解重大风险、精准脱贫、污染防治三大攻坚战，持续推进政府系统"简政放权、放管结合、优化服务"改革，着力改革完善行政体制机制和补短板、强弱项、转职能、优服务以促进高质量发展，更加注重解决发展中的不平衡、不充分问题，更加注重强化公共服务和促进公共服务提质扩面、完善升级、降本增效、惠民利企，更加注重聚焦满足美好生活需要、维护社会公平正义并努力让人民满意。目前，我国核心公共服务体系基本建成并继续巩固，基本公共服务体系已形成主体工程框架，推进基本公共服务均等化取得重大进展，扩展公共服务体系也开始初具雏形。

2. 第二个时期（第二步）：从2020年到2035年，服务型政府建设的主要任务是在如期实现了全面建成小康社会的第一个百年奋斗目标基础上，立足新发展阶段、贯彻新发展理念、构建新发展格局、促进高质量发展，向着基本实现社会主义现代化战略目标奋进。根据党的十九届

第五章　新时代构建完善服务型政府的思路、对策与建议

五中全会审议通过的《中共中央关于制定"十四五"规划和二〇三五年远景目标的建议》，我国将在 2035 年基本实现现代化，届时我国将实现经济总量或人均国民收入较 2020 年翻一番目标，人均 GDP 达到中等发达国家水平，人民满意的高质量服务型政府基本建成，基本公共服务实现均等化，扩展公共服务比重明显提高，城乡、区域之间的发展差距显著缩小，不同职业群体之间的居民生活水平更趋均衡，中等收入群体的数量和规模显著扩大，橄榄型收入分配格局初步形成，人的全面发展、共同富裕取得更为明显的实质性进展，建成文化强国、教育强国、人才强国、体育强国、健康中国，基本建成法治国家、法治政府、法治社会，基本实现美丽中国目标。① 党的二十大进一步明确了到 2035 年我国发展的总体目标："经济实力、科技实力、综合国力大幅跃升，人均国内生产总值迈上新的大台阶，达到中等发达国家水平；实现高水平科技自立自强，进入创新型国家前列；建成现代化经济体系，形成新发展格局，基本实现新型工业化、信息化、城镇化、农业现代化；基本实现国家治理体系和治理能力现代化，全过程人民民主制度更加健全，基本建成法治国家、法治政府、法治社会；建成教育强国、科技强国、人才强国、文化强国、体育强国、健康中国，国家文化软实力显著增强；人民生活更加幸福美好，居民人均可支配收入再上新台阶，中等收入群体比重明显提高，基本公共服务实现均等化，农村基本具备现代生活条件，社会保持长期稳定，人的全面发展、全体人民共同富裕取得更为明显的实质性进展；广泛形成绿色生产生活方式，碳排放达峰后稳中有降，生态环境根本好转，美丽中国目标基本实现；国家安全体系和能力全面加强，基本实现国防和军队现代化。"② 从党的十九大提出到 2035 年"基本公共服务均等化基本实现"至党的十九届五中全会和二十大

---

① 《中共中央关于制定国民经济和社会发展第十四个五年规划和二〇三五年远景目标的建议》，《人民日报》2020 年 11 月 4 日第 1 版。

② 习近平：《高举中国特色社会主义伟大旗帜　为全面建设社会主义现代化国家而团结奋斗——在中国共产党第二十次全国代表大会上的报告》，人民出版社 2022 年版，第 24—25 页。

进一步明确提出到 2035 年"基本公共服务实现均等化",反映出新时代服务型政府建设策略目标和步骤上的调整变化,即实现基本公共服务均等化目标的时间明显提前、步伐明显加快。这一时期,要注重科学安排和统筹兼顾"十四五""十五五"和"十六五"三个五年规划的目标步骤及其相互衔接。"十四五"期间的经济社会发展指标应按到 2025 年达到现行高收入国家水平(人均 GDP 达 1.3 万美元左右)设计编制,"十五五"期间的经济社会发展指标应按到 2030 年接近中等发达国家水平(人均 GDP 达 1.7 万美元左右)设计编制,"十六五"期间的经济社会发展指标应按到 2035 年达到中等发达国家水平(人均 GDP 达 2 万美元以上)设计编制。力争到 2035 年,我国基尼系数控制在 0.35 左右,人类发展指数在 0.85 以上,公共教育支出占 GDP 比重达到 4.6%~5.2%、大学生毛入学率达到 75%以上、人口平均受教育年限达到 11.5 年,研发经费支出占 GDP 比重达到 2.5%~3.2%、创新指数在 50.50 以上并跻身全球前 9 位,建设世界一流数字政府、电子政务发展指数达 0.9228 以上并跻身全球前 10 位。[①]

3. 第三个时期(第三步):从 2035 年到 21 世纪中叶,服务型政府建设的主要任务是在我国基本实现现代化战略目标的基础上,以咬定青山不放松的坚强意志和行百里者半九十的高度清醒,持之以恒、砥砺奋斗、久久为功、善作善成,锚定建成社会主义现代化强国和实现中华民族伟大复兴的第二个百年奋斗目标勇毅前行。届时我国的物质文明、政治文明、精神文明、社会文明、生态文明水平全面提升,政府提供公共产品和公共服务的能力和水平全面提升,人民满意的高质量服务型政府全面建成,基本公共服务和扩展公共服务跃升为政府公共服务体系的主体部分,全体人民共同富裕基本实现,人民享有更加幸福美好的生活,全面建成富强民主文明和谐美丽的、综合国力和国际影响力领先的社会

[①] 李军鹏:《迈向中等发达国家需要重点解决的几个问题》,《国家治理》2020 年第 1 期。

主义现代化强国，以中国式现代化创造人类文明新形态。

二 以服务和增进民生福祉为重点、努力让人民满意

江山就是人民，人民就是江山。中国共产党领导人民打江山、守江山，守的是人民的心。因此，必须坚持在发展中保障和改善民生，鼓励通过共同奋斗创造美好生活，不断实现人民对美好生活的向往。党的二十大报告指出："我们要实现好、维护好、发展好最广大人民根本利益，紧紧抓住人民最关心最直接最现实的利益问题，坚持尽力而为、量力而行，深入群众、深入基层，采取更多惠民生、暖民心举措，着力解决好人民群众急难愁盼问题，健全基本公共服务体系，提高公共服务水平，增强均衡性和可及性，扎实推进共同富裕。"①

虽然2020年我国已经如期实现了全面建成小康社会的第一个百年奋斗目标，成功解决了困扰我们多年的绝对贫困问题，整体民生状况得到了很大程度的改善和提高，稳步实现了由温饱水平到总体小康、再到全面小康和美好生活的历史性跨越，但是新时代新阶段我国政府民生领域公共服务的短板和弱项仍然比较突出，诸如收入分配、教育、社会保障、医疗卫生、就业、住房、环境保护、公共基础设施、公共交通出行、公共文化服务等方面存在的矛盾和问题还比较严重，尤其在维护社会公平正义方面政府的责任凸显、任务艰巨，亟待采取更加有力的针对性措施尽快予以解决。新时代构建完善高质量服务型政府要坚持以民生优先、惠民利企、优化服务、激发活力为重点，锚定满足美好生活需要和推动高质量发展目标任务，扎实推进民生领域补短板、强弱项、夯基础、保基本、促公平、提档次，着力促进"六稳"和落实"六保"工作，不断增强人民获得感、幸福感、安全感，最终让人民群众满意。

（一）在收入分配方面

在收入分配方面，地区之间、城乡之间、不同职业群体之间的不平

---

① 习近平：《高举中国特色社会主义伟大旗帜 为全面建设社会主义现代化国家而团结奋斗——在中国共产党第二十次全国代表大会上的报告》，人民出版社2022年版，第46页。

衡现象依然严重,体现在社会财富分配公平度指标上,我国目前的基尼系数仍然居高不下或者下降的幅度小、速度慢,总体上远远高于多数发达国家。据有关学者研究测算(与官方公布数大体一致但略高),我国基尼系数历史变化趋势大体上是:改革开放前只有不到 0.2,收入分配差距过小、过于公平,造成分配中的平均主义,社会无效率无活力;改革开放初期逐步扩大和拉开距离,特别是党的十四大确立发展社会主义市场经济目标以后,基尼系数迅速攀升并在 21 世纪初达到峰值 0.47 左右,收入分配差距过大、过于悬殊;从党的十七大开始强调在坚持"效率优先、兼顾公平"原则上更加注重社会公平问题,特别是党的十八大以来更是采取了一系列强有力的政策举措,有效遏制了收入分配差距过分扩大的趋势,但目前基尼系数仍在 0.45 左右,甚至有学者认为 2020 年"我国的基尼系数在 0.465 左右,远远高于中等发达国家水平"[①]。对照一下我国"十四五"和 2035 年远景目标规划纲要,到 2035 年我国将基本实现现代化、达到中等发达国家水平,届时我国城乡之间、区域之间的发展差距和不同职业群体之间的生活水平差距显著缩小,全体人民共同富裕的实质性进展将更为明显可观。目前中等发达国家的基尼系数普遍在 0.26~0.35,就以最高值 0.35 计算,到 2035 年前我国基尼系数还必须要下降至少 0.1 以上。可以说,新时代构建完善服务型政府的最艰巨任务在这里,民生领域最难啃的硬骨头也在这里!如果没有一种"敢于动奶酪"的坚强意志和担当作为、铁一般的手腕和务实作风是很难实现的,但无论如何又必须实现,因为这正是我们社会主义国家坚持以人民为中心的发展思想、实现全体人民共同富裕和社会主义公平正义的最好体现。就如何进一步完善收入分配制度问题,党的二十大明确提出了以下针对性政策措施:要着力构建初次分配、再分配、第三次分配协调配套的制度体系;努力提高居民收入在国民收入分配中的比重,提

---

① 李军鹏:《迈向中等发达国家需要重点解决的几个问题》,《国家治理》2020 年第 1 期。

高劳动报酬在初次分配中的比重;增加低收入者收入,扩大中等收入群体;探索多种渠道增加中低收入群众要素收入,多渠道增加城乡居民财产性收入;完善税收调节制度,规范收入分配秩序,规范财富积累机制等。① 为此,必须更加有力地全面深化收入分配制度改革,推行能够把体现效率与促进公平两者更好兼顾起来的收入分配调节政策,使效率与公平问题两方面在初次分配和再分配中都兼顾好、处理好,尤其是再分配、三次分配要更加注重社会公平。必须更加有力地抓好重点行业、重点职业和重点人群的收入分配调节,更加扎实有效地规范收入分配秩序,在取缔非法收入、调节过高收入、规范不合理收入方面要动真格、敢碰硬,力争在推动治理"垄断收入""灰色收入"上取得重大进展和实效;在保护合法收入、保障最低收入、稳步扩大中等收入方面要扑下身、出实招,努力推动形成一种比较理想的橄榄型收入分配格局。

(二) 在教育方面

在教育方面,我国在基本实现纯公共服务均等化、基本建成全国统一的义务教育等纯公共服务体系之后,教育面临的最大任务是加速推进普通教育等基本公共服务的均等化,重点解决优质教育资源配置不均衡和教育公平等问题。我国教育在世纪之交借鉴西方新公共管理做法和推行公共服务市场化、社会化改革运动中,通过引入市场机制和加速教育资源整合从而在一定程度上提高了教育公共服务的质量和效率,但同时也造成了许多问题,突出表现在:通过引进资本开办重点学校、重点班级甚至民间戏称的某些所谓"贵族学校",导致优质师资和优质生源等方面的恶性竞争,加剧了我国教育资源分布特别是优质教育资源配置的不均衡,诸如择校费、择班费等名目繁多的各种高收费推高了教育成本,并层层传导最终转嫁到受教育者即学生及其家长身上,从而增加了民生领域教育负担,造成了众所周知的百姓"上学难、上学贵"(类似

---

① 习近平:《高举中国特色社会主义伟大旗帜 为全面建设社会主义现代化国家而团结奋斗——在中国共产党第二十次全国代表大会上的报告》,人民出版社 2022 年版,第 47 页。

的还有"看病难、看病贵""住房难、住房贵"等）问题，这种情况折射出我国一段时间以来教育公共服务的公共性、公益性、公平性严重流失，政府在教育基本公共服务特别是义务教育纯公共服务方面的公共责任严重缺失。党的十八大以来，通过全面深化改革和系统综合治理各种乱象，贯彻以人民为中心的发展思想，加强政府公共服务职能和强化政府公共责任，这种情况已经有了很大程度的改观。新时代新阶段进一步构建完善服务型政府，要更加注重加强和优化民生领域教育公共服务，采取诸如禁止开设重点学校、重点班级以及推行"双减"等强有力的政策措施大力推进素质教育，加速推进实现教育资源尤其是优质教育资源配置的均衡化、教育基本公共服务的均等化，确保教育回归原本应有的公共性、公益性、公平性，努力办好人民满意的教育服务。但据笔者与个别学生家长谈话了解，目前有的沿海地区个别地方又出现了打着中小学学生"夏令营"的旗号作幌子而实则暗中开办课程补习班的现象，这种顶风作案虽然不敢明目张胆，但其隐蔽性强、负面示范影响坏，应该得到教育主管部门的高度重视和尽快解决。就如何进一步办好人民满意的教育问题，党的二十大从为全面建设社会主义现代化国家提供基础性、战略性支撑的角度，深入实施科教兴国战略、人才强国战略、创新驱动发展战略的高度，加快建设教育强国、科技强国、人才强国的维度，深刻阐明了我国坚持教育优先发展的政策举措，如强调坚持以人民为中心发展教育、加快建设高质量教育体系、发展素质教育、促进教育公平、加快义务教育优质均衡发展和城乡一体化、优化区域教育资源配置等，[①] 其立意高度、战略布局和实践意义已经远远超越了把教育仅仅作为一项民生问题来解决的思维局限。

（三）在医疗卫生方面

在医疗卫生方面，虽然截至目前我国已有95%人口参与基本医疗保

[①] 习近平：《高举中国特色社会主义伟大旗帜 为全面建设社会主义现代化国家而团结奋斗——在中国共产党第二十次全国代表大会上的报告》，人民出版社2022年版，第33—34页。

险、10.4亿人参与基本养老保险，编织了世界上规模最大的社会保障网，一度困扰民生并且非常棘手的百姓"看病难、看病贵"问题得以有效缓解，全国统一的慢性病病种及其治疗用药报销价目等都有更多惠民利好的调整，但是从根本上说，我国医疗卫生领域存在的问题依然不少，与人民对美好生活的新需要和新期待之间的差距依然较大，群众看病难、看病贵问题在某些地方仍然不同程度地存在，推进异地就医和医疗费用直接结算服务进展缓慢，公立医院的公共性、公益性价值取向尚待进一步巩固、确保和彰显。2012年以来，福建省三明市统筹推进医疗、医保、医药"三医"联动改革，通过开展药品集中带量采购、建立医疗服务价格动态调整机制、健全医院内部激励和约束机制等措施，着力破除"以药养医"的弊端；通过组建总医院、建立紧密型县域医共体、医保基金和经费"双打包"支付、注重医防融合和治"未病"等措施，实现了从"以治病为中心"到"以健康为中心"的转变，为全国医改树立了典范和标杆。[①] 新时代新阶段，要着眼满足人民美好生活需要和推动民生事业高质量发展，着力深化医药卫生体制改革，学习借鉴三明市协同推进"三医"联动改革的典型经验，并结合本地实际加以改进、创新、提升和完善，努力办好人民满意的医疗卫生服务。党的二十大围绕着力推进健康中国建设提出以下政策措施：把保障人民健康放在优先发展的战略位置，完善人民健康促进政策；建立生育支持政策体系，降低生育、养育、教育成本；实施积极应对人口老龄化国家战略，发展养老事业和养老产业，推动实现全体老年人享有基本养老服务；深化医药卫生体制改革，促进医保、医疗、医药协同发展和治理；促进优质医疗资源扩容和区域均衡布局，提高基层防病治病和健康管理能力；深化以公益性为导向的公立医院改革，规范民营医院发展；健全

---

① 申少铁：《统筹推进医疗、医保、医药"三医"联动改革 三明医改经验将在全国推广》，《人民日报》2021年7月8日第7版；《从"以治病为中心"到"以健康为中心"——三明医改在前行》，《人民日报》2021年7月11日第2版。

公共卫生体系，加强重大疫情防控救治体系和应急能力建设等。[1] 为此，一要确立大卫生大健康理念，坚持问题导向和靶向治理，瞄准解决群众"看病难、看病贵"问题，不断深化"三医"联动改革，大力推进药品集中带量采购、医疗服务价格机制、人事薪酬机制、医保支付方式等综合配套改革。二要加快推进医疗费用异地就医直接结算服务工作进度，重点解决数亿流动人口如农民工、退休护幼、异地安置等群体看病就医方面的急难愁盼，确保到 2022 年底每个县至少有一家定点医疗机构能够提供医疗费用跨省直接结算服务。三要简化医保办理材料、优化环节业务流程，对医保报销事项实行"一次告知、一表申请、一窗办成"的办理模式，并结合实施"互联网+"行动，推进实现医保服务不仅能做到"线下办""实地办"，而且能做到"线上办""掌上办""指尖办"。[2]

（四）在社会保障方面

社会保障体系是人民生活的安全网和社会运行的稳定器。我国服务型政府建设围绕政府向全社会提供公共产品和公共服务这个核心职能，经过由下而上、由上而下和党的十八大以来进入新时代这三个实践阶段，目前覆盖城乡的公共服务体系逐步形成并日臻成熟和健全完善。从当下我国公共服务体系的核心层、中间层和外围层构成结构上来看，处于核心层的纯公共服务或核心公共服务体系业已建成并逐步巩固，它主要包括公共教育、基本社会保障、公共医疗卫生等方面的内容；处于中间层的基本公共服务体系初步建立并通过加快推进实现基本公共服务均等化而不断完善，它主要包括像普通教育、一般社会保障、一般医疗卫生、收入分配、公共基础设施、公共就业、公共住房保障、环境保护等方面的基本公共服务和部分准公共服务内容；随着新时代我国社会主要

---

[1] 习近平：《高举中国特色社会主义伟大旗帜 为全面建设社会主义现代化国家而团结奋斗——在中国共产党第二十次全国代表大会上的报告》，人民出版社 2022 年版，第 48—49 页。
[2] 新华社：《李克强主持召开国务院常务会议 部署进一步推动医保服务高效便民；确定加强新就业形态劳动者权益保障的若干政策措施；决定加大金融对实体经济支持，推出支持碳减排的措施》，《人民日报》2021 年 7 月 8 日第 1、4 版。

矛盾的转化，处于外围层的扩展公共服务体系加速分化并初具雏形，其比重快速提升并趋于成为新时代人民日益增长的美好生活需要的主流和主体部分，它主要包括绝大部分的准公共服务、半公共服务或混合公共服务等方面的内容。目前，我国已经建成世界上规模最大的教育体系、社会保障体系、医疗卫生体系，教育普及水平实现历史性跨越，基本养老保险覆盖10.4亿人，基本医疗保险参保率稳定在95%（约合13.4亿人）。为进一步健全社会保障体系、稳步提升社会保障能力和水平，党的二十大明确提出以下政策措施：健全覆盖全民、统筹城乡、公平统一、安全规范、可持续的多层次社会保障体系；完善基本养老保险全国统筹制度，发展多层次、多支柱养老保险体系；扩大社会保险覆盖面，健全基本养老、基本医疗保险筹资和待遇调整机制，推动基本医疗保险、失业保险、工伤保险省级统筹；促进多层次医疗保障有序衔接，推进落实跨域异地就医结算；加快完善全国统一的社会保险公共服务平台，加快建立多主体供给、多渠道保障、租购并举的住房制度。①

（五）在公共基础设施建设方面

在公共基础设施建设尤其是公共交通出行便民化方面，随着我国居民生活水平的普遍提高、私家汽车拥有量的逐年跃升和大众旅游时代的到来，乘私家车出行消费已进入大众化、普及化时代。但接踵而来的问题是：各城市居民小区特别是大城市老旧小区、城市街区和公共场所、旅游景区特别是热点景区近旁，甚至是县城及其近郊、乡镇街道等公共场所，尤其是每逢重要节假日和重要民俗活动期间，私家车的上路和停放问题或者说群众驾车出行的"出行难、停车难"问题越来越突出，已经成为新时代新阶段民生领域公共服务不能有效满足人民美好生活需要的一个明显短板问题提上了各级政府的重要议事日程，必须采取得力措施尽快加以解决。从我国当前实际情况和今后发展趋势来看，我国私

---

① 习近平：《高举中国特色社会主义伟大旗帜 为全面建设社会主义现代化国家而团结奋斗——在中国共产党第二十次全国代表大会上的报告》，人民出版社2022年版，第48页。

家车保有量会快速递增，尤其是新能源汽车的增长势头迅猛。据公安部 2022 年 3 月底的统计数据显示，我国目前的机动车保有量已经突破 4 亿辆大关，其中汽车 3.07 亿辆；在全国大中城市中，汽车保有量达 100 万辆以上的城市总共有 79 个，同比增加 7 个。① 为构建完善以配建停车设施为主体、路外停车设施为辅助、路内临时停车为补充的城市公共停车设施体系，扩大增量、盘活存量和增加停车位供给、提高停车位使用效率无疑是基本思路和最佳方案。在盘活存量方面，要积极鼓励推动各类停车资源共享，如大型公共建筑优化停车场出入口设计便于对外开放，机关、企事业单位内部停车设施兼顾安全管理和对外开放，旅游景区、体育场馆、写字楼等停车设施空闲时段向社会开放；推进现有停车设施的信息化、数字化、智能化、智慧化管理和改造升级，不断提升存量停车资源的使用效率。在扩大增量方面，新建楼盘居住小区和大型综合体等城市建筑必须严格按照规定标准配套建设充足的地下停车位、推进公共空间向地下发展并开发地下停车场、综合利用人防工程等基础设施；统筹推进老旧小区、老旧街区等综合配套改造和停车设施建设，挖潜利用小区空地、地下空间、立交桥下闲置地段等开发泊位资源；对于大城市特别是人员车辆交通密集区如大型商超综合体、集中办公区、会展中心、旅游景区等采取高效集约利用空间方式向空中发展，建设立体化、层叠式、活动型的地面—空中停车场和机械式、自动化、智能化停车装备等公共基础设施，作为解决居民驾车出行的"出行难、停车难"问题的备选方案之一，既现实可行又势在必行。

三 持续推进和深化"放管服"改革的新思路新举措

作为新时代进一步构建完善服务型政府的有力抓手，持续深化"放管服"改革和加快推进政府职能转变，要紧密结合新时代、新阶段、新特点、新要求，在总体推进和具体实施上要有新思路、新举措。

---

① 中央广播电视总台：《国内联播快讯》，《新闻联播》2022 年 4 月 8 日。

第五章　新时代构建完善服务型政府的思路、对策与建议

（一）进一步厘清新时代持续深化"放管服"改革的总体思路和提升认识

新时代持续深化"放管服"改革在总体思路上，要坚持适应新时代我国社会主要矛盾的新变化和满足人民日益增长的美好生活需要的新要求，进一步完善公共教育、公共医疗卫生、社会保障、公共就业、公共住房、公共交通与公共基础设施、环境保护、公共财政、公共文化和社区公共服务等各类公共服务体系；要坚持立足新发展阶段、贯彻新发展理念、构建新发展格局和推动高质量发展，以营造世界一流的国际化、法治化、市场化、便利化的营商环境为主要目标，努力打造高效透明的政务环境、公平正义的法治环境、竞争有序的市场环境、互利共赢的开放环境，着力激发市场活力、社会活力和提升实体经济的竞争力。[①] 同时，对"放管服"改革的理解不能仅仅停留在字面意思，为避免表面化、肤浅化，还必须进一步深化和提升思想认识。

1. "放"的实质和核心是通过政府简政放权，把本不该由政府管的、管不了也管不好的事项归还给市场和社会，以此来摆正政府与市场、政府与社会之间的职责分工和角色定位等相互关系，目的是让市场在资源配置中起决定性作用，同时也能更好发挥政府作用，使"看不见的手"与"看得见的手"相互配合、相得益彰，从而充分激发和释放市场与社会的潜力、动力、活力。为此，要着力全面推行清单管理制度，各级政府要尽快制定、出台和实施权责清单加负面清单，并及时向社会公布，自觉接受社会监督，确保做到：对政府来说，法定职责必须为、法无授权不可为；对市场和社会来说，法有禁止不能为、法无禁止皆可为。

2. "管"的关键和要害是对放权事项进行全方位、全过程的监管，特别是加强和创新事中事后监管，坚持放管结合和提高监管的质量和效

[①] 李军鹏：《改革开放40年：我国放管服改革的进程、经验与趋势》，《学习与实践》2018年第2期。

率，而不是放任自流、一放了之，它要求政府要适应形势发展需要及时创新监管理念、模式、方式和手段，比如实行"互联网+监管"等，努力推进政府管理转型、体制机制创新和现代政府建设。为此，要树立管理就是服务的理念，从权力运行的决策、执行和监督全过程全流程进行制度设计和流程再造，按照宽进严管、宽严相济和谁审批谁监管、审管衔接的原则，明确部门间的职责划分和权责关系，健全决策、执行、监督既相互制约又相互协调的监管机制，形成多方协同、齐抓共管、运转高效的监管合力。

3．"服"的灵魂和宗旨是在简政放权、放管结合基础上最终达到优化服务、转变职能之目的，即为全社会提供优质高效的公共产品和公共服务、建设人民满意的服务型政府，这正是我国持续推进和深化"放管服"改革的方向、目标和落脚点。为此，要坚持以服务民生、惠民利企、提高效率、激发活力为重点和目标导向、需求导向、问题导向，瞄准企业和群众的急难愁盼问题精准发力，不断创新和优化公共服务供给机制。要着力完善基本公共服务体系和推进基本公共服务均等化，并借助市场力量逐步增加用以满足人民群众多层次、多样化、个性化需求的非基本公共服务供给，变店主意愿导向为顾客需求导向，变消极被动服务为积极主动服务，以企业和群众的主动"点菜"淘汰政府部门的被动"端菜"，以政府部门间主动"协同办"避免让企业和群众被动"来回跑"，真正让人民群众"进了政府门、办事不求人""只进一扇门、解决所有事"，努力实现信息"多跑路"、百姓"少跑腿"和政务服务事项一网通办、掌上能办、异地可办。

（二）进一步明确新时代持续深化"放管服"改革的主要目标和努力方向

新时代持续深化"放管服"改革要着力进一步改善和优化营商环境，明确以打造世界一流的国际化、法治化、市场化、便利化的营商环境为主要目标和努力方向，其主要评价依据是国际营商环境指标。国际营商环境指标是用以反映和衡量企业从申请开办、营业运营到扩大发展乃至最终破产等全过程中涉及政务服务环境状况的指标体系，比如申请开办企业和办理经营许可证、建筑施工许可证、财产登记、获得电力信贷、办理纳税、合同执行、办理破产等。为着力打造世界一流的国际化、法治化、市场化、便利化的营商环境，要求我们：建立完善与世贸规则和国际惯例相接轨的市场经济体制机制，着力打造国际化的市场环境；建立完备的法律法规与监管执法体系和平等保护产权与公平竞争的制度程序，着力打造法治化的竞争环境；建立更加开放便利和更具吸引力的投资环境和贸易环境，着力打造便利化的公共环境。[①] 自党的十八大以来，各级政府通过持续深化"放管服"改革和不断改善营商环境，我国的营商环境综合指标全球排名快速提升。据世界银行公布的《全球营商环境报告 2020》显示，在全球营商环境便利度评价排名中，我国的名次持续攀升，已经由 2013 年的第 96 位上升至 2019 年的第 31 位，特别是"开办企业便利度"指标排名上升较快，但是"建筑施工许可办理""纳税"等指标排名差距较大。为全面营造国际化、法治化、市场化、便利化的世界一流营商环境，我国必须进一步努力提升营商环境的全球排名，实现由目前的全球第 31 位提升到 2035 年的全球前 20 位。为此，我国营商环境建设要推行"2345 改革"方案，即新企业开设 2 日内审结、不动产登记 3 日内完成、建筑施工许可证 45 日内发放。[②]

（三）进一步推动后疫情时代"放管服"改革重点工作和重点措施落地见效

1. 简政放权方面，要抓紧制定和推行全国统一的、明确规范的从中央到地方各级政府部门权责清单加负面清单的清单管理制度，进一步加大简政放权的"含金量"，做到该下放的权力事项一律下放到位，确保清单以内的事项一律简化审批、清单以外的事项一律取消审批、所有非行政许可事项一律取消审批。要坚决杜绝"明放暗收""准入不准

[①] 李军鹏：《十九大后深化放管服改革的目标、任务与对策》，《行政论坛》2018 年第 2 期。

[②] 李军鹏：《面向基本现代化的数字政府建设方略》，《改革》2020 年第 12 期。

营"和实际存在的"玻璃门""弹簧门""旋转门"等现象,对以备案、确认、征求意见、目录、年检、监制、认证、审定等名义搞变相审批设卡问题进行严肃整治查处。要持续深化商事制度改革,推行"多证合一"和"证照分离"改革,推进工商登记全程电子化,实行宽进严管、宽严相济、优化流程、简化审批等政策措施,以鼓励大众创业、万众创新和不断激发释放市场与社会活力。

2. 放管结合方面,明确界定中央与地方事权财权和监管职责划分,优化配置监管资源、完善监管体系和提升监管效能,加强机构改革中合并监管职能的综合衔接统一行使并尽快实现由"物理反应"到"化学反应"的转变。要探索建立和完善放权与监管有机统一、环环紧扣、相互衔接、协同高效的市场监管体制机制,加强登记注册机关、行政审批机构、行业主管部门之间的精准衔接、合理分工、密切配合、同步施治,避免放权与监管相互脱节、推诿扯皮的两张皮现象和监管缺位、断层和盲点等现象。要进一步强化制度措施严格市场监管,实施全方位综合配套监管,激励自我监管、加强信用监管、完善法治监管、落实公正监管,通过合理确定随机抽查的范围、比例和频次全面推开"双随机、一公开"监管;加快建设全国统一的企业信用信息共享交换平台,建立健全企业信用激励约束机制、企业差异化信用风险评估机制、企业经营异常名录制度、企业信用预警约谈制度、信用"红黑榜"定期发布制度、市场主体信用修复恢复机制、失信联合惩戒机制和强制退出机制等。要大力推进实施"互联网+监管"、大胆创新监管的方式方法手段,充分发挥互联网、大数据、云计算、物联网、区块链、人工智能等现代信息技术的科技支撑作用、武装作用、赋能作用,加快推进科技开发与监管业务的深度融合,依靠科技赋能推动实现"智能监管""智慧监管",不断提升监管的质量效率和现代化水平。

3. 优化服务方面,要创新服务理念、服务模式、服务平台和服务方式,不断提升和优化公共服务效能。一是推进实施"全生命周期"和"最小颗粒度"的全方位精细化服务。对为企业提供法人全生命周期的政务服务事项，从注册登记、项目投资、设备购置、员工招聘、职工福利、产权交易、用能报装、生产销售、金融信贷、办理纳税到破产注销等每一个环节按最小颗粒度进行系统梳理和流程再造，制定标准化、规范化的服务事项和办事指南，为企业开办、成长、发展和退出提供"一条龙"服务。持续深化审批管理体系、审批流程、信息数据平台、监管方式"四个统一"和"多规合一""多评合一""联合评审、联合验收"等改革，力争把工程建设项目审批时限压减至120个工作日以内。对为群众提供个人全生命周期的便民服务事项，如入园入学、出境出国、就业社保、购房置业、购车审验、结婚生育、扶老抚幼、就医保健、退休养老到丧事殡葬等从出生到死亡涉及人的一生所需办理的民生服务进行最小颗粒度分类梳理和精心设计，开展减证便民服务，简化优化办事流程，推行证明事项告知承诺制，坚决清理和杜绝向群众索要各类"奇葩"证明、循环证明、重复证明等不合理证明事项。二是继续发挥各级政务服务中心作为连接政府与企业民众"最后一米"的纽带和前哨作用，不断提升服务质量和效能。各级政务服务中心或政务服务大厅是持续深化"放管服"改革的窗口和桥头堡，可以说是构建人民满意的服务型政府"抓手之抓手"，要进一步改进服务理念、服务方式、服务作风，简化办事材料和优化业务流程，打破信息孤岛和"条块分割"，推动政务信息、材料数据等一体共享、跨别互认和"证件联用、信息联通、服务联动"，致力构建统一的"一站、一门、一窗、一次"服务体系，落实兑现"线上一次登录、线下只跑一次、为您一次办结、努力当好金牌'店小二'"的承诺，真正把各级政务服务中心打造成咱们老百姓心目中的"市民之家""心灵港湾"和有难可求、有苦可诉的"娘家人"。三是大力实施"互联网+政务服务"，要加速推进构建全国一体化的政务服务平台和实现全国统一的政务服务一张网，并尽快实现政务服务事项线上好办、一网通办、掌上能办、异地可办，做到政务服务事项名称、编码、依据、类型等基本要素全国统一，办理要求、材料要件、业务流程、评价标准等全国统一，同一政务服务事项在全国范围不分地域统一无差别受理和办结。① 全面推广"在线咨询、网上申请、快递送达"的网上办事模式。未来几年，要锚定国际化、法治化、市场化、便利化目标营造世界一流的营商环境，把实施助企纾困惠企纾困、阶段性税收减免缓征、留抵退税减税降费等政策措施作为服务市场主体特别是广大小微企业的工作重点，把推动不动产登记全程电子化建设、民生领域高频事项异地办理、医疗费用跨省直接结算服务等作为便民服务的工作重点，着力促进"六稳"、落实"六保"，加快推进后疫情时代"放管服"改革各项重点工作和重点措施落地见效。

四 全面扩大对外开放和努力实现高水平的对外开放

从党的十一届三中全会以来，对外开放一直是我国的一项基本国策，它与对内改革一起，共同开启了我国社会主义发展历程中改革开放的伟大时代。改革开放40多年来，中国大地发生了翻天覆地的历史巨变，社会主义建设取得了举世瞩目的伟大成就，我国的经济总量自2010年起已经稳居世界第二位，社会生产力水平、人民生活水平、国家综合国力、国际地位和国际影响力等大幅提升，从而推动了中国特色社会主义进入新时代，并于2020年如期实现了全面建成小康社会的第一个百年奋斗目标、成功解决了长期困扰中国人民的绝对贫困问题，继而开启了向实现第二个百年奋斗目标胜利进军、到21世纪中叶全面建成社会主义现代化强国的新征程，由此新时代中国特色社会主义进入了新发展阶段。实践证明，对外开放是我国实现社会主义现代化的必由之路，改革是我国发展社会主义的关键一招。

（一）我国由实行对外开放到全面扩大对外开放的历史回眸

早在改革开放之初，邓小平同志就曾指出：独立自主不是闭关自守，自力更生不是盲目排外，中国的发展离不开世界；对外开放是我国

---

① 中国行政管理学会课题组鲍静等：《深化"放管服"改革 建设人民满意的服务型政府》，《中国行政管理》2019年第3期。

总结历史经验教训的必然结论,是我国摆脱贫穷落后和实现社会主义现代化的必由之路。他告诫我们说,我国历史上封闭僵化导致贫穷落后的教训是非常深刻的,这方面的苦头我们吃过,我们的老祖宗也吃过。比如明朝明成祖时期郑和下西洋,那当然是开放的,但是明成祖死了以后明朝逐步地衰落了,恐怕到清王朝的康乾时代也不能说是开放的,而是闭关自守、愚昧无知,竟然还敝帚自珍、夜郎自大;新中国成立后的社会主义建设道路初步探索时期,由于认识偏差和政策失误,我们关起门来搞建设,自我封闭、思想保守,结果不仅没有赶超英美,反而与世界先进发达国家的差距越来越大。1992年初,邓小平视察南方谈话中又强调指出,像中国这样一个贫穷落后的大国要想实现现代化,只要不走改革开放之路,其他任何一条路都是死路,所以改革开放的政策动摇不得。正是在邓小平理论特别是关于改革开放理论的指导下,我国对外开放大潮兴起、波澜壮阔,由兴办经济特区到沿海沿边沿江开放,再到内陆省份开放依次展开,逐步形成了全方位、多层次、宽领域的"雁阵式"对外开放格局。20世纪90年代以来,为主动参与和积极应对经济全球化的机遇与挑战,经过多回合双边和多边贸易谈判,2001年11月中国成功加入世界贸易组织、成为该组织的第143个成员国,以此为标志,我国对外开放进入了一个全面融入经济全球化的历史新阶段。我国始终秉持团结合作、平等互利的理念和主张,高高擎起和平发展、合作共赢的大旗,推进实施了积极主动的应对全球化战略,以更加积极的姿态参与全球化、融入全球化。实践证明,我国抓住了机遇、顶住了挑战、扩大了合作、赢得了发展,在付出较大代价和牺牲的同时一步步地赢得了全球化的战略主动,取得了对外开放和经济社会发展的巨大成就,以更加坚定自信和担当作为的昂扬姿态大踏步地赶上了时代前进和世界发展的步伐。我国的社会生产力水平、人民生活水平和综合国力快速提升,我国经济总量在2010年首超日本之后稳居世界第二位。有人说"中国是经济全球化的最大赢家之一",甚至有人说"中国是经济全球化的最大赢家",这话说得虽然有些偏颇、过头和不妥,但总体来说也不无道理。因为实行对外开放和参与经济全球化确实帮助中国快速成就了"中国奇迹",但中国一直践行的是合作共赢的理念,事实上我国在取得自身发展的同时也为其他国家乃至整个世界的发展作出了重大贡献,如今已连续多年对世界经济增长的贡献率超过30%,成为推动世界经济增长的主要引擎和重要贡献者、稳定器。

但自2008年国际金融危机爆发以来,从2011年席卷发达国家的"占领华尔街运动",到2016年英国脱欧和特朗普当选美国总统,以美英为代表的少数西方国家单边主义和保护主义势力抬头,他们在全球范围内掀起了一股逆全球化和反全球化的浪潮,使得经济全球化遭遇了逆风逆流和曲折发展。当今的经济全球化和全球治理正处于何去何从的关键十字路口,对此,西方大国缺乏提供全球公共产品的意愿和动力,甚至为了一己之私而逃避国际责任,或者高筑围墙搞"小圈子"甚至叫嚣"脱钩断链"等,而广大发展中国家又缺乏提供全球公共产品的能力,或者有意愿但力不从心,所以全世界都把希望的目光投向了中国。世界这么大、问题这么多,对此中国没有缺席、没有失声、没有让世界失望。如推动实施"一带一路"倡议合作,创建亚投行、金砖国家银行和丝路基金,坚持每年举办一届中国国际进口博览会、中国国际消费品博览会,接续举办博鳌亚洲论坛、中非合作论坛、中阿合作论坛,倡导"金砖+"机制,开通中欧班列、开展国际陆港合作和国际陆海新通道合作等,都是中国致力于全面扩大对外开放、积极推动全球化和全球治理而为当今世界提供的全球性公共产品,充分彰显了中国的大国风范、务实作风和责任担当。习近平主席在博鳌亚洲论坛2018年年会及其他重要场合多次强调指出:"中国开放的大门不会关闭,只会越开越大",充分彰显了中国致力于推动更高水平对外开放、建设开放型世界经济、构建人类命运共同体的决心和信心。

(二)公共性理论视角下我国实行对外开放的理论依据探析

现在回过头来我们不禁要刨根问底地追问一下:当年邓小平同志指出,对外开放是我国总结历史经验教训的必然结论,是我国摆脱贫穷落后和实现现代化的必由之路,总之中国的发展离不开世界、不实行对外开放就是死路一条!为什么邓小平同志这样高度重视和强调对外开放的重要性?他这样说的理论依据是什么?对此,我们可以从马克思恩格斯公共性理论及现代公共产品理论中去寻找答案。

第一,其根本理论依据是马克思恩格斯的关于世界历史理论。

马克思恩格斯在《德意志意识形态》中阐述的关于世界历史理论认为,历史的发展必然使彼此隔绝、互不往来的地域历史逐步转变为世界历史,狭隘地域性的个人也必然为世界历史性的、真正普遍的个人所代替。他们在《共产党宣言》中又指出:由于资本主义时代资本的全球扩张,资产阶级开拓了整个世界市场,从而使一切国家的生产和消费连为一体都成为世界性的了。从本质上说,全球化作为一种历史发展趋势,是资本的全球侵略扩张和疯狂剥削掠夺造成的,是资本在世界范围流动而利润在向西方流动,但是资本在全球范围内配置资源和生产要素,把世界各国都连为一体、彼此依存、难割难分,甚至是将狭隘地域中的个人也变成了世界历史性和真正普遍性的存在了,这在客观上确实一定程度地促进了生产力的发展和社会交往的扩大,从而使得全球化走到了资本全球扩张和剥削掠夺的矛盾对立面,并为无产阶级世界革命和完成共产主义事业创造了条件。正如马克思恩格斯指出的:无产阶级只有在世界历史意义上才能存在,就像共产主义只有作为"世界历史性的"存在才有可能实现一样。客观上看,全球化进程表现为人类社会不断摆脱地域分隔和彼此孤立、逐步走向普遍交往交流交融的必然趋势,它势必会造成地域历史和地域社会的日渐式微,最终将会被普遍发展和兴盛的世界历史和世界社会所取而代之,这样就使得一定程度的相互影响、相互制约、相互依存、休戚与共的紧密关系逐步在组成世界共同体的所有国家和地区之间形成和发展起来成为一种历史的必然,所以全球化进程就成为推动全球范围内普遍的公共性积累和不同地域的人们一起走向"公共化"的过程。这种全球范围的公共性积累或"公共化"过程以不断增进人类交往交流交融和促进人的自由全面发展并最终走向世界大同为价值理想和终极关怀,这就是要建立那种"每个人的自由发展是一切人的自由发展的条件"的自由人的联合体,也就是最终实现共产主义理想社会。由此可见,实行全面对外开放和积极参与全球化、深度融入全球化、不断推进全球化,是无产阶级进行世界革命和完成共产主义事业的必要条件和必经途径,而我们当下正生活在全球化的这一伟大目标不断趋于实现的积极而有意义的阶段。

第二,其重要理论依据是借鉴了现代公共产品理论。

现代公共产品理论认为,人类社会创造的一切优秀文明成果,特别是那些不含有政治性内容的中性东西,比如资金、科技、人才、知识、先进理念、管理经验和运行模式等,作为普遍有益的国际公共产品,不分国界和国家性质,都是可以学习借鉴和拿来为我所用的。当初我国之所以要实行对外开放,其主要原因之一是基于实行改革开放之初我国进行现代化建设缺资金、缺科技、缺人才、缺知识、缺管理经验等方面的现实考量。因为当时我国搞经济建设的资源和市场"两头在外",除了劳动力、土地资源非常丰富廉价以外,国内经济建设所需要的大量资金、科技、人才、知识和管理经验等多种资源和生产要素主要依靠从国外引进和进口;由于当时我国的居民收入水平较低和国内消费能力有限,所以生产出来的产品还主要依靠外贸出口到国外,从而使得我国的国内市场逐步融入国际大市场并与国际市场规则接轨,逐步建立起一种国内循环依赖于国际大循环的外向型或出口导向型经济。就这样,中国人民凭着虚怀若谷的态度但绝不照搬照抄的原则学习借鉴人类一切优秀文明成果,逐步探索出一条符合自身实际的发展道路。后来到了世纪之交,为了主动适应和融入经济全球化、更大范围参与国际经济技术合作与竞争和更好利用发挥国内国际两种资源、两个市场的优势,我国开始实施"引进来"与"走出去"相结合的对外开放战略,在加强和提升引进消化吸收再创新的同时,鼓励国内具有比较优势的企业走出去在更大范围参与国际合作与竞争。

改革开放40多年来,我国对外开放局面也由原来的外商对华投资的"单行线"或"单向线"转变为中外合作、相互投资的"双行线"或"双向高速路",展现了中国的对外开放既是中国对世界的开放也是世界对中国的开放即相互开放、互利共赢,既是中国向世界学习也是世界向中国学习即相互学习、共同提高;我国很多行业领域已经改变了原来的落后落伍状态,通过厚积薄发也好、弯道超车也好、后来居上也好,由以前的跟跑者逐步转变为并跑者以至领跑者,现在我国有不少行业领域如5G等已经处于国际领先水平。如今反过来,我国的资金、科技、人才、知识、先进理念、管理经验和运行模式等也成为中国为当今世界提供的全球性公共产品了。例如:党的十八大以来,我国提出和倡导的构建人类命运共同体理念,已经被连续多次载入联合国相关重要决议文本而融为国际社会话语体系的重要组成部分,成为中国为当今世界提供的以"和平发展、合作共赢"为核心的重要全球理念性公共产品;同时,中国还积极主张和践行构建人类命运共同体理念,从搭建"一带一路"国际合作平台到组建成立亚洲基础设施投资银行、金砖国家新开发银行和丝路基金,从举办中国国际服务贸易交易会、中国国际进口博览会到中国北京世界园艺博览会,从接续举办博鳌亚洲论坛到中非合作论坛、中阿合作论坛,从开通中欧班列到加强国际陆港合作和国际陆海新通道合作、"金砖+"合作机制、核准加入区域全面经济伙伴关系协定(RCEP)等,中国不仅提出了一系列新理念、新思路、新方案,而且还构建了一系列新平台、新机制、新模式,从而为进一步推进经济全球化和全球公共治理贡献了中国智慧、中国方案和中国力量,成为中国为当今世界提供的重要全球制度性公共产品。

(三)双循环相互促进背景下努力实现高水平的对外开放

2020年党的十九届五中全会正式提出要立足新发展阶段着力构建双循环相互促进的新发展格局。之所以现在提出要着力构建新发展格局,这是我国发展的客观环境发生深刻变化的必然结果,是适应我国经济发展阶段性变化的必然要求,也是适应国际环境条件新变化的必然要求。从国内发展阶段看,改革开放特别是加入WTO后,我国主动融入全球化和国际大循环，形成了市场和资源"两头在外"的发展格局。党的十八大以来，为适应引领经济发展新常态、推动我国经济由高速增长阶段向高质量发展阶段转型，我们积极实施扩大内需战略、推进供给侧结构性改革，国内大循环活力日益强劲，从而为构建新发展格局奠定了物质基础。一方面，以前的外向型或出口导向型发展战略的缺陷和弊端日益显现，中间从"十一五"到"十三五"时期虽经作出局部微调和修正，适当地加大了扩大内需特别是国内消费需求对经济增长的拉动作用，但总体上这种"以国际大循环为主体为依托、以国际大循环促进完善国内循环体系"的外向型发展战略和发展模式已经完成其历史使命而变得不合时宜了；另一方面，我国目前已经拥有世界上门类最齐全、规模最大的工业体系，许多"中国制造"正在向"中国智造"和"中国创造"加速转变，并且拥有14亿多人口的国内超大规模市场和世界上规模最大的中等收入群体，强大的国内需求足以支撑国内大循环。从国际环境条件看，近些年来逆全球化、反全球化和单边主义、保护主义愈演愈烈，我国必须立足和依托国内大市场、以国内大循环为主体，充分发挥超大规模市场优势，以便有效化解因外需出口受挫或国际经济震荡带来的外部风险冲击，从而增强我国经济的抗压能力、抗风险能力和弹性、韧性、稳定性，长期保持经济持续稳定健康发展。一方面，近一段时间以来大国博弈的不断加剧和地缘政治的风险增加、保护主义明显抬头、逆全球化兴风作浪，严重威胁着我国产业链供应链的安全，我国发展面临的安全风险日益上升，统筹发展与安全两件大事的难度增加；另一方面，一个国家经济发展到了一定时候必然转向依靠国内大循环为主体、国际循环为补充，这是西方发达国家共有的经验和惯例，我国在实现大国经济全面崛起之际必须适时进行发展战略转型，从而确保拥有强大而畅通的内循环和稳定而富有弹性韧性的基本盘的有力支撑。党的二十大报告强调指出：高质量发展是全面建设社会主义现代化国家的首要任务。为此，"我们要坚持以推动高质量发展为主题，把实施扩大内需战略同深化供给侧结构性改革有机结合起来，增强国内大循环内生动力和可靠性，提升国际循环质量和水平，加快建设现代化经济体系，着力提高全要素生产率，着力提升产业链供应链韧性和安全水平，着力推进城乡融合和区域协调发展，推动经济实现质的有效提升和量的合理增长"①。

但是，"以国内大循环为主体"并不是说国际循环可有可无、可要可不要，绝不是要关起门来封闭运行退回到封闭保守的老路上去或者搞"新时期的闭关锁国"。这里面的关键是要做到"双循环相互促进"，即以国际循环促进畅通提升完善国内大循环进而提高我国独立自主、自力更生的能力和水平，以国内大循环更好促进提高参与国际循环的竞争力、质量效益进而实现高水平的对外开放。所以，新时代的国内大循环在本质上是开放的，它是以国际循环为外部条件和必要补充，以满足人民快速增长的美好生活需要为运行目标，以生产、分配、流通、消费为环节载体的动态的、开放的、发展的体系。过去 40 多年我国是在开放的条件下才取得辉煌发展成就，新时代我国要实现经济社会高质量发展需要更加开放的条件才行。为推进高水平对外开放，党的二十大提出了以下政策措施：依托我国超大规模市场优势，以国内大循环吸引全球资源要素，增强国内国际两个市场两种资源联动效应，提升贸易投资合作质量和水平；稳步扩大规则、规制、管理、标准等制度型开放；合理缩减外资准入负面清单，依法保护外商投资权益，营造市场化、法治化、国际化一流营商环境；实施自由贸易试验区提升战略，扩大面向全球的高标准自由贸易区网络；有序推进人民币国际化等。② 因此，新时代新阶段服务型政府建设要着力打破不利于形成双循环相互促进新发展格局的体制机制障碍，促进形成自力更生与对外开放的高水平互动关系，在坚持把自己的事情办好从而具备强大的国内大循环体系和稳固的经济发

---

① 习近平：《高举中国特色社会主义伟大旗帜 为全面建设社会主义现代化国家而团结奋斗——在中国共产党第二十次全国代表大会上的报告》，人民出版社 2022 年版，第 28—29 页。
② 习近平：《高举中国特色社会主义伟大旗帜 为全面建设社会主义现代化国家而团结奋斗——在中国共产党第二十次全国代表大会上的报告》，人民出版社 2022 年版，第 32—33 页。

展基本盘的同时全面扩大对外开放,秉持和平发展、合作共赢的原则和践行真正的多边主义,积极参与全球经济合作与竞争,深度融入全球化进程和推动全球经济治理,不断提升我国开放型经济水平,努力实现我国高水平的对外开放。

五 加快建设数字政府、推进政府治理方式模式创新

依靠数字赋能服务型政府建设、给服务型政府建设插上数字的翅膀,建设数字政府既是我国服务型政府建设的重要内容和重要任务,又是推进服务型政府建设的重要手段、重要平台和重要载体,是我国新时代进一步构建完善服务型政府、推进政府治理方式模式创新和数字化转型的必然要求。

(一) 数字政府是新型政府治理方式模式

数字政府是指通过运用大数据、云计算、互联网、物联网、5G、人工智能、区块链等新一代信息技术,推动政府管理架构、业务流程、技术设施、职能履行的数字化转型,以提高政府决策、监管与服务的智能化和智慧化水平,为人民提供更加便捷、优质、高效的公共服务的现代政府治理模式。[①] 数字政府作为数字治理的热点领域,是人类进入数字治理时代西方公共治理理论与政府治理实践相结合的产物,它秉承了整体性的治理理念并通过与以互联网、大数据等为代表的信息技术相耦合从而赋能打破政府内部、政府与社会之间的壁垒,是集治理理念创新、数字技术创新、政务流程创新、体制机制创新等于一体的整体性变革。全球公共治理的实践证明,数字政府是适应信息时代、智能社会与数字治理要求的新型政府治理方式模式。20世纪80年代以来,伴随着互联网的兴起和普及,电子政务开始在西方国家新公共管理改革中逐步得以推广应用,这可视为数字政府的早期形态。进入21世纪以后,英美等发达国家先后步入数字时代,大数据、物联网等信息技术在政府管

---

① 李军鹏:《面向基本现代化的数字政府建设方略》,《改革》2020年第12期。

理中的普遍应用,有力促进了整体政府、网络政府、智慧政府建设,大大提升了政务服务和公共服务的质量和效率,西方国家于2010年开始步入数字治理2.0时代。

(二) 我国建设数字政府的进展与成效

我国推进数字政府建设自20世纪90年代实施政府上网工程开始,经过21世纪初推广应用电子政务,到党的十八大以来国务院持续推进"放管服"改革和实施"互联网+政务服务",2018年出台了《关于加快推进全国一体化在线政务服务平台建设的指导意见》,从而进入数字政府2.0阶段,数字政府建设全面提速,呈现网络化、平台化、数据化、智能化、生态化的新趋势。2018年广东省出台了《广东省"数字政府建设"总体规划(2018—2020年)》,浙江省印发了《浙江省深化"最多跑一次"改革 推进政府数字化转型工作总体方案》;贵州省设立了国家大数据中心和实时数据库系统,以数据资源融合驱动建设数字化服务型政府。但同时,我国目前数字政府建设中也存在比较突出的短板和弱项。譬如:数字技术推广应用的城乡差异、区域差异和群体之间"数字鸿沟"明显,有些地方开展网上政务服务事项较少、流程不畅、整体实用性不强;政务信息开放共享水平不高,各地政务云平台建设标准不统一,全国一体化在线政务服务水平尚需加快提升;数据资源共享不足和信息孤岛现象与网络安全监管不足和用户隐私保护薄弱同时并存,数据治理的相关政策法规亟待加强和完善;数字治理和信息智能方面的人才紧缺等。加快推进数字政府建设是进一步推动新时代中国特色社会主义事业发展的迫切需要。我国到2035年要基本实现现代化和信息化,将基本建成公共服务型政府和造就世界一流的国际化、法治化、市场化、便利化的营商环境,国家治理体系与治理能力现代化基本实现,我国将进一步跻身创新型国家前列,这些都对数字政府建设提出了全新的要求。立足坚持和完善中国特色社会主义制度、推进国家治理体系和治理能力现代化的战略全局,党的十九届四中全会提出要引入数字治理技术与方式、推进数字政府建设,并在思路设想上勾勒出通过建立健全运用互联网、大数据、云计算、人工智能等现代信息技术手段创新行政管理的制度规则、加快推进搭建全国一体化政务服务平台和政务服务数字化转型的技术路线图，这是将我国制度优势转化为治理效能的重要途径。我国《"十四五"规划和2035年远景目标纲要》已于2021年3月公布，其中第十七章从加强公共数据开放共享、推动政务信息化共建共用、提高数字化政务服务效能等三个方面专门就我国"提高数字政府建设水平"作出了战略规划和明确部署。[①] 为积极适应经济社会数字化发展新趋势，更好发挥数字政府全面引领经济社会数字化转型的主导作用，充分释放数字化发展的活力、潜力和红利，2022年6月，国务院印发了《关于加强数字政府建设的指导意见》，重点就政府管理服务通过广泛深度应用数字技术优化政府治理流程、创新方式模式和提升履职能力以及打造政府运行数字化、智能化新形态等作了安排部署，提出了数字政府建设到2025年和2035年两个阶段的工作目标，并且明确了在构建协同高效的数字化履职能力体系、全方位安全保障体系、科学规范的制度规则体系、开放共享的数据资源体系、智能集约的平台支撑体系和全面引领驱动数字化发展、加强党的领导七个方面的重点任务。[②]

（三）新时代推进数字政府建设的目标与对策

按照国务院《指导意见》两个阶段的工作目标安排：到2025年主要是上层次、上水平，加快完善顶层设计、健全统筹协调机制、提升政府履职的数字化智能化水平等；到2035年要搭建起更加成熟完备的体系框架，基本建成"整体协同、敏捷高效、智能精准、开放透明、公平普惠的数字政府"[③]。立足新时代、适应新要求，锚定到2035年基本建成世界一流数字政府的战略目标，着力构建整体政府和推进协同治理，

[①]《中华人民共和国国民经济和社会发展第十四个五年规划和2035年远景目标纲要》，《人民日报》2021年3月13日第1、5—14版。

[②]《国务院印发〈关于加强数字政府建设的指导意见〉》，《人民日报》2022年6月24日第1版。

[③]《国务院印发〈关于加强数字政府建设的指导意见〉》，《人民日报》2022年6月24日第1版。

必须全面提升我国的在线发展指数、人力资本指数、通信基础设施指数、电子参与指数,到2035年要进入电子政务指数"非常高"的国家中最高四分位数子组行列。具体来说:在电子政务发展指数上,我国2020年是0.795,到2035年要提升至0.923以上;在电子政务发展指数的国际排名上,我国2020年在全球排名第45位,到2035年要提升至前10位水平。[①] 力争到2035年我国数字政府的"云端""网端""平台端"等关键性基础设施系统和控制性主体工程基本建成并趋于完善,具体来说:"在'云端':'一朵云'基本实现政府各类数据全部接入,打破数据壁垒和数据烟囱,有效实现数据开放共享;在'网端':'一张网'基本实现电子政务网络国家、省、市、县、乡、村六级全覆盖;在'平台端':建成完善统一的大数据智能工作平台,基本实现全网搜索、智能分析、可视化服务全完善。"[②] 为此,在对策措施上要坚持做到:

1. 加强协同治理,建设整体政府。整体政府是实体政府与虚拟政府、线下政府与线上政府双向融合、相互贯通、无缝对接、一体化运行的现代政府。要坚持政府开展线上线下政务服务无缝对接,做到同一事项线上办理与线下办理在材料要求、业务流程、服务标准、办事规则等方面"四个统一",杜绝线上线下要求不一和两张皮现象,促进政府门户网站、网上办事服务大厅、实体政务服务中心或市民之家、行政审批业务系统等由虚拟设计的理论逻辑整合向实际可操作的业务流程整合转化,推广行政审批局与政务服务大厅并设的管理模式,构建集行政审批和公共服务于一体的五级数字政务服务体系,从而实现政府管理模式的一体化整合。要科学优化公共组织的权力结构和职能配置,促进决策权、执行权和监督权既适当分离又协调配合,使决策权更加注重宏观整体和长远发展,使执行权和监督权能纵向到底、横向到边,不断推进公

[①] 李军鹏:《面向基本现代化的数字政府建设方略》,《改革》2020年第12期。
[②] 黄未、陈加友:《创新行政管理和服务方式 推进数字政府建设》,《贵州社会科学》2019年第11期。

共组织结构的扁平化、网络化，从而实现组织机构的一体化整合。要精细化、颗粒化梳理涉及企业和群众全生命周期的所有政务服务和公共服务事项，科学设计业务流程和详细制定服务指南，着力简化办事手续、优化业务流程和推进流程再造，建立跨部门跨层级跨地区信息共享、证件互认、业务协同、并联审批、联合办公的工作机制，从而实现业务流程的一体化整合。要加大国家政务信息化建设统筹力度，完善国家电子政务网络，着力推进公共服务的全方位全流程电子化提供和"一站式""一网式"服务，加速推进建设全国统一的高度完备的政务数据信息系统、全国一体化的功能齐全的线上政务服务操作平台，尽快实现政务服务的"全国一网通办"，特别是在公安、民政、教育、医疗卫生、社会保障、市场监管等重点领域率先突破；不断推进政务数据中心体系和政务云平台的集约化建设、政务信息系统的云迁移，构建完善电子政务的政务内网平台和服务外网平台、基于云计算技术的政府数据中心和政府网站群、全息化线上虚拟政务服务大厅等，从而实现服务平台的一体化整合。

2. 推进政务服务在线智能化，建设智能政府。为适应社会环境条件的发展变化而不断推进政府职能结构、职能重点、职能方式等及时转变，这是推进政府治理体系和治理能力现代化的必然要求，也是当前加强服务型政府建设的必然要求。当下，随着互联网、大数据、云计算、物联网、区块链、AI、5G等现代信息技术的飞速发展，通过开发运用这些现代信息科技手段并加以深度融合与功能耦合从而孕育和催生的新型智能社会正呼之欲出，这不仅对政府推进政务服务在线智能化提出了严峻挑战和迫切要求，也为推进现代智慧政府建设提供了千载难逢的大好机遇和宽广平台。依靠科技赋能全面提升政府数字化履职特别是公共服务的能力和水平，加快推进政府治理方式、治理手段、业务流程和服务模式的数字化智能化转型已经迫在眉睫。为致力构建一整套全方位、全天候、全感知、无缝隙的智能化公共服务体系，从而更好、更快、更便捷地为企业、群众和全社会提供在线智能化公共服务，要更加注重在政务服务中大力开发和深度运用人工智能并充分发挥 AI 交互式场景互联的作用，通过搭建感应设备、数据、云、服务平台、内容平台之间的全域全维度实时智能互联，并基于五者之间的这种智能互联，创建和打造一种智能链接政务服务网，进而形成智能化政务服务体系。要积极实施和深入推进"互联网+"行动，进一步促进以大数据、云计算、移动互联网、人工智能等为代表的现代信息技术与基本民生保障、基层社区治理、交通旅游餐饮等公共服务各领域的深度融合，深度开发和广泛推出诸如智慧城市、智慧社区、智慧监管、智慧交通、智慧养老、智慧家居、智慧出行、智慧餐饮等各种具体应用。要加快推进建设数字机关、智能机关，着力提升政府工作及其自身建设的科学化、智能化水平，加快探索和开发创新各种能够把智能政务服务体系和智能化管理手段更多更好地运用和服务于政府机关日常工作的新应用场景，可借鉴引入工商管理内部控制的经验，将管理制度细化为业务流程，将业务流程具体化为各类表单，将表单的内容提炼为信息，再将各种信息转化为数字，在数字化基础上再上升到智能化和智慧化管理层面，从而有效解决一些地方政府工作中存在的办事程序繁苛、行政效率低下、部门协作困难、相互推诿扯皮、技术操作不便、人性化不足等问题。[①]

3. 加强基础设施建设，夯实数字政府根基。推进数字政府建设的根本基石就是，充分运用和依托现代信息科技的最新发展成果如互联网、大数据、云计算、人工智能、物联网、区块链、5G 等新一代信息技术夯筑而起的数字政府基础设施和基础工程。预先善其事、必先固其本，基础不牢、地动山摇。为此，要着力夯实数字政府的根基，切实加强数字政府基础设施建设，尽早抢占数字政府建设的战略制高点，加快打造有利于数字政府发展的技术高地、人才高地、创新高地、政策高地，从供给侧入手破除影响制约数字治理的体制机制性障碍和打通"肠梗阻""血栓塞"以及各种"堵点""瘀点""痛点"。要分级、分类、

[①] 李军鹏：《面向基本现代化的数字政府建设方略》，《改革》2020 年第 12 期。

分步推进新型智慧城市建设，依托数字技术构建和打造用以辅助政府决策执行与快速反应的功能强大的"城市大脑"和各种"仪表盘"系统、"指示灯"系统、"预警预报"系统，建设和完善智能视频监控系统、智能应急联动系统、全链路应急指挥系统、重大传染病的网络疫情直报系统、智慧执法系统、智慧办公系统等，不断提高基于高频大数据动态监测、智能精准预测预警水平，全面提升应对突发公共事件的应急处置能力。要建立健全国家公共数据资源体系，尽快把向社会提供基础公共数据服务纳入政府公共服务体系之中，探索建立统一的公共数据开放交易平台和开发利用端口，积极稳妥、安全有序地逐步推进公共数据向社会开放，对企业登记监管、科技教育、医疗卫生、交通、气象等高价值数据集可以尝试优先启动，以便充分发挥数据资源作为重要生产要素的巨大价值和作用。要充分运用数字化技术手段和数字赋能不断完善社会治理体系、提升社会治理效能，在社会基层坚持和发展新时代"枫桥经验"，畅通和规范群众诉求表达、利益协调、权益保障通道，完善网格化管理、精细化服务、信息化支撑的基层治理平台，加快推进市域社会治理现代化、提高市域社会治理能力。[①]

六　后疫情时代建设服务型政府的新挑战和对策措施

2020年新年伊始，一场突如其来的新冠疫情席卷了全球，给我国和世界各国人民带来了空前的劫难、痛苦和损失，至今已有三年多时间仍未根除。疫情就是命令，防控就是责任。党中央国务院高度重视疫情防控工作，第一时间进行了专题研究和工作部署，各级党委、政府、社会各界和广大群众积极响应，打响了抗击疫情的人民战争、总体战、阻击战。我们按照坚定信心、同舟共济、科学防治、精准施策的要求，把坚持全国一盘棋、统筹各方面力量支持疫情防控作为重要保障，把控制

---

① 习近平:《高举中国特色社会主义伟大旗帜　为全面建设社会主义现代化国家而团结奋斗——在中国共产党第二十次全国代表大会上的报告》，人民出版社2022年版，第54页。

传染源、切断传播链作为关键着力点，加强对疫情防控工作的统一领导、统一指挥、统一行动，迅速动员和组织起全国的人力、物力、财力资源，举国之力、举国体制，万众一心、众志成城，展示了我国国家制度和国家治理体系强大的组织动员力、统筹协调力和贯彻执行力。一个月后，全国疫情蔓延势头初步得到有效遏制，并陆续开始分区分级精准复工复产；两个月后，全国疫情防控积极态势进一步拓展，每日新增本土病例降至个位数以内；三个月后，武汉保卫战、湖北保卫战取得决定性成果，疫情防控阻击战取得重大战略成果，统筹推进疫情防控和经济社会发展取得积极成效，实现了疫情防控工作由应急性超常规机制向日常性常态化机制转变。自第三季度以来，中国经济在全球率先复苏并成为疫情后 G20 中唯一实现正增长的国家，全年 GDP 总值逆势增长突破 100 万亿元大关，年度增速先降后升呈大"V"字形，比上年增长 2.3%，并依然保持强劲的发展势头，继续发挥着引领世界经济发展的引擎作用。我们深入贯彻以人民为中心的发展思想和人民至上、生命至上的价值理念，坚持"外防输入、内防反弹"和"科学精准、动态清零"的常态化疫情防控方针政策不动摇，持之以恒、久久为功，经受住了全球五波疫情流行的轮番冲击，有效处置了百余起多点散发的聚集性疫情，特别是继打赢武汉保卫战、湖北保卫战之后又打赢了大上海保卫战，取得了统筹疫情防控与经济社会发展的双优成绩。2022 年 11 月以来，根据国际国内新冠疫情的最新发展变化，我国因时因势及时优化调整疫情防控的政策策略，先后出台了优化疫情防控措施"二十条"、进一步优化落实疫情防控措施"新十条"，国务院联防联控机制适时出台发布了防控方案（第十版）并于 2023 年 1 月 8 日正式实施"乙类乙管"[①]。以这些政策措施的密集出台为标志，从此我国的疫情防控工作进入新阶段，工作重心从"防感染"转到"保健康防重症"、从风险地

[①] 中央广播电视总台：《因时因势优化调整防控措施 牢牢掌握抗疫的战略主动权》《国务院联防联机制发布会：我国对新冠病毒感染正式实施"乙类乙管"第十版防控方案加强监测预警》，《新闻联播》2023 年 1 月 8 日。

区和人员管控转到健康服务与管理。习近平主席在2023年新年贺词中说:"疫情发生以来,我们始终坚持人民至上、生命至上,坚持科学精准防控,因时因势优化调整防控措施,最大限度保护了人民生命安全和身体健康。广大干部群众特别是医务人员、基层工作者不畏艰辛、勇毅坚守。经过艰苦卓绝的努力,我们战胜了前所未有的困难和挑战,每个人都不容易。目前,疫情防控进入新阶段,仍是吃劲的时候,大家都在坚忍不拔努力,曙光就在前头。大家再加把劲,坚持就是胜利,团结就是胜利。"[1] 抗疫斗争伟大实践证明:中国共产党和中国政府具有无比坚强的领导力,是风雨来袭时中国人民最可靠的主心骨;中国特色社会主义制度具有集中力量办大事的显著优势,是抵御各种风险挑战、提高国家治理效能的根本保证。

从表现特点来看,与2003年的"非典"疫情相比,这场"新冠"疫情不仅来势凶猛,传播速度更快、防控难度更大、持续时间更长、造成损失更重、影响更深远,而且病毒本身隐匿性更强、进化变异更快、潜伏期由长变短、致病致亡率更高、治愈难度更大,疫情暴发以来新发病毒谱系抵抗人体免疫系统的"免疫逃逸"能力持续提升,但是感染病死率在持续下降,特别是中国和越南至2022年12月大致维持在0.1%左右。仅以2022年5月初为例,据世界卫生组织公布的统计数据显示,全球新冠累计确诊病例超过5.11亿例,累计死亡病例接近624万例,而且全球新冠确诊病例还会继续增加,一些国家新冠死亡率将升至最高水平;据美国约翰斯·霍普金斯大学实时统计数据显示,美国累计确诊病例超过8144万例(至8月11日达9256.22万例),累计死亡病例达99.4万例(继5月底突破100万例大关后,至8月11日达103.55万例,仅2022年以来累计死亡就超过20万例)。[2] 世界百年未有之大变局与全球疫情交织叠加、相互影响、相互激荡,再加之2022

---

[1] 新华社:《国家主席习近平发表二〇二三年新年贺词》,《人民日报》2023年1月1日第1版。

[2] 中央广播电视总台:《国际联播快讯》,《新闻联播》2022年5月6日、8月12日。

年初以来爆发的俄乌冲突，世界已进入国际形势更加错综复杂、国际格局更加快速演变、世界局势更加动荡不安、全球治理更加艰难曲折的后疫情时代。

当下，我国疫情防控已进入新阶段，但仍是吃劲的时候。随着新冠病毒感染防控方案（第十版）的出台发布和正式实施"乙类乙管"，疫情防控的工作重心已从"防感染"转到"保健康防重症"、从风险地区和人员管控转到健康服务与管理，特别是重点做好老年人、基础病患者、孕妇和儿童等脆弱群体的防控救治。因此，后疫情时代进一步推进服务型政府建设要紧跟形势变化，及时适应新的要求，不断转变政府职能，重点在保健康防重症、强化健康服务与管理上狠下功夫，着重加强重点人群（如老年人、基础病患者、孕妇、儿童和重点行业从业人员等）、重点机构（如养老机构、儿童福利领域服务机构、精神卫生福利机构、学校、邮政快递、医疗机构等）和重点场所（如客运场站、商场超市、农贸或集贸市场、餐饮服务单位、沐浴服务单位等容易发生聚集性疫情的场所）的疫情防控。虽然我国疫情防控已进入新阶段，但即使是将来新冠疫情完全消退之后，我们在加强政府公共突发事件应急管理体系和应急处置能力建设以及推进常态化疫情防控工作方面不断补短板、强弱项、堵漏洞、固底板、扬优势所采取的一系列行之有效的对策措施和积累起来的宝贵经验都是弥足珍贵的，这对于今后我们从容应对随时可能突发的公共卫生方面的"黑天鹅"事件、进一步推进后疫情时代服务型政府建设都具有重要的借鉴性价值和方法论意义。

（一）后疫情时代我国建设服务型政府面临一系列新挑战

新冠肺炎疫情不仅直接地造成了大量的人员感染和病亡，给人民群众的生命健康安全带来了严重的威胁和危害，导致一定程度的社会心理恐慌和焦虑不安，扰乱了正常的社会生产生活秩序和社会交往活动，而且间接地造成了重大家庭财产和社会经济损失，严重影响了社会正常的生产经营活动和国家经济社会发展，甚至对社会大局稳定造成严重冲击和威胁，这就给后疫情时代的服务型政府建设和推进政府治理增加了较大难度和成本、提出了新的考验和挑战。

  1. 在政府职能重点方面，保障基本民生服务的难度和压力加大。为有效防止疫情扩散蔓延，严控传染源、切断传播链是关键着力点，因此限制人员流动、少出门、少聚集是必然要求，这样势必会打乱人们的正常工作秩序、生活秩序和社交秩序，诸如日常工作、办事出行、消费购物、婚丧嫁娶、风俗庆典、公共活动等都受到严重影响。尤其是处在封控区、管控区人们的最基本日常生活保障问题突出，需要政府精心组织和协调做好生产供应、物流运输、仓储配送、商品销售、快递服务以及加强市场监管、规范市场秩序、防止哄抬物价、落实保供稳价等各环节的工作，抓好像柴米油盐、蔬菜水果、肉禽蛋奶等基本民生日用必需品全天候保供保链保运保送，并确保就医用药、线上教学、基础设施运行等其他基本民生服务不停摆不断档。的确，在疫情暴发期间，尤其是在大城市和超大城市，政府一方面要确保抗疫前线对患者实施分类集中、隔离救治和做到应收尽收、应治尽治以及相应的人力物力财力资源和组织领导保障，另一方面又要确保基本民生服务正常进行和社会秩序稳定以及在较大范围内大兵团地统一指挥、统筹协调以上各个环节及其本身的疫情防控工作，确实是对政府应急管理体系和应急处置能力的严峻"大考"，这种考验的关键和要害就是政府的应急反应速度能不能做到"以快治快"，只有做到了方能把疫情造成的损失降到最低。2022年春季，作为超大城市的上海市在应对此波严重疫情中所暴露出来的若干问题就可见一斑，社会反应比较强烈。

  2. 在政府职能基础方面，应对经济运行下行趋势的难度和压力加大。新冠疫情严重干扰了正常的社会生产经营活动和国家经济社会发展，使得影响经济发展的各种可预测和不可预测的复杂因素增多，经济增长速度有所放缓甚至出现负增长，市场主体面临新的生产经营困难，就业岗位萎缩导致就业形势更趋严峻，国家稳定宏观经济大盘的难度明显增加，经济运行新的下行压力进一步加大。一方面，严重疫情造成了生产要素市场的震荡和波动，产业链、供应链安全遭受严重威胁或出现松动甚至发生断裂，企业用工、融资、资金周转、经营发展等面临困难，经营成本高企而税费负担较重，内需不足又出口受挫，特别是广大小微企业经营困难、举步维艰。另一方面，实施必要的疫情防控措施是一把"双刃剑"，势必会不同程度地影响或伤及生产投资、外贸出口、国内消费等领域，甚至出现局部的市场疲软、动力不足、营销乏力现象，特别是像交通运输业、休闲旅游业、餐饮服务业、实体零售业等受疫情严重影响的特殊困难行业成为重灾区。经济增长直接影响就业，就业直接牵挂民生，民生关联社会稳定。经济是基础，民生无小事；稳定是前提，发展是关键。因此，如何统筹兼顾、协调推进疫情防控和经济社会发展就成为后疫情时代政府工作的头等大事。

3. 在政府职能方式方面，创新政府治理方式模式的难度和压力加大。百年变局与世纪疫情交织叠加背景下，国际局势更加错综复杂、动荡不安，国际竞争和大国博弈更趋激烈，全球范围的新一轮产业革命、科技革命方兴未艾；我国发展进入新时代、新阶段，"三期叠加"背景下经济社会发展面临许多新的矛盾和问题，统筹推进疫情防控与经济社会发展任务艰巨，以大数据、云计算、人工智能、互联网、物联网、区块链和5G等为代表的新一代信息技术对政府管理的数字化、智能化、智慧化转型提供了新的机遇和挑战，迫切要求政府工作适应形势需要、突出守正创新，切实加强和改进政府治理，不断创新和完善政府治理方式，努力提高政府治理效能。这次暴发新冠疫情进一步凸显了加强政府公共突发事件应急管理体系和能力建设的极端重要性、紧迫性，常态化疫情防控如何兼顾好疫情防控与经济社会发展、确保人民群众的生产生活平稳有序，更考验着政府管理模式和方式方法创新的能力和智慧。要坚持常态化疫情防控的宏观持久战与微观歼灭战相结合的战略和战术，实施战役战斗中"动态清零"的政策和策略，必须依托和运用大数据、云计算、移动互联网、5G等现代信息技术充当政府治理的"千里眼""顺风耳"，确保人员活动轨迹更可精确追踪、流调数据更加精准科学、防控措施更加精细高效，从而建设一个能把全体人员纷繁无序的社会流动变成可实时动态追踪的"有轨可循的布朗运动"的现代智能政府和智慧政府。但与此同时,政府在保障公民的个人信息安全和隐私权利方面的公共责任又更加凸显出来。

(二)后疫情时代进一步推进服务型政府建设的对策措施

虽然我国疫情防控已进入新阶段,但即使是将来新冠疫情完全消退之后,我们在加强政府公共突发事件应急管理体系和应急处置能力建设以及推进常态化疫情防控工作方面所采取的一系列行之有效的对策措施和积累起来的宝贵经验都是弥足珍贵的,这对于今后我们从容应对难以预测的突发公共卫生方面的"黑天鹅"事件、进一步推进后疫情时代服务型政府建设都具有重要的方法论意义。

1. 抓细、抓实、抓好各项防疫工作,确保基本民生和社会生产生活平稳有序。

2022年3月以来,受全球第四波疫情流行的影响,我国局部地区出现聚集性疫情,并呈现点多、面广、频发的特点。中央政治局常务委员会及时召开会议,分析研判新冠疫情最新形势、安排部署从严抓细抓实抓好疫情防控工作,习近平总书记强调指出"坚持就是胜利"①。要坚持不懈、久久为功、慎终如始、善作善成,深入贯彻以人民为中心的发展思想和人民至上、生命至上的价值理念,坚持"外防输入、内防反弹"和"科学精准、动态清零"的常态化疫情防控方针政策不动摇,进一步压实"四方责任"、落实"四早"要求,着力提升分区分级差异化、精准化疫情防控能力和水平,不断加大惠民、利民、便民和优先保障改善民生工作力度,尽力量力、用心用情做好服务民生实事,兜牢困难群众的民生底线,确保人民生命健康安全、基本民生服务落实到位、群众正常生产生活平稳有序。为此,各级党政机关特别是地方政府官员要深刻领会,做好疫情防控工作的价值真谛就是一切为人民群众的生命

---

① 《中共中央政治局常务委员会召开会议 分析新冠肺炎疫情形势 部署从严抓好疫情防控工作》,《人民日报》2022年3月18日第1版。

健康服务，疫情防控工作归根结底就是为人民服务，从严落实防疫政策措施既是管理也是服务，这是后疫情时代服务型政府建设的重要任务和时代内容，要进一步磨砺为民服务之德、责任担当之勇、科学防控之智、统筹协调之谋、组织落实之能。政府职能要更加注重保障和改善民生、稳定和扩大就业，确保交通物流畅通和基本民生商品保供稳价，保障重点产业链供应链稳定和城市核心功能、关键基础设施正常运转，具体落实人民生活必需品生产供应和加强市场监管、打击哄抬物价。同时应尽力保障好群众正常的就医用药需求、尽量满足人民正当合理的人情世故要求，坚决杜绝类似陕西省西安市某医院因拒收孕妇而导致胎儿流产事件、河南省周口市某县长因"恶意返乡"言论而引发网友强烈吐槽事件等再度发生。2022年6月，为及时应对当前国际国内最新疫情和进一步统一规范全国疫情防控工作，纠正和杜绝各地在执行中央疫情防控政策措施中存在的"层层加码"和"简单化""一刀切"等过度防疫乱象，国务院联防联控机制出台发布了防控方案（第九版）和疫情防控"九不准"要求并公布了投诉举报电话，此后，全国此类问题发生案例明显减少、疫情防控秩序明显改善。

各级政府要发自内心地为群众解决急难愁盼问题、尽量多些人文关怀，要设身处地地考虑群众办事的实际难处、尽量多些暖心关爱，要力所能及地增设一些服务网点设施、尽量多些便民关照。比如，在常态化疫情防控工作中，如果各地都能从为民服务和服务为本的服务行政理念出发自觉做到服务群众、方便群众、体谅群众的话，那么像在高速路出入口设立便民核酸检测点和提供临时性核酸检测等之类的防疫服务，职能部门只要有心想办则办到并不难，这样既便民高效又经济周到、利于防疫，从而可以免除相关人员因地方政府过度防疫行为带来的来回奔波和人在囧途之苦，但笔者2022年春节返乡时的亲身体验却并非如此。再比如，有些地方在安排核酸检测工作方面还存在明显不足，便民采样点偏少、工作时间偏短、机制不灵活、服务效率不高，不能高效满足和方便相关人员的服务需求，造成不同程度的人员拥堵和排队时间过长现象。据亲身体验，笔者曾冒雨排队参加某地核酸检测，上午排队近两个小时，快要排到了可是工作人员却要下班了，留下的是雨中等待着的长长队伍，无奈只好下午再去提前排队，大约又排队三个小时才终于做成，就这样做个核酸检测几乎花费了一整天的工作时间，搞得人腰酸腿疼、疲惫不堪。所以建议在常态化疫情防控工作中各地应科学合理配置核酸检测服务网点，尤其是大城市居民密集区要适当增设一些采样点，并建立灵活机动和富有弹性的工作时间机制，切实提高检测能力和工作效率，尽量缩短群众排队等候的时间，努力满足和便利人民群众这方面的服务需求。

2. 着力稳增长、稳就业、稳物价，确保经济运行在合理区间和稳住宏观经济大盘。

2022年，我们全面贯彻中央经济工作会议精神和《政府工作报告》的安排部署，坚持稳字当头、稳中求进，完整、准确、全面地贯彻新发展理念，推动构建双循环相互促进的新发展格局，统筹推进疫情防控和经济社会发展，着力做好"六稳""六保"工作，加大惠企利企、助企纾困、减税降费、留抵退税和特殊困难行业政策扶持力度，并把稳增长放在更加突出的战略位置，各项政策措施适当靠前发力，强化周期性调节和预调微调，确保稳住宏观经济大盘，保持经济在爬坡过坎中平稳运行。第一，面对疫情冲击下严峻复杂的国内外经济形势和我国经济运行越来越大的新的下行压力，被称作"放水养鱼"之举的退税减税降费政策措施对于全年稳增长乃至今后经济发展蓄能量、保后劲显得尤为关键和及时。为着力稳增长稳市场主体保就业，中央政府坚持阶段性措施与制度性安排相结合、减税与退税并举，实施了新的组合式税费支持政策。[①] 一方面，围绕稳市场主体保就业，推动落实落细对中小微企业、个体工商户减税降费政策的延期、扩围、加力，对市场主体尤其是交

[①] 李克强:《政府工作报告——二〇二二年三月五日在第十三届全国人民代表大会第五次会议上》,《人民日报》2022年3月13日第1、3—4版。

通、文旅、餐饮、零售等特殊困难行业采取减免房租、降低能费、税费减缓等助企纾困措施，有效提升中小微企业的融资可得性，着力降低企业综合融资成本和生产经营成本，多管齐下助力企业渡过难关。① 各地还从本地实际出发突出特色、擦亮品牌，大力扶持一批专精特新小巨人企业，着力培育壮大新经济。另一方面，实施大规模增值税留抵退税政策，把实行退税减税作为稳定市场预期和宏观经济大盘的关键性举措，全年增值税留抵退税规模约 1.5 万亿元全部直达企业，中央财政再安排 1.2 万亿元转移支付资金设立 3 个专项用来支持基层落实退税减税降费等，这是稳增长稳市场主体保就业的直接高效纾困之举。通过抓实抓细抓好各项政策举措落实，严格资金监管和国库管理，确保了退税资金按时限直达市场主体、地方性补助资金直达市县基层。② 第二，我们根据形势发展需要及时对宏观经济运行进行分析研判和把脉问诊，持续加大政策措施的调整、调控、调节力度。按照中央政治局 4 月 29 日经济工作会议精神，抓紧谋划增量政策工具，加大相机调控力度，把握好政策的提前量和冗余度，对受疫情严重冲击的行业、中小微企业和个体工商户实施一揽子纾困帮扶政策。③ 7 月 21 日，国务院常务会议重点部署了扩大投资、消费等有效需求的各项政策举措，强调要进一步规范行政裁量权，并决定取消 29 个行政罚款事项。④ 7 月 28 日中央政治局会议又重点研究和部署了下半年的经济工作，会议强调指出：为全面落实党中央提出的疫情要防住、经济要稳住、发展要安全的总要求，疫情防控工

---

① 新华社：《李克强主持召开国务院常务会议 确定〈政府工作报告〉重点任务分工，要求扎实有力抓落实推动经济在爬坡过坎中保持平稳运行》，《人民日报》2022 年 3 月 15 日第 1、4 版。

② 新华社：《李克强主持召开国务院常务会议 确定实施大规模增值税留抵退税的政策安排，为稳定宏观经济大盘提供强力支撑；部署综合施策稳定市场预期，保持资本市场平稳健康发展》，《人民日报》2022 年 3 月 22 日第 1、3 版。

③ 新华社：《中共中央政治局召开会议 分析研究当前经济形势和经济工作 审议〈国家"十四五"期间人才发展规划〉》，《人民日报》2022 年 4 月 30 日第 1 版。

④ 新华社：《李克强主持召开国务院常务会议 部署持续扩大有效需求的政策举措，增强经济恢复发展拉动力；确定进一步规范行政裁量权，决定取消和调整一批罚款事项》，《人民日报》2022 年 7 月 23 日第 1—2 版。

作要做到该管的要坚决管住、该保的要坚决保住，经济工作要着力稳增长、稳就业、稳物价、稳宏观经济大盘，力争实现最好结果。一是充分扩大有效需求，发挥财政货币政策弥补需求不足的积极作用，用足用好地方政府专项债券资金和债务限额，加大对各类企业的信贷支持力度；二是保粮食安全、保金融市场稳定、保房地产市场稳定，保交楼、稳民生，全面守住安全底线；三是实施规范平台经济健康发展的常态化监管，大力促进出口、扩大进口，增强改革开放促进经济增长的动力作用；四是切实保障民生、增加就业，尤其是千方百计增加高校毕业生等重点群体就业；五是营造良好的政策环境，调动各方面积极性，让国企敢干、民企敢闯、外企敢投。①

2023年，我国经济工作要全面贯彻落实2022年12月中央经济工作会议精神，狠抓各项工作部署和政策措施的落地见效。会议就我国目前的经济形势分析指出，既要看到经济恢复的基础尚不牢固，需求收缩、供给冲击、预期转弱三重压力较大，以及外部环境动荡带来的不利影响，又要看到我国经济韧性强、潜力大、活力足，各项政策效果持续显现，2023年经济运行有望总体回升。会议强调，做好2023年经济工作，要以习近平新时代中国特色社会主义思想为指导，全面贯彻落实党的二十大精神，扎实推进中国式现代化，坚持稳中求进工作总基调，完整、准确、全面贯彻新发展理念，加快构建新发展格局，着力推动高质量发展，更好统筹疫情防控和经济社会发展，更好统筹发展和安全，全面深化改革开放，大力提振市场信心，把实施扩大内需战略同深化供给侧结构性改革有机结合起来，突出做好稳增长、稳就业、稳物价工作，有效防范化解重大风险，推动经济运行整体好转，实现质的有效提升和量的合理增长，为全面建设社会主义现代化国家开好局起好步。第一，要更好统筹疫情防控和经济社会发展，因时因势优化疫情防控措施，认

---

① 新华社：《中共中央政治局召开会议 分析研究当前经济形势和经济工作 审议〈关于十九届中央第九轮巡视情况的综合报告〉》，《人民日报》2022年7月29日第1版。

真落实新阶段疫情防控各项举措，保障好群众的就医用药，重点抓好老年人等脆弱群体的防控救治，着力保健康防重症。第二，要坚持稳字当头、稳中求进，继续实施积极的财政政策和稳健的货币政策，加大宏观政策调控力度，加强各类政策协调配合，形成共促高质量发展合力。积极的财政政策要加力提效，稳健的货币政策要精准有力，产业政策要发展和安全并举，科技政策要聚焦自立自强，社会政策要兜牢民生底线。第三，要从战略全局出发，从改善社会心理预期、提振发展信心入手，纲举目张地做好各项工作，着力扩大国内需求，加快建设现代化产业体系，切实落实"两个毫不动摇"，更大力度吸引和利用外资，有效防范化解重大经济金融风险。[①]

3. 创新政府治理方式和加强全民教育引导，确保后疫情时代社会大局稳定。

立足对疫情防控复杂性、艰巨性、反复性、长期性的充分认识和更好统筹疫情防控与经济社会发展，为进一步增强政府应急管理的能力和水平，必须持续深化"放管服"改革和创新政府治理方式，再推出一批促进大众创业、万众创新和便利企业经营、居民办事、疫情防控的政务服务新招实招，推动实现更多服务事项异地可办、一网通办、扫码能办，尽量减少人员聚集和提高办事效率，尤其是尽快推动实现疫情防控工作由数字化到智能化、智慧化运行。通过综合运用大数据、云计算、移动互联网、物联网、AI、5G等新一代信息技术和支付宝、微信及其小程序等网络多功能操作平台并与公民个人身份信息实名绑定和互联耦合，再进一步结合诸如公民身份证、驾驶证、社保卡、档案信息电子化等技术手段，可以搭建各级各类政府服务管理系统平台，从而推动实现各类政务服务和公共服务的数字化转型。例如全国一体化政务服务平台新冠疫情防控专题防疫健康信息码服务、国务院全国通信大数据行程卡

---

① 《中央经济工作会议在北京举行 习近平李克强李强作重要讲话 赵乐际王沪宁韩正蔡奇丁薛祥李希出席会议》，《人民日报》2022年12月17日第1版。

服务、地方各省市健康码服务和场所码服务等，就是通过客户端要求相关人员用实名绑定手机扫描定制的二维码（场所码）即可实时准确获取人员到访的时间和位置信息，对异地流动人员结合实行个人行程报备制采集相关信息，再经由大数据技术汇总处理综合分析从而形成人员近期行程数字化信息卡，在推进常态化疫情防控的精准精细化管理中发挥了强有力的"抓手"作用。

  同时，要注意处理好疫情防控中的政府权力与公民权利之间的关系，保护好公民个人信息安全和保障隐私权、知情权，及时发布疫情信息和防疫动态，主动回应民众关心和社会关切，加强教育引导和心理疏导，保持后疫情时代的社会大局稳定。第一，这场旷日持久的新冠疫情防控人民战争、总体战、阻击战已经历时三年多了，干部群众难免有些麻痹松懈思想和厌战厌烦情绪，甚至有些群众因为对许多防控措施不很理解而心生不满或产生抵触心态、不积极配合，老百姓有时发个牢骚释放一下情绪也是可以理解的。所以，越是疫情防控形势严峻的时候就越是要切实加强防疫政策的宣传教育、社会沟通和心理疏导工作，进一步压实属地、部门、单位和个人四方责任，教育引导广大干部群众充分认识到疫情防控是关涉国家公共卫生安全和人民生命健康安全的大事，防疫涉及千家万户、疫情防控人人有责，掌握防疫知识技能、自觉遵守防疫要求、加强个人自我防护、配合党和政府工作是每位公民应尽的义务，从而尽最大努力赢得群众的广泛理解、支持和配合，力争用最小的代价换取最大的防控成效。第二，要充分认识到公民服从和配合政府管理并按要求履行如个人行程报备、扫码提供个人相关信息或者出示健康码、大数据行程卡、核酸检测证明等公民责任，这本身就是公民把个人权利尤其是自由权和隐私权的一部分让渡给了政府。既然政府权力源于公民权利的让渡，所以政府有责任有义务去尽心尽力地使用好、管理好、保护好这种权利，确保公民个人信息安全和保障隐私权、知情权，做好患者及其家属、受困群众的心理健康疏导，使群众真切实在地感受到"让有所值""让有所得"，从而心悦诚服地响应支持和积极配合政府开展疫情防控工作,并在参与政府的合作治理中不断增强获得感、幸福感和安全感。第三,要以"郑州赋红码"事件作典型案例加强公务员队伍特别是党政领导干部的警示教育,以案促整、以案促改,举一反三、防微杜渐。要确立"健康码无小事"理念,充分认识到健康码关涉千家万户和每个人的切身利益,可以说是疫情防控期间群众出门办事和安全出行的"护身符",在这方面万一处理不当弄不好会成为群众维权发泄的爆发点。所以,各级党政干部要从维护后疫情时代社会大局稳定的政治责任高度提高认识,切实增强为人民服务的权力观念、模范遵纪守法的规矩意识和严格依法行政的行为自觉。

第三节 新时代构建完善服务型政府的政策建议

基于上述关于新时代构建完善服务型政府的基本思路和对策措施,结合自己的考察、学习、思考和体悟,谨提出以下几点粗浅的或不成熟的政策建议,希望能对新时代推进服务型政府建设进一步提升完善有所帮助,仅供参考。

一 实行全国范围的政务服务"五个统一",着力增强群众办事的切身体验感

基于笔者到政务服务中心办事的切身体验,感觉服务型政府建设在全国推进实践中的地区差距较大,特别是东部沿海省份和内陆省份之间进展不平衡性较为明显,无论是服务理念还是具体办事环节流程要求等都有不同程度的表现。比如,笔者曾在浙江省温州市办理异地医保转移手续,当时所带材料不全,按要求就得再跑一次,可是工作人员主动把我的情况向分管负责人作了汇报,他们一起热情地帮我想办法,通过双方单位负责人电话沟通和所需材料传真等方式及时补足了所缺材料,结果事情当场就办成了,避免了再跑一次的来回奔波。还有,在办理调动

的相关手续时，工作人员的办事口气态度也很有特色，他们会以随意聊天的形式了解掌握你调动的原因和动机以便今后改进工作，比如说"我们温州待您不薄呀，那为啥要调走呢"之类，随和而不失体面、温馨而不失尊严。但对比一下内陆省份，类似政务服务的体验感则反差较大，前些年他们能不给你脸色看就很不错了，当然现在也有较大改进提高。再比如，同样是提取个人住房公积金事项，在办理以偿还购房贷款形式提取公积金业务所需提交的材料和证明事项的具体要求上，福建省福州市只需提供个人身份证、银行贷款合同及近期银行还款流水三项即可办结，而中部某省市的材料要求则远不止这些，笔者担心材料提供不全，干脆把所有的购房和房贷手续、证件、发票等材料打成一个大大的档案袋统统带上算了，到时要啥给啥。可见，内陆与沿海省份在办理同类政务服务的业务要求上标准不一、差别较大，服务体验感的差别就不用多说了。鉴于此，笔者建议在全国范围内推行政务服务统一化、标准化、一体化建设，根据自然人和市场主体全生命周期所需办理的政务服务事项按最小颗粒原则进行全链条梳理和分类汇总，详细编制全国统一的政务服务事项清单目录和具体的办事操作指南，即按照章节目条款由大到小、由总到分把服务事项逐级进行分类细化和编码，直至使得全国范围内同一个政务服务事项统一拥有同一个编码，在此基础上，再设计编制统一标准的业务流程、证明材料清单、相关要求说明等操作指南，从而实现全国范围内政务服务"五个统一"：统一事项编码、统一服务标准、统一业务流程、统一办结时限、统一材料要求，并且保障公众和企业能通过全国一体化政务服务平台一网通办、异地可办、掌上能办，登录线上办理和实体大厅办理同样便捷高效。

二 推进政府治理方式数字化转型，要兼顾兼容"大众模式"与"小众模式"

随着互联网、大数据、AI、5G等新一代信息科技的推广应用以及与传统产业、行业和社会生活领域等深度融合，现代社会正以前所未有的速度飞快发展并加速走向数字化、智能化、智慧化，一个高度智能化、智慧化社会正呼之欲出，这给我国新时代推进服务型政府建设特别是政府治理方式创新既带来了大好机遇也提出了严峻挑战。与此同时，我国社会的人口老龄化进程加快走向深度老龄化，老龄人口的"数字鸿沟"甚至"数字恐慌"现象日益凸显，从而政府治理方式模式的"大众模式"与"小众模式"之间的张力也进一步显现出来。比如，近年来暴发新冠疫情期间，因一些老年人特别是农村老年人不会扫码或不能出示健康码而被公交车司机拒绝乘车甚至发生口角和肢体冲突的事件屡见不鲜，事件起因是这些老年人要么用的是老式非智能手机，要么不会用智能手机的相关功能、不会操作或操作不熟练，但司机出于遵守政府疫情防控政策措施和统一要求的岗位职责又必须从严落实，于是这类事件的发生就在所难免了。笔者也目睹过，当时就心生忧虑和不安：人都有老的时候，等我们老了不知那时的科技发展和智慧社会又是啥样子，自己会不会落伍被淘汰抑或被边缘化？难道政府治理的方式方法和具体措施在要求大众一体执行的同时不应该主动考虑为若干小众或少数特殊人群预留一个弹性空间或绿色通道吗？当然，类似的情况现在已经大有改观了。但以此为例，笔者认为，在不断推进政府治理及其方式创新和数字化转型进程中，每一项公共政策的制定出台及其实施方案细则和具体配套措施的拟定执行，都要认真经过实地调研、充分听证、专家论证、科学评估、民主决策等环节，尽力做到切合实际、统筹兼顾、通盘考虑，最大限度地有机整合社会各界诉求和方方面面的利益。笔者建议，随着我国社会人口加速老龄化，在推进政府治理方式模式创新和数字化转型及其相关政策制定实施过程中，各级政府要注重兼顾和处理好"老龄社会"与"智慧社会"之间的关系，在主要面向大众群体和执行"大众模式"的同时，更多更好地关心关爱老人群体、关注关照小众特殊群体和兼容"小众模式"，从而不断增强政府治理方式方法模式的适应性、灵活性、兼容性和人文性。

三　加强和规范健康码管理，努力打造全国统一的"国康码"

虽然目前我国疫情防控进入新阶段，但即使是将来新冠疫情完全消退之后，我们在加强政府应急管理体系和能力建设以及常态化疫情防控方面不断补短板、强弱项、堵漏洞、固底板、扬优势所采取的一系列行之有效的对策措施和积累起来的实践经验都是弥足珍贵的，这对于今后我们从容应对类似突发公共卫生事件、推进后疫情时代服务型政府建设都具有重要的借鉴意义。例如：2022年6月发生的"郑州赋红码"事件说明，作为公民个人权利部分让渡而形成的健康码，当地政府的个别责任官员却缺乏敬畏之心，并没有尽心尽力地做到很珍惜地保护好、很严格地管理好、很规范地使用好从而让它在疫情防控工作中更好地发挥作用，反而把它用于非疫情防控工作之需要和达到非疫情防控工作之目的，甚至把它拿来当作限制公民行动自由的工具或"软锁链"，难怪网民们纷纷吐槽，应当严肃查处以平民愤。它警示我们：公民健康码管理的体制机制不健全甚至还存在一些漏洞，给那些有权任性、以权压法、胆大妄为的乱作为者以可乘之机和钻了空子，提醒我们要抓紧完善健康码管理的制度规则和管理细则。笔者认为，总体来说，公民健康码的宏观规制权和全国范围的大数据一体化整合处置权、管理权由中央政府统一行使，省级范围的大数据整合处置权、管理权由省级人民政府统一行使，业务主管部门和责任单位负责对辖区公民据实精准赋码、变码、转码并尽力为群众提供各种日常健康码便捷服务，禁止把健康码用于非疫情防控工作领域和方面。要尽快研究制定和出台相关行政法规，以法律的形式严格规范健康码管理的相关权利和义务行为，违者严肃追责问责、严惩不贷。同时，公民健康码服务管理要尽快结束全国各省市各自为战、彼此分割的分散局面和避免健康码在不同地域之间、健康码与其他服务管理平台之间的来回切换，要依托大数据、云计算、移动互联网、AI、5G等现代信息技术，将大数据行程卡等服务管理工具一体整合融入健康码综合管理，抓紧搭建全国一体化的公民健康码综合服务管理平台，做到全国范围内疫情防控方面的公民健康信息数据共享、互联互通、互查互认和健康码集中管理、全国统一，努力打造形成"国"字号的"国康码"，就像其他政务服务能做到全国"一网通办"一样，健康码服务也可以做到全国"一码通扫"，以最大限度地方便群众生产生活和交通出行，促进疫情防控与经济社会发展高效协同。

四 注重加强人才队伍建设，全方位培养引进和用好人才

新时代构建完善服务型政府要积极贯彻落实中央人才工作会议精神，加快编制实施《国家"十四五"期间人才发展规划》，注重加强人才队伍建设和完善人才战略布局，尤其是加强对高层次人才的关心关爱关怀，全方位培养引进和用好人才。党的二十大就深入实施人才强国战略指出：坚持党管人才原则，实施更加积极、更加开放、更加有效的人才政策；完善人才战略布局，建设规模宏大、结构合理、素质优良的人才队伍；深化人才发展体制机制改革，做到真心爱才、悉心育才、倾心引才、精心用才。[1] 无论是作为服务型政府建设主要内容和重要任务的教育公共服务、人力资源开发和人才培育培养，还是作为推进服务型政府建设特别是政府治理方式创新的人才支柱和技术支撑，都离不开人才队伍建设。我国目前从事服务型政府建设方面的人才队伍总体来说还比较单薄，有些领域的急需人才还很短缺，尤其是在推进数字政府建设和政府治理数字化转型方面，大数据、云计算、AI、5G等现代信息科技领域的高端专业技术人才储备不足和高层次领军人才奇缺已成为明显的短板和弱项。因此，为了切实加强人才队伍建设和彰显政府对人才工作的人文关怀，激发广大专业技术工作者的干事创业积极性和营造有利于高层次人才发挥聪明才智的浓厚氛围，要不断加大人才培养和引进力度，努力改善人才工作生活环境，着力提升人才工作生活待遇。特别是

---

[1] 习近平：《高举中国特色社会主义伟大旗帜 为全面建设社会主义现代化国家而团结奋斗——在中国共产党第二十次全国代表大会上的报告》，人民出版社2022年版，第36页。

那些具有高学历高职称的专家教授和工程技术人员，他们长期奋战在生产科研教学第一线，是国家现代化建设的宝贵财富，但是他们平时工作繁忙、科研压力大、大多缺少体育锻炼，一般年龄也偏长些，长期辛苦劳作、经常加班熬夜对身体健康透支比较严重。所以，笔者建议：对具备正高级技术职称任职满五年以上并且年龄达到 55 周岁以上条件的高层次人才或专家教授，政府给予其享受国家二级保健标准待遇。此项人才政策改革举措目前已经在某些沿海省份落地见效，建议尽快在全国范围内有序推开。

研究结论与展望

一 研究结论

本书系统阐明了马克思恩格斯政府公共性理论的主要内容、主要特点、核心要义及其当代价值和现实意义，在此基础上，针对我国当前服务型政府建设实践中面临的困境和难题进行了理论剖析，从中找出了制约我国构建完善服务型政府的根本原因。然后以马克思恩格斯政府公共性理论为指导，根据新时代、新阶段、新任务、新要求，着力加强政府公共性建设和提高政府公共性实现水平、破解服务型政府建设实践困境难题，有针对性地提出新时代进一步构建完善高质量服务型政府的基本思路、对策措施和政策建议。本书研究结果达到了预期目的。具体如下：

（一）马克思恩格斯政府公共性理论及其当代价值

马克思恩格斯政府公共性理论立意高远、内涵丰富，主要包括关于政府公共特征理论、政府公共职能理论、政府公共产品理论、政府公共管理理论、政府公共性与阶级性辩证关系及其发展趋势理论、世界历史理论等六个方面的主要内容，具有内容形式的分散性、逻辑线索的系统性、价值理想的完美性、理论地位的基础性等四个方面的主要特点，其中马克思恩格斯关于国家本质特征的两重性及其辩证关系理论、国家公共性建设与公共性实现理论是其理论精髓和核心要义，在马克思恩格斯政府公共性理论中具有决定性作用。

当下，中国特色社会主义进入新时代、新发展阶段，研究和运用马克思恩格斯政府公共性理论具有十分突出的当代价值和现实指导意义，主要表现在国际和国内两个方面、理论和实践两个层面：国际上，指导我国继续主动适应经济全球化要求，不断深化改革和扩大对外开放，积极参与全球公共治理和提供全球性公共产品，推动构建人类命运共同体；国内上，指导我国立足中国特色社会主义新时代、新阶段这个我国发展新的历史方位和社会主要矛盾的新变化，主动适应新时代、新阶段、新任务、新要求，加速推进政府职能转变、建设人民满意的服务型政府，着力提高我国政府公共性实现水平。其中，构建人类命运共同体已成为中国向当今世界提供的以和平发展、合作共赢为核心的全球理念性公共产品和以共建"一带一路"等实践平台为代表的全球制度性公共产品。

（二）我国建设服务型政府的理论研究与实践探索

自 2000 年我国学者首次提出服务型政府概念以来，经过理论界的研究争论探讨和一些地方政府的尝试性探索实践，建设服务型政府逐步达成共识并得到中央的确认在全国推开，直至党的十九大高度概括和凝练表述为"建设人民满意的服务型政府"。我国服务型政府理论研究在向西方学习借鉴了包括旧公共行政、新公共行政、新公共管理和后新公共管理等在内的多重理论与实践之合理要素与有益成果的同时，又立足本国国情、突出中国特色，从其概念内涵、本质特征、理论依据、价值取向、根本原则到实践路径、对策措施等具体探索，走的是一条借鉴超越西方新公共管理又富有中国特色的中国道路。"服务型政府"与"公共服务型政府"两种提法本质上是一致的，两者都强调政府的服务者角色定位和服务目标、方向、价值，只是各自特色或侧重点不同，可以互换使用。服务型政府是面向长期战略目标、为完成政府根本性转型的比较宏观的表述，而公共服务型政府是立足当下近期战略目标、为完成政府阶段性转型的比较中微观的表述；服务型政府是未来理想形态的公共服务型政府，是公共服务型政府发展的目标和方向，而公共服务型政府是当下现实形态的服务型政府，是服务型政府建设的基础和立足；服务型政府的提法比较宏观抽象并具有明显的政治性、理论性、价值性特点，而公共服务型政府的提法比较微观具体并具有较强的学术性、实践性、可操作性特点。

截至目前，我国推进服务型政府建设实践大体分为三个阶段：自下而上的各地方政府自主探索阶段、自上而下的由中央到地方全面推开阶段、党的十八大以来服务型政府建设进入新时代阶段。随着中国特色社会主义进入新时代，服务型政府建设全面适应新时代、新变化、新任务、新要求，在经历前两个阶段并取得初步成效的基础上又进一步深化拓展、发展完善，取得了历史性成就：各级政府及公务员为民服务意识普遍增强，服务行政理念基本确立；深化简政放权和"放管服"改革成效显著，政府职能转变加快推进；覆盖全国城乡的政务服务体系基本形成，人民群众满意度逐年提升；政府的社会公信力和政策执行力不断增强，政府自身建设明显加强；等等。取得以上历史性成就的主要原因有认识深化方面、实践推进方面、制度创新方面、理论研究方面等四个方面。但新时代服务型政府建设也存在不少亟待解决的突出问题，如政务服务从服务理念到服务质量尚待进一步改进提高、适应新要求的政府职能转变尚待进一步加快推进到位、公共服务体系和供给体制机制尚待进一步健全完善、全国各地的建设实践进程尚待进一步平衡协调推进、人民群众的安全感和社会满意度尚待进一步充实提升等，存在问题的主要原因包括行政文化根源、制度体制根源、社会基础根源等三个方面。

(三) 新时代进一步构建完善人民满意的高质量服务型政府的思路、对策与建议

基本思路是：全面贯彻落实党的二十大精神，以马克思恩格斯政府公共性理论及其中国化成果为理论指导，以习近平新时代中国特色社会主义思想为行动指南，以高质量建设人民满意的服务型政府为目标任务，以不断深化政府机构改革和行政体制改革为有效途径，以加快推进政府职能转变和持续深化"放管服"改革为有力抓手，从加快推进行政文化的现代化转型、加强服务型政府制度建设和完善体制机制、加速

培育社会组织和夯实社会基础等三个方面同向发力、协同推进，着力提升政府满足人民日益增长的美好生活需要的能力和水平、提供公共产品和公共服务的能力和水平、推进自身建设和政府治理现代化的能力和水平，不断增强政府的社会公信力和政策执行力，进一步构建完善人民满意的高质量高水平的服务型政府。

对策措施是：第一，坚持问题导向和靶向治理，结合我国"十四五"规划和2035年远景目标纲要，制定新时代构建高质量服务型政府新策略；第二，以服务和增进民生福祉为重点，努力做到让人民群众满意；第三，持续深化"放管服"改革要紧密结合新时代、新阶段、新特点、新要求，在总体推进和具体实施上要有新思路、新举措；第四，全面扩大对外开放和努力实现高水平的对外开放；第五，加快建设数字政府、智能政府，不断推进政府治理方式数字化转型；第六，积极应对后疫情时代新挑战，抓细抓实抓好各项防疫工作、确保基本民生和社会生产生活平稳有序，着力稳增长稳就业稳物价、确保经济运行在合理区间和稳住宏观经济大盘，创新政府治理方式和加强全民教育引导、确保后疫情时代的社会大局稳定。

政策建议是：第一，实行全国范围的政务服务"五个统一"，着力增强群众办事的切身体验感；第二，推进政府治理方式的数字化转型，要兼顾兼容"大众模式"与"小众模式"；第三，加强和规范健康码管理，努力打造全国统一的"国康码"；第四，注重加强人才队伍建设，全方位培养引进和用好人才。

当然，由于作者时间精力能力有限，本书研究中也还有一些不足的地方，尚存在一些问题需要进一步深化探究。主要的比如：在维护社会公平正义、实现共同富裕和基本公共服务均等化目标方面，如何进一步规范收入分配秩序和尽快缩小收入差距的基尼系数，特别是在重点治理"灰色收入"等不合理收入上政府应采取哪些政策举措？在当前统筹疫情防控与经济社会发展方面，政府职能如何更好适应疫情防控新阶段新要求、高效统筹疫情防控与经济社会发展之间的关系？如何保障和满足群众基本民生和基本社交需求、做好心理健康疏导从而提高群众理解度、支持度和配合度？如何推进政府治理方式模式的数字化转型和数字化创新，从而更好地为后疫情时代保持社会大局稳定提供更加精准化、智能化、人性化服务？等等。

二　未来展望

当下，世界百年变局与世纪疫情交织叠加、国际局势动荡复杂、大国博弈更加激烈、地区冲突此起彼伏，新冠疫情和俄乌冲突导致国际风险挑战明显增多。我国国内经济发展正值"三期叠加"、供给侧结构性改革任务繁重，疫情冲击下我国经济运行新的下行压力进一步加大，保持宏观经济大盘稳定和经济运行在合理区间的任务更加艰巨，稳增长、稳就业、稳物价面临新的严峻挑战，稳增长、稳市场主体、保就业、保民生的地位更加突出。对此，我们既要看到我国经济恢复的基础尚不牢固，需求收缩、供给冲击、预期转弱三重压力较大，以及外部环境动荡带来的不利影响，又要看到我国经济韧性强、潜力大、活力足，各项政策效果持续显现，2023年经济运行有望总体回升。因此，我们要全面贯彻落实党的二十大和今年中央经济工作会议精神，按照党的二十大擘画的宏伟蓝图和中央经济工作会议的安排部署，坚持守正创新、稳中求进，坚定信心立足把自己的事情办好，坚守不发生系统性风险底线，用改革的办法解决发展中的问题，更好统筹疫情防控和经济社会发展，更好统筹发展和安全，突出做好稳增长、稳就业、稳物价工作，加快构建双循环相互促进的新发展格局，建设强大而有韧性的国民经济循环体系，推动我国经济运行整体好转，努力实现质的有效提升和量的合理增长。疫情要防住、经济要稳住、发展要安全，这是党中央提出的明确要求，[①] 也是今后政府工作

---

① 新华社：《中共中央政治局召开会议 分析研究当前经济形势和经济工作 审议〈国家"十四五"期间人才发展规划〉》，《人民日报》2022年4月30日第1版。

和服务型政府建设的基本要求和努力方向。

　　随着中国特色社会主义进入新时代、新发展阶段，开启了向实现第二个百年奋斗目标进军和全面建设社会主义现代化国家新征程，新时代、新阶段、新征程、新任务和我国社会主要矛盾的新变化、人民群众对美好生活的新期待都对政府工作提出了新要求，不断满足人民日益增长的美好生活需要和建设人民满意的服务型政府的工作要求越来越高、越来越细、越来越广，政府肩上的担子越来越艰巨、越来越沉重、越来越繁杂。在政府职能重点方面，保障基本民生服务和增进民生福祉的难度和压力加大；在政府职能基础方面，应对经济运行新的下行趋势的难度和压力加大；在政府职能方式方面，创新政府治理方式模式和提升治理效能的难度和压力加大。当下，我国疫情防控已进入新阶段，但仍是吃劲的时候，随着新冠病毒感染防控方案（第十版）的出台发布和正式实施"乙类乙管"，疫情防控的工作重心已从"防感染"转到"保健康防重症"、从风险地区和人员管控转到健康服务与管理，特别是重点做好老年人、基础病患者、孕妇和儿童等脆弱群体的防控救治。因此，后疫情时代进一步推进服务型政府建设要紧跟形势变化，及时适应新的要求，不断转变政府职能，重点在保健康防重症、强化健康服务与管理上狠下功夫，着重加强重点人群、重点机构和重点场所的疫情防控，确保抗疫药品和医疗物资的生产供应、畅通物流和保供稳价，并着力推动医疗资源下沉农村和社区基层。同时，当前我国民生领域公共服务仍存在不少短板，城乡区域群体之间的差别较大，推进基本公共服务均等化任务艰巨，实现全体人民共同富裕目标任重道远，尤其是疫情冲击下保障基本民生服务、维护社会公平正义的政府责任更加凸显。新时代、新阶段、新征程，政府职能如何更好适应疫情防控新阶段新要求、高效统筹疫情防控与经济社会发展，如何更好保障改善基本民生和增进民生福祉、做好心理健康疏导从而提高群众理解度、支持度、配合度，如何更快推进政府治理方式模式的数字化转型和创新、更好保持后疫情时代的社会大局稳定等，都考验着我国进一步推进服务型政府建设的能力、水平和智慧，需要我们在实践中坚持踔厉奋发、勇毅前行、守正创新、善作善成和继续着力在补短板、强弱项、堵漏洞、固底板、扬优势方面狠下功夫，也需要我们进一步加强和深化服务型政府建设方面的重点理论研究并尽快形成比较成熟的实践指南。

主要参考文献

一 经典文献

《马克思恩格斯全集》第 1 卷，人民出版社 1956 年版。

《马克思恩格斯全集》第 9 卷，人民出版社 1961 年版。

《马克思恩格斯全集》第 46 卷（下），人民出版社 1980 年版。

《马克思恩格斯选集》第 1—4 卷，人民出版社 1995 年版。

《毛泽东选集》第 1—4 卷，人民出版社 1991 年版。

《邓小平文选》第 2 卷，人民出版社 1994 年版。

《邓小平文选》第 3 卷，人民出版社 1993 年版。

《江泽民文选》第 1—3 卷，人民出版社 2006 年版。

《胡锦涛文选》第 1—3 卷，人民出版社 2016 年版。

《习近平谈治国理政》第 2 卷，外文出版社 2017 年版。

《习近平谈治国理政》第 3 卷，外文出版社 2020 年版。

《习近平谈治国理政》第 4 卷，外文出版社 2022 年版。

习近平：《决胜全面建成小康社会 夺取新时代中国特色社会主义伟大胜利——在中国共产党第十九次全国代表大会上的报告》，人民出版社 2017 年版。

习近平：《论坚持推动构建人类命运共同体》，中央文献出版社 2018 年版。

习近平：《高举中国特色社会主义伟大旗帜 为全面建设社会主义现代化

国家而团结奋斗——在中国共产党第二十次全国代表大会上的报告》，人民出版社 2022 年版。

中共中央文献研究室：《建国以来重要文献选编》第 9 册，中央文献出版社 1994 年版。

中共中央文献研究室：《改革开放三十年重要文献选编》（上），中央文献出版社 2008 年版。

中共中央文献研究室：《三中全会以来重要文献选编》（下），中央文献出版社 2011 年版。

二　中文著作

本书编写组：《"中国之治"解码》，新华出版社 2019 年版。

曹鹏飞：《公共性理论研究》，党建读物出版社 2006 年版。

陈国权：《社会转型与有限政府》，人民出版社 2008 年版。

陈先达：《伟大的马克思：做新时代马克思主义者》，天津人民出版社 2019 年版。

陈玉新：《一本书读懂中国经济》，中国商业出版社 2018 年版。

陈振明等：《政府工具导论》，北京大学出版社 2009 年版。

迟福林：《赢在转折点：中国经济转型大趋势》，浙江大学出版社 2016 年版。

迟福林：《伟大的历程：中国改革开放 40 年实录》，广东经济出版社 2018 年版。

迟福林：《迟福林学术自传》，广东经济出版社 2019 年版。

高清海：《面向未来的马克思》，中央编译出版社 2018 年版。

高小平、王立平：《服务型政府导论》，人民出版社 2009 年版。

郭小聪：《行政管理学》，中国人民大学出版社 2016 年版。

国务院新闻办公室：《新时代的中国与世界（2019 年 9 月）》，人民出版社 2019 年版。

韩庆祥：《中国制度"优"在哪里?》，广西人民出版社 2020 年版。

贾根良：《国内大循环：经济发展新战略与政策选择》，中国人民大学出版社 2020 年版。

蒋硕亮：《新中国行政体制改革 70 年》，上海人民出版社 2019 年版。

井敏：《构建服务型政府：理论与实践》，北京大学出版社 2006 年版。

孔繁斌：《公共性的再生产：多中心治理的合作机制建构》，江苏人民出版社 2008 年版。

李军鹏：《公共服务型政府建设指南》，中共党史出版社 2005 年版。

刘东杰：《公共管理主体与工具问题研究》，南京大学出版社 2018 年版。

刘世军、刘建军：《中国之治：国家治理体系与治理能力现代化》，上海人民出版社 2020 年版。

刘泽华：《中国古代政治思想史》，南开大学出版社 1992 年版。

卢洪友等：《中国基本公共服务均等化进程报告》，人民出版社 2012 年版。

鲁克俭：《建构中国马克思学》，中央编译出版社 2018 年版。

鲁敏：《当代中国政府概论》，天津人民出版社 2019 年版。

内蒙轩：《马克思靠谱》，东方出版社 2016 年版。

盘和林等：《5G 大数据：数据资源赋能中国经济》，中国人民大学出版社 2020 年版。

邱震海：《2020 大布局：你的机遇在哪里？》，东方出版社 2018 年版。

田应奎：《2049：中国治理》，中共中央党校出版社 2019 年版。

王炳林：《从站起来、富起来到强起来：中国为什么行》，人民出版社 2019 年版。

王同新：《马克思恩格斯政府公共性思想与公共服务型政府构建》，中央编译出版社 2014 年版。

魏杰：《后疫情时代的中国经济》，企业管理出版社 2020 年版。

吴玉宗：《服务型政府建设研究》，经济日报出版社 2007 年版。

徐洪才：《大抉择：开启新一轮改革开放》，机械工业出版社 2020 年版。

易昌良：《中国创新发展研究报告》，人民出版社 2019 年版。

于建嵘、何芹:《读懂大国优势:中国之治的制度密码》,东方出版社 2020年版。

张康之:《公共行政中的哲学与伦理》,中国人民大学出版社2004年版。

中国人民大学重阳金融研究院:《破解中国经济十大难题》,人民出版社2017年版。

中国行政体制改革研究会:《中国行政体制改革前沿问题(第1辑)》,中共中央党校出版社2018年版。

三 中文期刊

薄贵利、吕毅品:《论建设高质量的服务型政府》,《社会科学战线》2020年第2期。

曹鹏飞:《公共性理论的兴起及其意义》,《北京联合大学学报》(人文社会科学版)2008年第3期。

陈国权、徐露辉:《论政府的公共性及其实现》,《浙江社会科学》2004年第4期。

陈娟:《政府公共服务供给的困境与解决之道》,《理论探索》2017年第1期。

程波辉、彭向刚:《两种政府模式下的"放管服"改革比较》,《行政论坛》2019年第5期。

迟福林:《全面理解"公共服务型政府"的基本涵义》,《人民论坛》2006年第5期。

迟福林、方栓喜:《公共产品短缺时代的政府转型》,《新华文摘》2011年第21期。

仇叶:《基层服务型政府建设中的服务泛化问题及其解决》,《中国行政管理》2020年第11期。

邓岩:《论社会主要矛盾转化条件下人民满意的服务型政府建设》,《社会主义研究》2020年第1期。

丁志刚、王杰:《中国行政体制改革四十年:历程、成就、经验与思考》,《上海行政学院学报》2019 年第 1 期。

高小平:《中国行政管理制度 70 年:服务理念的发展探索》,《东南学术》2019 年第 4 期。

郭道久:《新时代对服务型政府建设提出更高要求》,《中国机构改革与管理》2018 年第 1 期。

郭湛、王维国:《公共性论纲》,《兰州大学学报》(社会科学版) 2004 年第 6 期。

胡钧、贾凯君:《马克思公共产品理论与西方公共产品理论比较研究》,《教学与研究》2008 年第 2 期。

黄末、陈加友:《创新行政管理和服务方式推进数字政府建设》,《贵州社会科学》2019 年第 11 期。

金民卿:《深刻理解中国特色社会主义进入新发展阶段的内涵和意义》,《世界社会主义研究》2017 年第 7 期。

兰旭凌、范逢春:《政府全面质量管理:新时代公共服务质量建设之道》,《求实》2019 年第 4 期。

李军鹏:《论全面建成小康社会与服务型政府建设》,《行政论坛》2013 年第 1 期。

李军鹏:《改革开放 40 年:我国放管服改革的进程、经验与趋势》,《学习与实践》2018 年第 2 期。

李军鹏:《十九大后深化放管服改革的目标、任务与对策》,《行政论坛》2018 年第 2 期。

李军鹏:《基于"互联网+"的放管服改革研究——以江苏省"不见面审批(服务)"与江苏政务服务网建设为例》,《电子政务》2018 年第 6 期。

李军鹏:《放管服政策执行梗阻的根源与治理》,《中国党政干部论坛》2019 年第 12 期。

李军鹏:《迈向中等发达国家需要重点解决的几个问题》,《国家治理》2020 年第 1 期。

李军鹏：《新时代现代政府权责清单制度建设研究》，《行政论坛》2020年第3期。

李军鹏：《面向基本现代化的数字政府建设方略》，《改革》2020年第12期。

李延明：《什么是国家的本质?》，《马克思主义研究》1999年第2期。

刘伟、蔡志洲：《我国人均国民收入的变化及展望》，《经济纵横》2014年第1期。

刘熙瑞：《服务型政府——经济全球化背景下中国政府改革的目标选择》，《中国行政管理》2002年第7期。

刘熙瑞、段龙飞：《服务型政府：本质及其理论基础》，《国家行政学院学报》2004年第5期。

刘熙瑞、井敏：《服务型政府三种观点的澄清》，《人民论坛》2006年第5期。

刘鑫淼：《试论马克思主义意识形态的公共性品质》，《长白学刊》2007年第4期。

龙海波：《努力建设新时代人民满意的服务型政府》，《政策瞭望》2018年第2期。

彭锋：《马克思主义公共性思想与服务型政府建设》，《人民论坛》2017年第7期。

沈湘平：《论公共性的四个典型层面》，《教学与研究》2007年第4期。

沈亚平、王阳亮：《服务型政府建设的逻辑》，《理论探讨》2015年第3期。

唐铁汉：《马克思主义公共管理思想原论》，《新视野》2005年第5期。

田小龙：《在中国行政改革价值演变中认识服务型政府建设》，《安徽大学学报》（哲学社会科学版）2017年第2期。

田小龙：《服务型政府建设路径的研究述评》，《公共管理与政策评论》2020年第5期。

王乐夫、陈干全：《公共性：公共管理研究的基础与核心》，《社会科学》2003年第4期。

王立军：《大数据时代服务型政府建设研究》，《陕西行政学院学报》2019年第2期。

王连伟：《行政审批局模式的适用性探讨》，《理论探索》2019年第1期。

王同新：《公共性与阶级性：马克思主义国家观的理论透视及其当代价值》，《科学社会主义》2015年第6期。

王同新：《恩格斯国家本质特征理论及其当代价值》，《马克思主义研究》2019年第9期。

王伟光：《坚持人民民主专政，并不输理》，《红旗文稿》2014年第18期。

王振海：《论政府公共性》，《上海行政学院学报》2003年第3期。

吴志刚、崔雪峰等：《我国数字政府建设现状及发展趋势探析》，《现代工业经济和信息化》2020年第7期。

谢新水：《从服务型政府到人民满意的服务型政府——一个话语路径的分析》，《探索》2018年第2期。

余华：《马克思恩格斯政府公共性思想探析》，《浙江学刊》2015年第2期。

余华：《马克思恩格斯的政府公共性理念及其对构建服务型政府的启示》，《中共浙江省委党校学报》2015年第3期。

袁祖社：《文化"公共性"理想的复权及其历史性创生——马克思哲学的一种新的解释视域》，《学术界》2005年第5期。

岳金柱：《政府购买社会组织服务实践探索与创新研究》，《行政管理改革》2017年第2期。

张翀：《马克思公共性思想的政治哲学意蕴及其当代价值》，《理论探讨》2010年第6期。

张萃萍：《对新时代服务型政府建设的几点认识》，《中国机构改革与管理》2018年第8期。

张定安:《实体政务大厅是建设人民满意的服务型政府的有力抓手》,《中国行政管理》2017年第12期。

张康之:《限制政府规模的理念》,《行政论坛》2000年第4期。

张康之:《把握服务型政府研究的理论方向》,《人民论坛》2006年第5期。

张康之:《我们为什么要建设服务型政府》,《行政论坛》2012年第1期。

张乾友:《变革社会中的服务型政府建设——任务型组织的途径》,《北京行政学院学报》2014年第1期。

张翔:《"复式转型":地方政府大数据治理改革的逻辑分析》,《中国行政管理》2018年第12期。

张中祥、李和中:《马克思主义公共管理观的理论来源》,《云南社会科学》2008年第6期。

中国行政管理学会课题组:《加快我国社会管理和公共服务改革的研究报告》,《中国行政管理》2005年第2期。

中国行政管理学会课题组鲍静等:《深化"放管服"改革 建设人民满意的服务型政府》,《中国行政管理》2019年第3期。

四 报纸文章

《中共中央关于深化党和国家机构改革的决定(二〇一八年二月二十八日中国共产党第十九届中央委员会第三次全体会议通过)》,《人民日报》2018年3月5日第1版。

《中共中央关于坚持和完善中国特色社会主义制度、推进国家治理体系和治理能力现代化若干重大问题的决定(二〇一九年十月三十一日中国共产党第十九届中央委员会第四次全体会议通过)》,《人民日报》2019年11月1日第1版。

《中共中央关于制定国民经济和社会发展第十四个五年规划和二〇三五年远景目标的建议(二〇二〇年十月二十九日中国共产党第十九届中

央委员会第五次全体会议通过）》，《人民日报》2020年11月4日第1版。

《中华人民共和国国民经济和社会发展第十四个五年规划和2035年远景目标纲要》，《人民日报》2021年3月13日第1、5—14版。

《中共中央关于党的百年奋斗重大成就和历史经验的决议》（2021年11月11日中国共产党第十九届中央委员会第六次全体会议通过），《人民日报》2021年11月17日第1、5—8版。

《中央经济工作会议在北京举行 习近平李克强作重要讲话 栗战书汪洋王沪宁赵乐际韩正出席会议》，《人民日报》2021年12月11日第1版。

《中央经济工作会议在北京举行 习近平李克强李强作重要讲话 赵乐际王沪宁韩正蔡奇丁薛祥李希出席会议》，《人民日报》2022年12月17日第1版。

杜尚泽：《习近平继续出席二十国集团领导人第十四次峰会》，《人民日报》2019年6月30日第1版。

韩鑫：《国务院第八次大督查第十一、第十四督查组明察暗访政务服务中心服务不能缺位（大督查在行动）》，《人民日报》2021年9月8日第2版。

胡锦涛：《坚定不移沿着中国特色社会主义道路前进 为全面建成小康社会而奋斗——在中国共产党第十八次全国代表大会上的报告》，《光明日报》2012年11月18日第1—5版。

李克强：《政府工作报告——二〇二一年三月五日在第十三届全国人民代表大会第四次会议上》，《人民日报》2021年3月13日第1、3—4版。

李克强：《政府工作报告——二〇二二年三月五日在第十三届全国人民代表大会第五次会议上》，《人民日报》2022年3月13日第1、3—4版。

李向阳：《人类命运共同体理念指引全球治理改革方向（深入学习贯彻

习近平同志系列重要讲话精神)》,《人民日报》2017年3月8日第7版。

陆娅楠:《中国经济总量首超100万亿元》,《人民日报》2021年1月19日第1版。

陆娅楠:《"三新"经济快速增长 各项分类指标均有提升 经济发展新动能更加强劲(经济新方位)》,《人民日报》2021年8月14日第2版。

陆娅楠:《确保各项帮扶措施落实落细惠企纾困,政策效应持续显现(经济新方位)》,《人民日报》2021年11月14日第2版。

邱超奕:《深化"放管服"改革 服务"六稳""六保"(权威发布)》,《人民日报》2021年4月16日第4版。

申少铁:《统筹推进医疗、医保、医药"三医"联动改革 三明医改经验将在全国推广》,《人民日报》2021年7月8日第7版。

申少铁:《从"以治病为中心"到"以健康为中心"——三明医改在前行》,《人民日报》2021年7月11日第2版。

申少铁:《人均预期寿命提高1岁 为人民提供全方位全周期健康服务(经济新方位·聚焦"十四五"目标)》,《人民日报》2021年8月9日第2版。

王同新:《构建人类命运共同体:全球性公共产品的视角》,《中国社会科学报》2020年5月27日第6版。

温家宝:《提高认识 统一思想 牢固树立和认真落实科学发展观》,《人民日报》2004年3月1日第1—2版。

习近平:《共担时代责任共促全球发展——在世界经济论坛2017年年会开幕式上的主旨演讲(二〇一七年一月十七日,达沃斯)》,《人民日报》2017年1月18日第2版。

习近平:《共同构建人类命运共同体——在联合国日内瓦总部的演讲(二〇一七年一月十八日,日内瓦)》,《人民日报》2017年1月19日第2版。

习近平：《决胜全面建成小康社会 夺取新时代中国特色社会主义伟大胜利——在中国共产党第十九次全国代表大会上的报告》，《人民日报》2017年10月28日第1—5版。

习近平：《同舟共济创造美好未来——在亚太经合组织工商领导人峰会上的主旨演讲（二〇一八年十一月十七日，莫尔兹比港）》，《人民日报》2018年11月18日第2版。

习近平：《为建设更加美好的地球家园贡献智慧和力量——在中法全球治理论坛闭幕式上的讲话（二〇一九年三月二十六日，巴黎）》，《人民日报》2019年3月27日第3版。

习近平：《深化文明交流互鉴 共建亚洲命运共同体——在亚洲文明对话大会开幕式上的主旨演讲（2019年5月15日，北京）》，《人民日报》2019年5月16日第2版。

习近平：《携手抗疫共克时艰——在二十国集团领导人特别峰会上的发言（2020年3月26日，北京）》，《人民日报》2020年3月27日第2版。

习近平：《在全国抗击新冠肺炎疫情表彰大会上的讲话》，《人民日报》2020年9月9日第2版。

习近平：《在庆祝中国共产党成立100周年大会上的讲话》，《人民日报》2021年7月2日第2版。

习近平：《在中华人民共和国恢复联合国合法席位50周年纪念会议上的讲话（2021年10月25日）》，《人民日报》2021年10月26日第2版。

习近平：《坚定信心 勇毅前行 共创后疫情时代美好世界——在2022年世界经济论坛视频会议的演讲（2022年1月17日）》，《人民日报》2022年1月18日第2版。

习近平：《高举中国特色社会主义伟大旗帜 为全面建设社会主义现代化国家而团结奋斗——在中国共产党第二十次全国代表大会上的报告》，《人民日报》2022年10月26日第1—5版。

主要参考文献

习近平：《共迎时代挑战 共建美好未来——在二十国集团领导人第十七次峰会第一阶段会议上的讲话（2022年11月15日，巴厘岛）》，《人民日报》2022年11月16日第2版。

习近平：《团结合作 勇担责任 构建亚太命运共同体——在亚太经合组织第二十九次领导人非正式会议上的讲话（2022年11月18日，曼谷）》，《人民日报》2022年11月19日第2版。

新华社：《韩正在国务院推进政府职能转变和"放管服"改革协调小组全体会议上强调 坚持目标导向问题导向 积极回应人民群众呼声 把政府职能转变和"放管服"改革推向纵深》，《人民日报》2018年7月28日第4版。

新华社：《中央经济工作会议在北京举行 习近平李克强作重要讲话 栗战书汪洋王沪宁赵乐际韩正出席会议》，《人民日报》2020年12月19日第1版。

新华社：《国办印发意见进一步做好"放管服"改革有关工作》，《人民日报》2021年4月16日第4版。

新华社：《李克强主持召开国务院常务会议 部署进一步推动医保服务高效便民；确定加强新就业形态劳动者权益保障的若干政策措施；决定加大金融对实体经济支持，推出支持碳减排的措施》，《人民日报》2021年7月8日第1、4版。

新华社：《国办印发〈全国深化"放管服"改革 着力培育和激发市场主体活力电视电话会议重点任务分工方案〉》，《人民日报》2021年7月21日第2版。

新华社：《中共中央国务院印发〈法治政府建设实施纲要（2021—2025年）〉》，《人民日报》2021年8月12日第1—2、5版。

新华社：《国务院新闻办公室印发〈中国的全面小康（2021年9月）〉》，《人民日报》2021年9月29日第10版。

新华社：《国务院第八次大督查国办通报表扬48项典型经验做法》，《人民日报》2021年11月16日第2版。

新华社：《国务院印发〈意见〉开展营商环境创新试点工作》，《人民日报》2021年11月26日第1版。

新华社：《李克强主持召开国务院常务会议 确定〈政府工作报告〉重点任务分工，要求扎实有力抓落实推动经济在爬坡过坎中保持平稳运行》，《人民日报》2022年3月15日第1、4版。

新华社：《中共中央政治局常务委员会召开会议 分析新冠肺炎疫情形势 部署从严抓好疫情防控工作》，《人民日报》2022年3月18日第1版。

新华社：《李克强主持召开国务院常务会议 确定实施大规模增值税留抵退税的政策安排，为稳定宏观经济大盘提供强力支撑；部署综合施策稳定市场预期，保持资本市场平稳健康发展》，《人民日报》2022年3月22日第1、3版。

新华社：《中共中央政治局召开会议 分析研究当前经济形势和经济工作 审议〈国家"十四五"期间人才发展规划〉》，《人民日报》2022年4月30日第1版。

新华社：《国务院印发〈关于加强数字政府建设的指导意见〉》，《人民日报》2022年6月24日第1版。

新华社：《李克强主持召开国务院常务会议 部署持续扩大有效需求的政策举措，增强经济恢复发展拉动力；确定进一步规范行政裁量权，决定取消和调整一批罚款事项》，《人民日报》2022年7月23日第1—2版。

新华社：《中共中央政治局召开会议 分析研究当前经济形势和经济工作 审议〈关于十九届中央第九轮巡视情况的综合报告〉》，《人民日报》2022年7月29日第1版。

新华社：《中华人民共和国外交部声明》，《人民日报》2022年8月3日第3版。

新华社：《国务院第九次大督查国办通报表扬60项典型经验做法》，《人民日报》2022年9月29日第4版。

新华社:《国家主席习近平发表二〇二三年新年贺词》,《人民日报》2023年1月1日第1版。

徐隽:《109枚公章见证放管服改革(亲历者说)》,《人民日报》2021年4月21日第6版。

五 网络与其他文献

《博鳌亚洲论坛举行开幕式习近平发表主旨演讲》,参见中国新闻网,http://www.chinanews.com/gn/2015/03-28/7166267.shtml,2015-03-28。

《国家主席习近平发表二〇一六年新年贺词》,参见新华网,http://news.xinhuanet.com/politics/2015-12/31/c_1117643074.htm,2015-12-31。

《中国方案的世界回响——写在人类命运共同体理念首次载入安理会决议之际》,参见新华网,http://www.xinhuanet.com/syzt/zgfadsjhx/index.htm,2017-03-24。

《〈求是〉杂志发表习近平总书记重要文章〈共担时代责任,共促全球发展〉》,参见百度网,https://baijiahao.baidu.com/s?id=1686141055363008700&wfr=spider&for=pc,2020-12-15。

中央电视台陈响园:《引进外资引进人才福建"爱拼才会赢"——专访原福建省省长习近平(2002年10月15日22时04分)》,参见中央电视台《经济半小时》,http://www.cctv.com/financial/jingji/sanji/toutiao_new/20021015/55.html,2002-10-15。

中央广播电视总台:《国内联播快讯》,《新闻联播》2022年4月8日、6月6日。

中央广播电视总台:《国际联播快讯》,《新闻联播》2022年5月6日、8月12日。

中央广播电视总台:《公安机关推进更高水平平安中国建设成效发布》,《新闻联播》2022年7月25日。

中央广播电视总台：《因时因势优化调整防控措施 牢牢掌握抗疫的战略主动权》《国务院联防联机制发布会：我国对新冠病毒感染正式实施"乙类乙管"第十版防控方案加强监测预警》，《新闻联播》2023年1月8日。

附　　录

附录1.《公共性与阶级性：马克思主义国家观的理论透视及其当代价值》

附录2.《恩格斯国家本质特征理论及其当代价值》

附录3.《构建人类命运共同体：全球性公共产品的视角》

公共性与阶级性：马克思主义国家观的理论透视及其当代价值[*]

王同新[②]

摘 要 马克思主义国家观认为，国家的本质在于阶级性，但国家却具有公共性与阶级性的两重性特征、政治统治职能与社会公共职能的两重性职能。基于马克思主义国家观透视和把握公共性与阶级性的辩证关系，有利于正确地认识和履行社会主义国家的政府职能，从而把人们从以往关于国家本质和政府职能的片面性理解和"以阶级斗争为纲"的错误做法中解脱出来，对于我国当前加快推进政府职能转变、构建公共服务型政府具有重要的理论和实践价值。

关键词 马克思主义国家观 公共性 阶级性 政府职能转变

马克思主义国家观认为，国家的本质在于阶级性，但国家却具有公共性与阶级性的两重性特征和社会公共职能与政治统治职能的两重性职能。一方面，国家是整个社会的正式代表，是为全社会谋福祉并实施公

---

[*] 本文系 2015 年福建省社科规划一般项目基金（FJ2015B055）成果。
[②] 作者王同新，闽江学院思政教研部副教授（福州 350121）。

共管理的公共权力；另一方面，这种公共权力与人民大众分离，只掌握在强势集团即统治阶级的手里，沦为阶级剥削和压迫的暴力工具。如何理解政府的公共性与阶级性关系，这首先要从国家产生、发展和消亡的过程说起。

一 关于国家产生和发展的嬗变过程

根据马克思恩格斯的国家理论，国家的产生和发展过程可以分为四个阶段：前国家阶段、准国家阶段、国家阶段（包括过渡性国家阶段）、后国家阶段。

第一，前国家阶段大体在国家产生前的原始社会前中期，也就是蒙昧时代和野蛮时代的低级阶段和中级阶段。当时的生产力水平极低，不存在私有制和阶级，人们靠群居生存，彼此完全平等、自由，社会关系非常简单，仅靠习俗和氏族制度调节。恩格斯对易洛魁人的"美妙"的氏族制度充满着赞叹和憧憬，他说："这种十分单纯质朴的氏族制度是一种多么美妙的制度呵！没有大兵、宪兵和警察，没有贵族、国王、总督、地方官和法官，没有监狱，没有诉讼，而一切是有条有理的。一切争端和纠纷，都由当事人的全体即氏族或部落来解决，或者由各个氏族相互解决；血族复仇仅仅当作一种极端的、很少应用的威胁手段……虽然当时的公共事务比今日多得多，……可是，丝毫没有今日这样臃肿复杂的管理机关。一切问题，都由当事人自己解决，在大多数情况下，历来的习俗就把一切调整好了。不会有贫穷困苦的人，因为共产制的家户经济和氏族都知道它们对于老年人、病人和战争残废者所负的义务。大家都是平等、自由的，包括妇女在内。他们还不曾有奴隶；奴役异族部落的事情，照例也是没有的。"[①] 这是一种原始的自然而真实的公共性，但与这一时期生产力水平极其低下相一致，这种公共性却缺乏必要的物质支撑和实质内容，因为社会的物质财富极端匮乏，人类还完全处

---

① 《马克思恩格斯选集》第 4 卷，人民出版社 1995 年版，第 95 页。

于受自然规律摆布的"必然王国"。

第二，准国家阶段即国家的孕育和产生阶段，大约在原始社会的中后期，也就是野蛮时代的高级阶段即向文明时代过渡的阶段。随着社会生产力的逐步提高，冶铁技术的应用和田野农业的出现，商品交换和社会交往的不断扩大，跨氏族、跨部落的公共事务日益增多，致使原来的氏族制度已不能适应新形势的需要了，而必须设立新的机构和公职，以代表整个社会公共利益的名义负责管理以居住地区划分而不再以血族划分的公共事务。此时，由于生产力水平有了一定发展而出现了剩余产品，进而产生了私有制和阶级。在社会分工规律的作用下，这些新的公共职位逐渐被贵族和强势集团所独占、世袭并永久化、特权化，于是公共权力逐渐并最终与人民大众相分离，成为为统治阶级利益服务并凌驾于社会之上的异己力量，从而背离了代表整个社会公共利益的公共性宗旨，氏族制度逐渐并最终被国家代替了。恩格斯指出："社会为了维护共同的利益，最初通过简单的分工建立了一些特殊的机关。但是，随着时间的推移，这些机关——为首的是国家政权——为了追求自己的特殊利益，从社会的公仆变成了社会的主人。"① 可见，准国家阶段是公共性的部分丧失和阶级性从产生逐步上升为主导地位的阶段。

第三，国家阶段即从国家产生到消亡之前的阶段，这是国家的历史生命期，其间包括过渡性国家阶段。国家产生后，公共权力的职能就一分为二：既保持了原有的社会公共职能，同时为了镇压被统治阶级的反抗，又不得不增加了一个新的职能即阶级统治职能，而且阶级统治职能在国家职能中所占的地位越来越耀眼。这一阶段是公共性缺失最严重的时期，国家的阶级性占居主导地位，而公共性暂居次要地位，但无论如何公共性绝不会完全丧失，因为以实现公共性和公平正义、维护公共利益和公共秩序为目标追求的社会公共职能始终是所有国家进行政治统治的基础。所以，恩格斯总结指出："国家是社会在一定发展阶段上的产

---

① 《马克思恩格斯选集》第3卷，人民出版社1995年版，第12页。

物；国家是承认：这个社会陷入了不可解决的自我矛盾，分裂为不可调和的对立面而又无力摆脱这些对立面。而为了使这些对立面，这些经济利益互相冲突的阶级，不致在无谓的斗争中把自己和社会消灭，就需要有一种表面上凌驾于社会之上的力量，这种力量应当缓和冲突，把冲突保持在'秩序'的范围以内；这种从社会中产生但又自居于社会之上并且日益同社会相异化的力量，就是国家。"① 过渡性国家阶段就是无产阶级专政的社会主义国家时期，这是一个承上启下的历史过渡时期，它既要继承历史上国家发展所取得的一切积极文明成果，又要超越阶级和国家本身，为将来过渡到后国家或无国家即为国家消亡做好准备，承担着国家权力不断向社会权利复归、培育壮大公民社会和地方自治、不断缩小和消灭阶级性直至国家最终消亡的历史使命。因此，社会主义国家尤其要把发展社会生产力、维护社会公平正义放在一切工作的首位。

第四，后国家阶段即阶级和国家业已消亡的阶段，这是人类理想的共产主义阶段。到那时，社会生产力极大发展，社会财富极大丰富，人们的精神素质极大提高，公共权力失去了政治性或阶级性，公共性得到了真正完全的复兴和彰显，社会进入"自由人的联合体"的管理模式，每个人都得到自由全面的发展，人类获得彻底解放。到那时，"人们周围的、至今统治着人们的生活条件，现在受人们的支配和控制，人们第一次成为自然界的自觉的和真正的主人，因为他们已经成为自身的社会结合的主人了。……只是从那时起，人们才完全自觉地自己创造自己的历史；只是从那时起，由人们使之起作用的社会原因才大部分并且越来越多地达到他们所预期的结果。这是人类从必然王国进入自由王国的飞跃"②。恩格斯引用摩尔根的话说："管理上的民主，社会中的博爱，权利的平等，普及的教育，将揭开社会的下一个更高的阶段，经验、理智和科学正在不断向这个阶段努力。这将是古代氏族的自由、平等和博爱

---

① 《马克思恩格斯选集》第 4 卷，人民出版社 1995 年版，第 170 页。
② 《马克思恩格斯选集》第 3 卷，人民出版社 1995 年版，第 633—634 页。

的复活，但却是在更高级形式上的复活。"①

二 政府公共性与阶级性的辩证关系及其发展趋势

人类社会发展是人类活动的合规律性与合目的性的统一，社会发展既离不开有意识有目的的活动的人，同时最终"历史合力"的作用又具有客观必然性。公共性和阶级性作为国家的两重性特征之间事实上体现了人类创设国家或政府的目的性与手段性的辩证统一。

1. 政府公共性与阶级性关系是目的性与手段性的辩证统一

创设国家或政府是人类理性与智慧的结晶，其初衷主要是出于公共性及其实现的客观需要和主观愿望，但事实上国家却具有公共性与阶级性的两重性特征，公共性的演变、发展和实现过程走的是一条迂回曲折的弯路，即由自然的真正公共性到公共性的部分丧失，再到公共性的失而复得，最后完全复归到更高水平的公共性。这条螺旋式上升的发展历程完全符合历史的辩证法，即前途是光明的、道路是曲折的。公共性的发展以公共性自身的部分丧失为代价而为自己开辟道路，经历了一个不得已的痛苦过程才完全复归到更高水平的公共性。这种公共性的部分丧失也就是阶级和国家的产生和嚣张，但却是公共性发展及其实现道路的必然选择，因此国家是一种"必要的恶"，任何企图不经历阶级和国家的痛苦阶段而实现全人类彻底解放和完全公共性进而主张一夜之间炸毁国家的无政府主义思潮都是荒唐可笑的。由此可见，国家的公共性与阶级性之间关系是目的性与手段性的辩证统一。公共性是目的，是全人类孜孜以求的崇高理想和目标；阶级性则是手段，是人类为实现更完美、更高级的公共性不得已而使用的方法和途径，也是一种必要的痛苦选择。公共性是与人类社会共始终的永恒范畴，只要有人类社会存在，就会有社会的公共生活，也就会有源于社会性的公共性；而阶级性只是人类社会发展特定阶段的产物，必将随着社会发展尤其是生产力发展而最

---

① 《马克思恩格斯选集》第4卷，人民出版社1995年版，第179页。

终退出历史舞台，因此阶级性是个历史范畴。恩格斯指出："国家再好也不过是在争取阶级统治的斗争中获胜的无产阶级所继承下来的一个祸害；胜利了的无产阶级也将同公社一样，不得不立即尽量除去这个祸害的最坏方面，直到在新的自由的社会条件下成长起来的一代有能力把这全部国家废物抛掉。"① 不过，在阶级社会中，阶级性往往表现得异常耀眼夺目，在专制制度下更是纵横捭阖、气焰嚣张，充斥着血与火、刀与剑的悲惨记忆，让人民饱受了剥削、压迫甚至战争的痛苦，但却又为何无时不闻公共性的顽强呐喊和英勇抗争呢，就因为公共性是人类社会生活的真正目的和追求。

值得强调的是，在马克思恩格斯的著作中，我们常见的是马克思恩格斯对国家作为阶级压迫工具和暴力机器的论述，但我们绝不能因此得出马克思恩格斯只重视国家的阶级性而忽视公共性，或马克思恩格斯只有关于国家本质的阶级斗争思想而根本没有国家公共性思想的结论。事实上，在马克思恩格斯看来，国家的本质在于阶级性，国家是阶级矛盾不可调和的产物，但国家却具有公共性和阶级性特征，公共性与阶级性的关系是目的性与手段性的辩证统一，偏执任何一方而贬低另一方的理论都是片面的，实践上也都是有害的。

在《论犹太人问题》中，马克思在引用法国1791年和1793年"人权宣言"关于政治生活与人权是手段与目的关系的条文后紧接着指出："政治生活就在自己朝气蓬勃的时候，并且由于事件所迫而使这种朝气发展到顶峰的时候，它也宣布自己只是一种手段，而这种手段的目的是市民社会生活……政治生活只是人权、个人权利的保证，因此，它一旦和自己的目的即这些人权发生矛盾，就必须被抛弃。"② 而阶级、国家等政治生活的真正目的是实现人的自由全面发展和彻底解放，就是实现"人权"。这个"人"当然是大写的"人"，既是"每个人"又是"公

---

① 《马克思恩格斯选集》第3卷，人民出版社1995年版，第13页。
② 《马克思恩格斯全集》第3卷，人民出版社2002年版，第185—186页。

共人"；这个"人权"当然既包括"每个人的人权"，又包括一切人的"公共的人权"。这种表述与马克思恩格斯在《共产党宣言》中关于"自由人的联合体"的表述实质上是完全一致的。

马克思恩格斯特别注重对现实社会的批判，主张在对现实的批判中去发现新世界。而在马克思恩格斯生活的时代正是世界资本主义时代，面对资产阶级对雇佣工人的残酷剥削和压迫，面对资本主义生产方式使得工人成为非人的异化了的社会现实，马克思恩格斯着力通过对资本主义生产方式的政治经济学分析，深刻揭露了资本主义的剥削实质和无产阶级与资产阶级的根本对立，明确指出了资本主义私有制和资本对雇佣劳动的剥削是无产阶级深受苦难的根源，正是资产阶级政府的反动统治使得公共性大大丧失。不仅如此，马克思恩格斯还找到了变革旧社会和建设新社会的依靠力量和实现途径，就是占人口绝大多数的无产阶级，通过无产阶级革命和建立无产阶级专政。马克思恩格斯指出，无产阶级只有解放全人类才能最终解放它自己，并号召全世界无产者联合起来，推翻世界资产阶级的反动统治和剥夺剥夺者，消灭以私有制为基础的资本主义生产方式，建立以生产资料公有制为基础的无产阶级专政的社会主义国家，逐步过渡到共产主义社会"自由人的联合体"的理想社会，从而实现全人类的彻底解放，公共性得到最大程度的彰显和实现。

2. 总体发展趋势是公共性不断扩大而阶级性不断缩小

通过对国家公共性与阶级性特征的历史演变与发展过程的分析，我们可以看出，在马克思恩格斯看来，公共性是与人类社会共始终的永恒范畴，它由前国家阶段的原始的自然的真正公共性，经过准国家阶段的部分丧失到国家阶段的严重失却，再到过渡性国家阶段的失而复得，最终复归到后国家阶段的更完美、更高级的公共性；而阶级性则是历史范畴，是人类社会发展处于特定历史阶段即阶级社会的产物，它由准国家阶段的产生和上升，到国家阶段的强盛发展并占据主导地位，再到过渡性国家阶段的逐步退却直至最终完全消亡，但前国家阶段和后国家阶段均不存在阶级性。就整个国家阶段来说，这是公共性与阶级性同时并存、相互斗争、纠缠不休的历史时期，表现为国家本质特征两重性的辩证统一：总体发展历程是公共性由上升—下降—上升—完美复归，阶级性由产生—上升—下降—归零；总体发展趋势是公共性不断扩大并最终得到更完美、更高级的复归，而阶级性不断缩小直至最终完全消亡。之所以如此，其根本原因在于：阶级斗争必然导致无产阶级专政，而无产阶级专政和"无产阶级的运动是绝大多数人的、为绝大多数人谋利益的独立的运动"①。作为正在消亡的过渡性国家，无产阶级专政的历史使命和最终结果必然导致公共性的不断扩大直至完美复归、阶级性的逐渐缩小直至最终消亡。

国家特征两重性即公共性与阶级性的辩证统一也体现在国家职能两重性即社会公共职能与政治统治职能的辩证统一，其总体发展趋势是社会公共职能逐步扩大并最终得到完全实现，而政治统治职能逐渐萎缩并最终归于消亡。这说明国家职能不是静态的、一成不变的，而是动态的、发展变化的，它随社会环境条件，特别是生产力发展和社会主要矛盾的变化而变化。相比之下，越是早期的国家，其政治统治职能越强，而社会公共职能越弱，尤其是公共服务职能越弱；反之亦然。

三 马克思恩格斯政府公共性与阶级性辩证关系思想的当代价值

基于马克思主义国家观透视政府公共性与阶级性辩证关系及其发展趋势，对于我国当前加快推进政府职能转变、积极构建公共服务型政府具有重要的理论价值和实践价值。

理论上，通过对前人的批判性继承与超越，马克思恩格斯政府公共性思想把人类公共性思想理论发展到一个新的科学高度，为我们党和政府"为民服务"理念提供了思想源头，为我国当前构建公共服务型政府提供了理论依据，因而成为我国构建公共服务型政府的指导思想；马克思恩格斯关于政府公共性与阶级性关系是目的性与手段性的辩证统一

---

① 《马克思恩格斯选集》第1卷，人民出版社1995年版，第283页。

及其总体发展趋势思想,为马克思主义政府职能理论奠定了重要的理论基础和前提,它廓清了人们在国家本质及其特征方面的思想迷雾,把人们从以往关于国家本质和政府职能的片面性理解和"以阶级斗争为纲"的错误做法中解脱出来,有利于全面正确地认识和履行社会主义国家的政府职能,从而推进政府职能理论的发展和创新。

实践上,马克思恩格斯关于政府公共性与阶级性辩证关系及其发展趋势思想,对于我国当前加快推进政府职能转变和构建公共服务型政府具有重要的现实指导意义。政府具有公共性与阶级性的两重性特征和社会公共职能与政治统治职能的两重性职能,政府公共性与阶级性关系是目的性与手段性的辩证统一,其总体发展趋势是公共性不断扩大而阶级性不断缩小。一方面,政府职能具有动态性特征,随着时代背景、环境条件、社会需求特别是社会主要矛盾的变化,政府职能的重点、内容、强度和实现方式均需有所变化。另一方面,无论政府的职能内容、职能重心、职能方式和职能关系如何变化,以公共性为本质属性的社会公共职能始终是政府职能的基础。恩格斯在《反杜林论》中强调指出:"政治统治到处都是以执行某种社会职能为基础,而且政治统治只有在它执行了它的这种社会职能时才能持续下去。"[①] 这就要求我们,在推进我国现代化建设和经济社会发展实践中,一方面必须始终坚持解放思想、实事求是、与时俱进,善于根据环境条件的客观变化,及时转变政府职能,认清发展形势、更新发展观念、调整发展对策、创新发展模式、破解发展难题。另一方面必须始终坚持把以公共性为本质属性的社会公共职能作为政府职能的基础来抓,任何时候都不能忽视。尤其是社会主义国家,不仅要创造比资本主义国家更高水平的劳动生产力,而且要实现比资本主义国家更高水平的政府公共性。

新中国成立以来,我国的政府职能经历了由改革开放前的"全能型政府",到改革开放后的"经济建设型政府",再到新时期向"公共服

[①] 《马克思恩格斯选集》第 3 卷,人民出版社 1995 年版,第 523 页。

务型政府"转换的历史演变。与此相对应,我国在政府公共性建设方面的得与失也同样经历了三个阶段,既有成功与经验,但也有失误与教训。全能型政府片面强调政治统治职能甚至错误强调"以阶级斗争为纲"而忽视了社会公共职能,经济建设型政府片面追求 GDP 等经济指标而忽视了社会管理与公共服务,实践中导致政府公共性缺失比较严重。当下,我国正处于工业化的中后期,经济和社会发展表现出新的阶段性特征。一方面,我们告别了私人产品短缺的时代,实现了由生存型阶段向发展型阶段的历史性跨越。另一方面,我们又很快地进入了公共产品短缺的时代,人民群众全面快速增长的公共需求与政府提供公共服务的能力相对不足之间的矛盾凸显出来,并已成为影响我国今后发展特别是实现政府转型、经济发展方式转变的直接制约因素。公共产品短缺反映了我国特定发展阶段上经济发展方式深层次的矛盾和问题:公共产品短缺使多数人的实际福利不能随经济增长而同步提高,制约了经济结构上消费主导、服务业主导、人力资本主导新格局的形成。基于我国现阶段的实际国情,只有加快推进政府转型、构建以公共服务为核心职能的公共服务型政府,才能顺利实现我国由生产型大国向消费型大国转变、由制造业大国向服务业大国转变、由人力资源大国向人力资本强国转变。[①] 经过三十多年的改革和发展,我国经济实力和综合国力显著增强,社会生产力水平大幅度提升,人民生活普遍改善,社会主义市场经济体制初步完善,民主法治建设步伐加快,社会事业全面进步。但我国目前社会主义初级阶段的基本国情和主要矛盾没有改变,制约进一步发展的体制性障碍依然存在,经济社会发展、城乡发展和区域发展失衡,收入分配中的公平问题、贫富悬殊和利益矛盾凸显,推进科学发展与构建和谐社会面临相当严峻的挑战。我国政府职能转变迟迟不到位,职能越位、缺位、错位现象比较严重,社会管理和公共服务职能还相当薄

[①] 迟福林、方栓喜:《公共产品短缺时代的政府转型》,《上海大学学报》(社会科学版) 2011 年第 4 期。

弱，特别是在公共教育、公共医疗卫生、公共就业、基本住房保障、社会保障等民生领域中的公共产品严重短缺。所以，我国政府的当务之急是，要在准确判断我国发展所处的历史方位的基础上，适应环境条件的客观变化，切实转变政府职能，加快推进经济建设型政府向公共服务型政府转变。当前尤其要在继续改善经济调节和严格市场监管的同时，更加注重社会管理和公共服务，并把以公共性为本质属性的社会公共职能由政府职能的基础地位提升到核心地位，进一步强化和凸显出来。党的十八届三中全会指出，政府的职责和作用在于，保持宏观经济稳定，加强和优化公共服务，保障公平竞争，加强市场监管，维护市场秩序，推动可持续发展，促进共同富裕，弥补市场失灵。要全面正确履行政府职能，加强中央政府宏观调控职责和能力，加强地方政府公共服务、市场监管、社会管理、环境保护等职责，加大政府购买公共服务力度。党的十八届三中全会通过的《中共中央关于全面深化改革若干重大问题的决定》，为我国当前加快推进政府职能转变和构建公共服务型政府指明了方向、提供了遵循。

恩格斯国家本质特征理论及其当代价值

王同新[②]

【内容提要】 从恩格斯关于国家本质特征论述中可见，国家本质上具有公共性和阶级性双重特征，国家是公共性与阶级性的对立统一体，其中公共性是国家产生和存在的前提和基础，而阶级性处于矛盾的主要方面并决定着国家的本质，公共性与阶级性的关系反映和折射了人类建立国家或政府的目的性与手段性的辩证统一。历史上只有无产阶级专政的国家才真正实现人民当家作主，从而开辟了实现国家公共性的现实道路。当下，中国特色社会主义进入新时代，研究运用恩格斯国家本质特征理论，对于我们正确认识研判我国社会主要矛盾的新变化和不断深化拓展马克思主义相关理论研究，指导我国加快政府转型和职能转变，具有突出的理论和实践价值。

【关键词】 恩格斯 国家本质 新时代中国特色社会主义

---

* 本文系国家社科基金一般项目"马克思恩格斯政府公共性理论视阈中的新时代服务型政府构建研究"（18BKS003）的阶段性成果。

② 作者简介：王同新（1964— ），洛阳师范学院马克思主义学院教授，闽江学院马克思主义学院教授（河南洛阳 471934）。

恩格斯认为国家的本质特征是和人民大众分离的公共权力，可见国家本质上具有公共性和阶级性双重特征，国家是公共性与阶级性的对立统一体，其中公共性是国家产生和存在的前提和基础，阶级性处于矛盾的主要方面并决定着国家的本质，公共性与阶级性的关系反映和折射了人类创设国家或政府的目的性与手段性的辩证统一。作为历史上第一个无产阶级专政的政权，巴黎公社真正实现了人民当家作主，开启了公共权力向人民大众复归和国家政权去政治化的历史进程，从而为社会主义国家在正确把握国家公共性与阶级性关系基础上履行好"合理职能"和实现好国家公共性开辟了现实道路。当下，中国特色社会主义进入新时代，在这个时代背景和历史方位下，恩格斯国家本质特征理论对于我们正确认识研判我国社会主要矛盾的新变化、不断深化拓展马克思主义相关理论研究，指导我国进一步转变政府职能、构建完善公共服务型政府，具有重要的理论价值和实践价值。

一　国家本质特征的两重性

对于国家如何排挤、打击直至取代氏族制度而得以形成和发展起来的历史过程，恩格斯在《家庭、私有制和国家的起源》中，以雅典国家作为"一般国家形成的一种非常典型的例子"进行了经济学描述，他最后概括指出："国家的本质特征，是和人民大众分离的公共权力。"[①] 从恩格斯对国家本质特征的概括性结论中分析可见，国家的本质特征包括两个层次：首先，国家是一种公共权力，它具有公共权力的一般属性，即国家具有公共性特征；其次，国家是一种特殊的公共权力，表现在它与人民大众相分离，具有一般公共权力所没有的特殊属性，即国家具有阶级性特征。

1. 公共性揭示了国家产生和存在的前提和基础

从国家本质特征的第一个层次来看，国家首先是一种公共权力，而

[①] 《马克思恩格斯选集》第4卷，人民出版社1995年版，第118、116页。

公共性是公共权力最一般和最本质的属性，其具体表现在公共权力主体即最终所有者社会全体成员和具体执行者公共部门的公共性，公共权力客体即社会公共事务和公共问题的公共性，公共权力运行方式和手段即履行公共职能和行使公共管理的公共性，公共权力目的和价值即维护社会共同利益和满足社会共同需要的公共性等。首先，作为一种"公器"，国家是整个社会的正式代表，其产生的初衷是为了满足社会正常存在和发展最基本的公共利益需要，而且统治阶级的特殊利益在一定程度上也受社会公共利益的制约，迫使统治阶级不得不加以考虑和兼顾。"马克思对政府职能的分析是以公共需要作为起点的。"① 在《家庭、私有制和国家的起源》中，恩格斯也是从公共需要和公共目的的角度分析了诺克拉里对氏族制度的双重破坏作用，即它造成的这种公共权力已不再是原来的真正的"武装的人民"了，并且"它第一次不依亲属集团而依共同居住地区为了公共目的来划分人民"②。这是对氏族制度的致命一击，恰恰是国家产生的关键一步。很显然，恩格斯这里所讲的"公共目的"就是指通过设置诺克拉里这种新设施来处理共同居住地区内日益纷繁复杂的公共事务和公共问题，以优先满足全体人民的公共需要和维护实现公共利益。其次，"国家产生的根本原因就在于社会公共事务的存在，需要政府履行一定的公共职能"③。国家自诞生以来就集政治统治职能和社会公共职能于一身，但在国家的双重职能中，政治统治职能一般表现得比较突出和耀眼，特别是在阶级矛盾异常尖锐时期，政治统治职能更是居于强势地位，而社会公共职能则相对处于弱势地位。但无论如何，作为国家产生的根本起因，处理社会公共事务和履行社会公共职能乃是国家政治统治得以维持和存续的前提和基础。正如恩格斯在《反杜林论》中所强调的："政治统治到处都是以执行某种社会职能为

---

① 唐铁汉：《马克思主义公共管理思想原论》，《新视野》2005年第5期。
② 《马克思恩格斯选集》第4卷，人民出版社1995年版，第113页。
③ 唐铁汉：《马克思主义公共管理思想原论》，《新视野》2005年第5期。

基础，而且政治统治只有在它执行了它的这种社会职能时才能持续下去。"① 恩格斯还以波斯和印度为例，这两个国家的任何专制政府都非常重视河谷灌溉管理，英国人在印度统治期间也最终认识到灌溉设施的重要性。由此可见，为了维护公共利益、满足公共需要必须创设一个公共组织去管理公共事务、履行公共职能和提供公共产品，这正是作为公共权力的国家产生的初衷，因此公共性特征揭示了国家产生和存在的前提和基础，也表明了国家或政府合法性的基础和来源。

2. 阶级性揭示了国家的本质

从国家本质特征的第二个层次来看，国家又是一种特殊的公共权力，表现在它与人民大众相分离，具有一般公共权力所没有的特殊个性即阶级性。首先，与一般公共权力不同，国家这种公共权力已不再是原来氏族制度下全体人民的自我保护的武装力量，而是"受这些国家机关支配的，因而也可以被用来反对人民的，武装的'公共权力'"②。雅典民主制的国民军和宪兵队实际上蜕变成一种专门为贵族效力的公共权力，对内用来镇压奴隶的反抗、缓和冲突维持"秩序"，对外还有国防和战争职能。随着阶级和国家的产生，这时的"公共权力"获得了政治性质而转变为"政治权力"，这时的"人民"也由一个非政治范畴转变为一个政治范畴。恩格斯在《〈法兰西内战〉1891年单行本导言》中明确指出："社会为了维护共同的利益，最初通过简单的分工建立了一些特殊的机关。但是，随着时间的推移，这些机关——为首的是国家政权——为了追求自己的特殊利益，从社会的公仆变成了社会的主人。"③其次，恩格斯在研究分析国家作为一般公共权力的共性即公共性基础上，具体地、重点地研究阐明了国家作为特殊公共权力的个性即阶级性，从而得出国家的本质在于其阶级性的结论。从历史起源看，国家作为特殊的公共权力，其特殊性就在于这种公共权力脱离了社会和人民大

---

① 《马克思恩格斯选集》第3卷，人民出版社1995年版，第523页。
② 《马克思恩格斯选集》第4卷，人民出版社1995年版，第107页。
③ 《马克思恩格斯选集》第3卷，人民出版社1995年版，第12页。

众的实际掌控，而被统治阶级所把持、垄断和世袭，最终异化为剥削人民、压迫人民、反噬人民的暴力机器，并沦为统治阶级假借全社会公共利益的名义来谋求和实现本阶级特殊利益的政治工具。从表面上看，国家作为公共权力似乎与社会分离而独立于社会之上，但实质上它并不真正独立，"它照例是最强大的、在经济上占统治地位的阶级的国家"[①]。因此，在阐释了国家是整个社会的正式代表以后，恩格斯紧接着一针见血地指出："说国家是这样的，这仅仅是说，它是当时独自代表整个社会的那个阶级的国家：在古代是占有奴隶的公民的国家，在中世纪是封建贵族的国家，在我们的时代是资产阶级的国家。"[②] 正是基于对国家起源的历史的、客观的考察分析，恩格斯以唯物史观为指导，不仅阐明了国家作为一般公共权力所具有的共性即公共性特征，而且着重阐明了国家作为特殊公共权力所具有的个性即阶级性特征，从而揭示了国家的阶级性本质："国家是文明社会的概括，它在一切典型的时期毫无例外地都是统治阶级的国家，并且在一切场合在本质上都是镇压被压迫被剥削阶级的机器。"[③]

二 国家本质特征两重性的辩证关系

在国家本质特征及其相互关系问题上存在两种极端片面的观点：一种观点认为，国家就是管理社会公共事务的组织，它本质上是社会公共利益的忠实代表，因此国家纯粹是一种中性的公共设施，国家只具有公共性而没有阶级性；另一种观点认为，国家本质上只是统治阶级剥削和镇压被统治阶级的暴力机器，国家纯粹是一种赤裸裸的阶级斗争和阶级专政的政治工具，因此国家只具有阶级性而没有公共性。这两种观点都割裂了国家本质特征的公共性与阶级性既对立又统一的辩证关系，因而都是错误的。其实，"国家、政府的本质是阶级性与公共性的有机统一，

[①] 《马克思恩格斯选集》第4卷，人民出版社1995年版，第172页。
[②] 《马克思恩格斯选集》第3卷，人民出版社1995年版，第631页。
[③] 《马克思恩格斯选集》第4卷，人民出版社1995年版，第176页。

是经济上占统治地位的阶级进行阶级统治和社会公共管理的工具"①。

1. 国家是公共性与阶级性对立统一的有机体

国家本质特征两重性的关系可以从国家孕育的胎胞里即公共权力及其性质、功能的历史变迁中寻觅缘起。"所谓公共权力，就是管理社会公共事务即管理社会全体成员的共同事务的权力。这种涉及社会全体成员的公共事务在任何社会中都存在……因此，公共权力是任何社会都需要的，它存在于一切社会中。"② 纵观人类社会存在和发展的全过程，公共权力是贯穿前国家阶段、国家阶段和后国家阶段所共有的东西，公共权力与人类社会共同体须臾不可分离，只是国家阶段的公共权力发生了性质和功能的重大变化。自从国家产生之日起，原本单一纯粹的公共权力便在性质和功能上一分为二：公共性和社会公共职能、阶级性和政治统治职能；此后的总体发展趋势是：前者由下降到上升直至完全实现，后者由上升到下降直至最终归零。可见，国家区别于一般公共权力的实质和核心在于共性基础上的个性，也就是公共性基础上的阶级性，国家一开始就包含着公共性与阶级性这一对矛盾。首先，国家本质两重性特征之间是相互区别的，公共性作为国家产生和存在的前提和基础，它是与人类社会共始终的永恒范畴；而阶级性作为国家的本质所在，既不是从来就有的，也不是永久存在的，它是与国家共始终的历史范畴③。其次，国家本质两重性特征之间亦有主次之分，公共性是国家的次要特征，也是矛盾的次要方面，居于弱势和服从地位；而阶级性是国家的主要特征，也是矛盾的主要方面，居于优势和主导地位，决定着国家的本质。

国家本质特征的两重性之间是辩证统一的，二者既相互区别、相互斗争，又相互联系、相互依存。国家是公共性与阶级性矛盾双方既对立

---

① 郭小聪：《行政管理学》，中国人民大学出版社2016年版，第27页。
② 李延明：《什么是国家的本质？》，《马克思主义研究》1999年第2期。
③ 王同新：《公共性与阶级性：马克思主义国家观的理论透视及其当代价值》，《科学社会主义》2015年第6期。

又统一的有机体，其中公共性是国家产生和存在的前提和基础，也是国家或政府合法性的基础和来源，而阶级性处于矛盾的主要方面并决定着国家的本质。"在国家身上，社会性与阶级性是辩证统一在一起的，全社会的代表与统治阶级的工具这两个方面是辩证统一在一起的。我们只有把握了这一点，才算是把握住了马克思主义的国家本质概念。"[1]

2. 国家的公共性与阶级性关系折射出人类创设国家或政府的目的性与手段性的辩证统一

国家本质特征的两重性关系还可以从人类创设国家的目的动因与实现手段途径方面来分析。恩格斯在《家庭、私有制和国家的起源》中指出，雅典国家产生过程中设置诺克拉里所依据的不是亲属血缘关系，而是首次以共同居住地域内出于"公共目的"来划分人民。无论国家产生后的历史演变和发展状况如何，起初的这种"公共目的"虽然发生了不同程度的缺失或偏离，但却从未完全丧失或被彻底丢弃，它反映在国家身上就是国家所天生具有的公共性特征。从理论的"应然"层面看，国家的公共性特征表明，国家这种"公器"是属于全体人民的，它本来只应当作为服务全社会公共目的和公共利益的工具，而不应当被用来为某个或某些阶级谋取特殊利益。但从实践的"实然"层面看，国家这种"公器"的实际操控权却掌握在社会强势集团手中而沦为阶级统治、剥削和压迫的暴力工具，"这些人把政治变成一种生意"，"表面上是替国民服务，实际上却是对国民进行统治和掠夺"[2]。这恰恰说明，国家公共性的实现是以自身的局部缺失为代价而相应伴随着阶级性的产生和扩张为自己开辟道路的，理论上的公共性"应然"反映了人类创设国家的目的和动因，而实际上的阶级性"实然"体现了达成目的之手段和途径。在马克思恩格斯看来，国家在本质上并不是好东西，国家是一种"必要的恶"，它只是通向人类理想社会的必经阶段和必要

---

[1] 李延明：《什么是国家的本质？》，《马克思主义研究》1999年第2期。
[2] 《马克思恩格斯选集》第3卷，人民出版社1995年版，第12页。

桥梁。"阶级专政不是目的,更不是他们所向往的东西,而只是为对付不愿交出政权和仇视人民政权的人的手段,是不得已而为之的选择,是实现无阶级、无专政的理想社会的一个必经阶段。"① 即使是对无产阶级专政国家的政权性质,恩格斯也指出了其过渡性质:"国家再好也不过是在争取阶级统治的斗争中获胜的无产阶级所继承下来的一个祸害;胜利了的无产阶级也将同公社一样,不得不立即尽量除去这个祸害的最坏方面,直到在新的自由的社会条件下成长起来的一代有能力把这全部国家废物抛掉。"②

与自然界发展有别,人类社会发展离不开有意识有目的的人的活动,国家作为人类智慧和理性的创造物,被深深地打上了人类主观目的的烙印,但最终"历史合力"的作用又是客观存在的,所以人类社会发展是合规律性与合目的性的有机统一;与自然物所具有的诸多特征之间关系不同,国家作为一种社会存在物,其公共性与阶级性特征反映和折射了人类创设国家的公共目的性与方式手段性之间的辩证统一③。

三 恩格斯国家本质特征理论的当代价值

在关于国家本质特征的理论上,马克思恩格斯对以资本主义国家为代表的剥削阶级专政国家政权进行了彻底批判,对以巴黎公社为代表的无产阶级专政国家政权高度赞扬。在《共产党宣言》中,马克思恩格斯就指出:"无产阶级将利用自己的政治统治,一步一步地夺取资产阶级的全部资本,把一切生产工具集中在国家即组织成为统治阶级的无产阶级手里,并且尽可能快地增加生产力的总量。"④ 在《法兰西内战》中,马克思又指出,巴黎公社实质上是工人阶级当家作主的政府,这是社会和人民群众把国家政权重新收回,把它从压制社会的力量变成社会

---

① 王振海:《论政府公共性》,《上海行政学院学报》2003 年第 3 期。
② 《马克思恩格斯选集》第 3 卷,人民出版社 1995 年版,第 13 页。
③ 王同新:《公共性与阶级性:马克思主义国家观的理论透视及其当代价值》,《科学社会主义》2015 年第 6 期。
④ 《马克思恩格斯选集》第 1 卷,人民出版社 1995 年版,第 293 页。

本身的生命力；旧政权由于国家一般的共同的需要而必须执行的"合理职能"① 不会被废除，而是归还给公社负责任的勤务员。对此，恩格斯在《〈法兰西内战〉1891年单行本导言》中表示了高度赞同。这说明："无产阶级专政具有两个基本职能和属性，一是担负对内镇压被统治阶级、对外抵抗外来侵略的阶级工具职能，具有鲜明的阶级属性；二是具有组织生产、发展经济、协调关系、保证公平、繁荣文化、统一道德、提供保障等公共服务职能，具有公共服务的属性。"② 并且，由于无产阶级专政条件下阶级矛盾和阶级斗争已经不是社会主要矛盾了，所以"无产阶级专政新型国家的阶级工具职能，其范围和作用会逐步缩小、减少，而公共服务职能会逐步扩大、加重"③。作为历史上第一个无产阶级专政的政权，巴黎公社为社会主义国家如何在正确把握国家公共性与阶级性关系基础上履行好"合理职能"和实现好国家公共性开辟了现实道路、提供了重要参照。当下，中国特色社会主义进入新时代。在这一时代背景和历史条件下，研究运用恩格斯国家本质特征理论，特别是国家或政府的公共性与阶级性辩证关系理论，具有突出的理论价值和实践价值。

1. 理论价值的凸显

从理论上看，有利于从辩证唯物主义和历史唯物主义的哲学高度全面、辩证、完整、准确地理解和把握国家的本质及其特征，从而正确分析和判断我国社会主要矛盾的变化，帮助人们走出以往片面强调阶级性而忽视公共性的理论误区，对于深化和拓展马克思主义相关理论研究具有重要的促进作用。中国特色社会主义进入新时代，我国社会主要矛盾已发生重大变化，人民日益增长的美好生活需要突出地表现出来，除了对一些中高端私人产品的少量需求外，主要集中于公共服务领域对优质高效的公共产品的大量需求。这个新时代，既是社会主义国家政府公共

---

① 《马克思恩格斯选集》第3卷，人民出版社1995年版，第57页。
② 王伟光：《坚持人民民主专政，并不输理》，《红旗文稿》2014年第18期。
③ 王伟光：《坚持人民民主专政，并不输理》，《红旗文稿》2014年第18期。

性得以充分彰显和实现的历史时期，也正是恩格斯国家本质特征理论所揭示的国家公共性发展趋势中由下降到上升直至完全实现的历史转折时期。以马克思主义国家理论为指导，习近平新时代中国特色社会主义思想继承、发展了我们党自八大以来对我国社会主要矛盾问题的认识，特别是对我国当前社会主要矛盾的"变"与"不变"形成了新的正确分析和判断。

关于我国社会主要矛盾问题，我们党早在八大上就形成了正确的认识和判断。中共八大概括指出，社会主义改造基本完成以后国内的主要矛盾，"已经是人民对于建立先进的工业国的要求同落后的农业国的现实之间的矛盾，已经是人民对于经济文化迅速发展的需要同当前经济文化不能满足人民需要的状况之间的矛盾"①。解决的方法途径就是发展社会生产力、开展大规模的经济建设，从而实现党和国家工作重点的重大转移。如果我们把中国特色社会主义分为"奠基和探索阶段、开创和推进阶段、全面坚持和发展阶段"② 三个阶段来分析，那么这个正确理论判断也经历了三个阶段的曲折发展。一是在党的十一届三中全会前的中国特色社会主义奠基和探索阶段发生了反复和偏差，"文化大革命"时期甚至严重背离，主要是片面强调阶级斗争而忽视了公共性建设。二是在党的十一届三中全会后的中国特色社会主义开创和推进阶段又得以重新确立和进一步巩固。党的十一届六中全会通过的《关于建国以来党的若干历史问题的决议》把它归纳和准确表述为："在社会主义改造基本完成以后，我国所要解决的主要矛盾，是人民日益增长的物质文化需要同落后的社会生产之间的矛盾。"③ 同时，这一次全会还强调阶级斗争已经不是主要矛盾了，任何阶级斗争扩大化的观点和阶级斗争已经熄灭的观点都是错误的。解决的方针政策就是以经济建设为中心，把党和

---

① 《建国以来重要文献选编》第 9 册，中央文献出版社 1994 年版，第 341 页。
② 金民卿：《深刻理解中国特色社会主义进入新发展阶段的内涵和意义》，《世界社会主义研究》2017 年第 7 期。
③ 《改革开放三十年重要文献选编》（上），中央文献出版社 2008 年版，第 212 页。

国家的工作重心转移到社会主义现代化建设上来。三是以党的十八大为标志,中国特色社会主义进入了全面坚持和发展的新时代,党的十九大更是明确指出,中国特色社会主义进入新时代,我国社会主要矛盾已经转化为人民日益增长的美好生活需要和不平衡不充分的发展之间的矛盾。党的十九大既指出我国社会主要矛盾发生了全局性和历史性的变化,又指出这种变化没有改变我们对我国社会主义所处历史阶段的判断,即"两个没有变"①。党的十九大关于我国社会主要矛盾与时俱进的新表述和这种"变"与"不变"的新论断,反映了我国发展总量变进程中的阶段性部分质变,反映了我们党坚持辩证唯物主义和历史唯物主义的世界观和方法论,反映了我们党对八大以来关于我国社会主要矛盾正确理论判断的继承发展和不断深化。同时,党的十九大强调:实现伟大梦想,必须进行具有许多新的历史特点的伟大斗争,并号召全党要充分认识这场伟大斗争的长期性、复杂性、艰巨性。

2. 实践价值的凸显

从实践上看,有利于以马克思主义的世界观和方法论为指导来全面正确地履行社会主义国家的政府职能,进而把人们从以往关于国家本质和政府职能的片面性理解和"以阶级斗争为纲"的错误做法中解脱出来,对于我国与时俱进地加快转变政府职能、构建完善公共服务型政府具有突出的实践意义。社会主义制度较之资本主义制度的优越性,不仅体现在它能创造更高水平的社会生产力,而且体现在它能实现更高水平的政府公共性。但改革开放初期的某些地方政府片面追求 GDP 等经济指标,忽视了社会管理和公共服务,在实践中导致政府公共性的严重缺失。实践经验和教训告诉我们,社会主义国家尤其要始终坚持和更加注重把以实现公共性为根本宗旨的社会公共职能作为政府职能的基础来抓,任何时候都不能忽视和放松。

---

① 习近平:《决胜全面建成小康社会 夺取新时代中国特色社会主义伟大胜利——在中国共产党第十九次全国代表大会上的报告》,人民出版社 2017 年版,第 12 页。

中国特色社会主义进入新时代，我国发展历史方位和社会主要矛盾的新变化，对党和国家工作提出了新要求，特别是要求政府职能要紧跟新时代、适应新时代加速转变。经过40多年的改革发展，我国目前发展状况已经达到中等偏上收入国家水平，正处于加快实现由总体小康向全面小康跃升的关键期，人民群众的获得感、幸福感、安全感普遍提高。人民生活已不仅仅局限于"物质文化需要"方面的吃饱穿暖等低水平、低层次的满足，而且是对包括营养健康、休闲娱乐、环境宜居、安全舒适、民主法治、公平正义和自由而全面发展等在内的多样化、个性化、全方位、高品位的满足。人民普遍向往和期盼政府服务更加健全贴心、工作就业更加稳定舒心、个人收入更加满意称心、食品药品更加健康放心、医疗卫生更加方便和高水平、生活更加可靠有保障、教育更加优质均衡、家居更加舒适温馨、出行更加安全便捷、自然环境更加优美宜人、社会环境更加自由公平、精神生活更加丰富充实等。我国当下的经济社会发展状况已发生新的阶段性变化、呈现新的阶段性特点，突出问题在于目前发展还不平衡不充分，这是满足人民日益增长的美好生活需要的主要制约因素。由此可见，就新时代我国社会主要矛盾的转化来讲，从需求侧看，人民日益增长的以私人产品为主的物质文化需要已经基本满足，现在集中表现为对以公共产品为主的美好生活需要的向往和追求，普遍期盼政府能提供更加健全和更高水平的公共服务；从供给侧看，我国当前发展不平衡不充分已经取代落后的社会生产而成为主要矛盾的主要方面，突出表现在除了部分中高端私人产品短缺外，主要是在公共服务领域的公共产品短缺或供不应求。比如，发展的质量和效益还不高，自主创新能力不够强，城乡、区域和群体发展不平衡，生态环保压力较大；民生领域在就业、教育、医疗、居住、养老等方面还存在短板，收入分配差距依然较大，脱贫攻坚任务艰巨；社会矛盾和公平问题交织叠加，国家安全面临新挑战等。

总之，我国目前已经告别私人产品短缺时代而进入公共产品短缺时代，人民群众日益增长的私人产品需求基本上得到了有效满足，但"井喷式"的公共产品需求与政府提供公共产品和公共服务的能力相对不足之间的矛盾却十分突出。新时代我国社会主要矛盾的新变化要求我们，必须把公共服务职能提升到政府职能的核心地位，加快推进政府转型和职能转变、构建完善公共服务型政府，切实加强社会主义国家的政府公共性建设，不断提高社会主义国家的政府公共性实现水平。

参考文献：

［1］金民卿：《中国特色社会主义新时代的历史坐标》，《云南社会科学》2018 年第 5 期。

［2］张中祥、李和中：《马克思主义公共管理观的理论来源》，《云南社会科学》2008 年第 6 期。

［3］迟福林、方栓喜：《公共产品短缺时代的政府转型》，《上海大学学报》（社会科学版）2011 年第 4 期。

［4］刘熙瑞、段龙飞：《服务型政府：本质及其理论基础》，《国家行政学院学报》2004 年第 5 期。

［5］李军鹏：《论全面建成小康社会与服务型政府建设》，《行政论坛》2013 年第 1 期。

［6］《党的十九大报告辅导读本》，人民出版社 2017 年版。

［7］《习近平新时代中国特色社会主义思想三十讲》，学习出版社 2018 年版。

［8］《中共中央关于建国以来党的若干历史问题的决议》，《三中全会以来重要文献选编》（下），中央文献出版社 2011 年版。

《中国社会科学报》2020年5月27日第006版《政治学》

构建人类命运共同体：
全球性公共产品的视角

洛阳师范学院马克思主义学院　王同新

编者按：中国不仅提出了人类命运共同体理念，为当今世界提供了理念性的公共产品，而且正在以自己的实际行动践行着这一理念，为大变局时代的全球治理提供制度性的公共产品。

中国提出推动构建人类命运共同体，不仅是对《联合国宪章》的宗旨和原则、公认的国际法和国际条约原则精神的继承和弘扬，也是对中华民族"和合文化"优良传统和我国和平共处五项原则、独立自主的和平外交政策的继承和弘扬，并在新的历史条件下增添了新的时代内涵。构建人类命运共同体为处于困境中的全球治理改革指明了方向，体现了中国作为负责任大国的作用和担当。作为一项重要的全球性公共产品，人类命运共同体主要体现为软的理念性和硬的制度性两大属性。

作为理念的人类命运共同体

人类命运共同体作为一个以合作共赢为核心的理念系统，其基本要义是：倡导世界多样反对一元主导、倡导国家平等反对国家霸权、倡导文明互鉴反对文明冲突、倡导包容发展反对西方中心、倡导互利普惠反对赢者通吃。

平等互信。就是世界各国应遵循《联合国宪章》的宗旨和原则，恪守国际法和公认的国际关系准则，坚持国家不分大小、强弱、贫富一律平等，倡导国际关系民主化，尊重主权、相互信任、共享安全，维护世界和平稳定。在2014年亚信上海峰会上，习近平主席提出了"共同、综合、合作、可持续"的新安全观，这是人类命运共同体理念在安全领域的具体体现。在2018年11月亚太经合组织领导人莫尔兹比港峰会上，习近平主席又强调指出："以规则为基础加强全球治理是实现稳定发展的必要前提。规则应该由国际社会共同制定。"

包容互鉴。就是要尊重世界文明多样性、发展道路多样化，维护各国人民自主选择社会制度和发展道路的权利，相互借鉴、兼收并蓄、和而不同，推动世界各国包容发展，各种文明和合共生，不同民族共同繁荣。在2019年5月亚洲文明对话大会开幕式上，习近平主席指出："交流互鉴是文明发展的本质要求。"同年6月，又在亚信杜尚别峰会上提出："要以多样共存超越文明优越，以和谐共生超越文明冲突，以交融共享超越文明隔阂，以繁荣共进超越文明固化。"

共建共享。就是要秉持命运与共、共商共建共享的全球治理观，坚持"共同但有区别的责任"原则，全面加强双边、多边、区域和全球合作，积极推进国际事务和全球治理民主化，支持联合国发挥积极作用，支持扩大发展中国家在国际事务中的代表性和发言权。中国坚持把国家利益同各国人民共同利益结合起来，积极参与全球治理体系改革和建设，将继续发挥负责任大国作用，不断为全球治理贡献中国智慧、中国方案和中国力量。

合作共赢。就是要超越零和博弈思维方式，在追求本国利益时兼顾他国合理关切，在谋求本国发展中促进各国共同发展，建立更加平等均衡的新型全球发展伙伴关系，同舟共济、权责共担、利益共享，不断增进人类共同利益。中国秉持正确义利观，致力于建设开放型世界经济，积极发展全球伙伴关系，不断扩大同各国的利益交汇点，广泛开展在政治、经济、文化等领域的交流合作。中国旗帜鲜明反对保护主义、单边主义，维护以世界贸易组织为核心的多边贸易体制，努力使经济全球化朝着更加开放、包容、普惠、平衡、共赢的方向发展。

对话协商。就是要反对霸权主义和强权政治，摒弃冷战思维和丛林法则，走对话不对抗、结伴不结盟的国与国交往新路，倡导以和为贵、协和万邦和与邻为善、以邻为伴，坚持以对话解决争端、以协商化解分歧。在2018年11月亚太经合组织领导人莫尔兹比港峰会上，习近平主席指出："历史告诉我们，如果走上对抗的道路，无论是冷战、热战还是贸易战，都不会有真正的赢家。"要推进全球治理民主化建设，提高发展中国家代表性和发言权，努力营造长期稳定、共同发展的和平环境。

绿色发展。就是要树立生态文明新理念，坚持走资源节约、环境友好和可持续发展道路，努力实现人与自然和谐相处。我们倡导天人合一、道法自然的生态理念和绿色、低碳、循环、可持续的生产生活方式，致力于建设一个持久和平、普遍安全、共同繁荣、开放包容、清洁美丽的世界。世界各国应该以负责任、合规矩的方式积极担当作为，合作应对气候变化和生态危机，携手构筑尊崇自然、绿色发展的生态体系，保护好人类赖以生存的地球家园。

目前，人类命运共同体理念已经得到国际社会的普遍认同而被连续写入联合国相关决议文本，成为中国为世界提供的一项重要的理念性公共产品。正如英国剑桥大学教授马丁·雅克所说："中国提供了一种'新的可能'，这就是摒弃丛林法则、不搞强权独霸、超越零和博弈，开辟一条合作共赢、共建共享的文明发展新道路。这是前无古人的伟大创举，也是改变世界的伟大创造。"

人类命运共同体的制度践行

改革开放 40 多年来，中国坚持走和平发展道路，积极参与全球公共治理，实施负责任的宏观经济政策，保持对世界经济增长的较高贡献率，为推动构建人类命运共同体贡献了中国智慧和力量。中国不仅提出了人类命运共同体理念，为当今世界提供了理念性的公共产品，而且正在以自己的实际行动践行着这一理念，为大变局时代的全球治理提供制度性的公共产品。

实施共建"一带一路"合作，推动与沿线国家的发展与合作。通过"一带一路"国际合作，中国以自身的发展经验和发展动能带动沿线国家共商共建共享，努力实现政策沟通、设施联通、贸易畅通、资金融通、民心相通，不断打造国际合作新平台，增添共同发展新动力。"一带一路"作为一种具有中国特色而又适应广大发展中国家需求的区域经济合作模式，以它的发展导向性、组织开放性、多元合作性、成果共享性吸纳了 150 多个国家和国际组织参与共建，同时也把人类命运共同体理念远播世界各地。

推动国际合作机制创新，倡导打造亚洲基础设施投资银行、丝路基金、金砖国家新开发银行等新型制度平台。中国积极参与和推动了 G20 合作机制，2016 年 G20 杭州峰会决定设立中国—联合国和平与发展基金、开展中非"十大合作计划"；中国倡导和推动了金砖合作机制，2017 年厦门金砖国家峰会上首次倡导"金砖+"机制；中国倡导和创建的上海合作组织不断扩容，在区域合作和全球治理方面发挥了积极作用。中国还参与东盟—中日韩"10+3"合作机制和清迈倡议多边化货币互换协议，举办中阿合作论坛与中非合作论坛，推动其他小区域或次区域的合作机制等。目前，由中国倡导发起和合作创办的亚洲基础设施投资银行、丝路基金、金砖国家新开发银行等区域性金融合作组织，正在赢得越来越多国家的认同和参与,并成为与现有的世界银行、亚洲开发银行功能互补的新型制度性公共产品,人民币已加入国际货币基金组织特别提款权货币篮子。

作为各种国际条约和国际规则的积极参与者、坚定维护者和模范践行者,中国在全球治理中发挥了积极建设性和重要推动性作用。目前,我国已缔结或参加《联合国气候变化框架公约》《生物多样性公约》《保护世界文化和自然遗产公约》《巴黎协定》等60多个有关环境保护和生态安全的国际条约,以及《国际人权和公民权利公约》等重要国际条约。在2015年12月联合国气候变化巴黎大会上,中国关于碳排放峰值等一系列承诺和积极务实的外交努力,为最终达成《巴黎协定》发挥了重要作用。中国是联合国安理会常任理事国,世界贸易组织的主要成员国,国际货币基金组织第三大投票权国家,世界银行和亚洲开发银行第三大股东国,联合国安理会常任理事国派驻维和部队人数最多、贡献最大的国家,在联合国、二十国集团等重要国际组织中的国际地位显著提高。

正如习近平主席在2018年11月亚太经合组织领导人莫尔兹比港峰会上指出的,"面向未来,中国将以更负责的精神、更开放包容的胸襟、更高质量的增长,在实现自身发展的同时,为世界各国共同繁荣作出更大贡献"。作为国际社会公认的世界和平的建设者、全球发展的贡献者、国际秩序的维护者,中国倡导构建人类命运共同体的理念、主张和行动,必将引领全球公共治理变革的未来走向,不断为世界和平与发展贡献中国智慧、中国方案和中国力量。

[本文系国家社科基金项目"马克思恩格斯政府公共性理论视阈中的新时代服务型政府构建研究"(18BKS003)的阶段性成果]

后　　记

　　本学术专著是作者主持承担的国家社科基金项目"马克思恩格斯政府公共性理论视阈中的新时代服务型政府构建研究"（项目编号18BKS003）的项目结项成果，是以作者的博士学位论文《马克思恩格斯政府公共性思想及其当代价值》（福建师范大学2011年）和首部专著《马克思恩格斯政府公共性思想与公共服务型政府构建》（中央编译出版社2014年版）为基础并进行系统集成、深化延展和创新完善而形成的，可以说是对作者多年来致力于相关课题研究及其成果的高度总结和提炼提升。作为首部专著《马克思恩格斯政府公共性思想与公共服务型政府构建》的姊妹篇，本部专著主要通过对我国推进服务型政府建设的理论和实践探索进行历史回顾和总结，并根据新时代、新阶段、新征程、新任务对我国进一步构建人民满意的高质量服务型政府提出的新要求，着力把马克思恩格斯政府公共性理论自觉运用于指导我国新时代服务型政府建设实践，它紧扣新时代、新阶段、新征程、高质量这几个关键词，锚定让人民满意这个总方向和总目标，突出价值导向、问题导向和靶向治理，具体明确了我国新时代进一步构建完善服务型政府的基本思路，着重提出了针对性破解实践难题和构建人民满意的高质量服务型政府的对策措施和政策建议。两者的重点分工和主要区别在于：前者重点是在探究政府公共性研究的学理渊源的基础上，深入挖掘整理和详细阐明马克思恩格斯政府公共性思想的理论来源和主要内容，着重对马克思恩格斯政府公共性思想的主要内容进行初步的梳理归纳和概括，着重从理论与实践的逻辑勾连上阐明政府公共性的实现与构建公共服务型政府的必要性之间的关系，并着力彰显马克思恩格斯政府公共性思想的当代价值特别是对我国构建公共服务型政府的现实指导意义；后者重点是在概要性集中阐明和系统性归纳概括马克思恩格斯政府公共性理论的主要内容和主要特点的基础上，着重提炼其核心要义或理论精华，并基于对我国推进服务型政府建设实践前两个阶段的历史回顾，特别是对党的十八大以来我国建设服务型政府实践取得成就经验和存在问题不足的分析总结，紧扣新时代、新阶段、新征程、新特点、新任务、新要求，着力针对性地提出我国新时代进一步构建完善高质量服务型政府的基本思路、对策措施和政策建议。

　　本学术专著主要采取了文本分析法、分类归纳法、历史分析法、理论联系实际法等研究方法，针对研究内容各部分的不同特点按照区别对待、优选方案、科学合理的原则分别运用了不同的研究方法，收到了良好成效。基本做到了：研究方法得当、科学有效，研究论证充分、逻辑清晰，研究结果可靠、有说服力，对策措施切实可行，政策建议合情合理。本部专著以公共性特别是政府公共性问题的当代凸显向全人类提出的时代课题为背景，立足系统阐明马克思恩格斯政府公共性理论及其主要特点、核心要义，着眼审视洞见全球公共治理和我国政府公共性建设突出问题，着手挖掘彰显马克思恩格斯政府公共性理论的当代价值和现实指导意义，着力推动破解我国当前公共服务型政府建设实践中面临的困境难题和提高政府公共性实现水平，研究成果有望对新时代进一步构建完善人民满意的高质量服务型政府具有一定的研究参考价值和实践指导价值，从而可以发挥一定的社会经济效益。作为国家社科基金项目研究结项成果，本专著研究基本上按照项目申报时预定的研究计划方案开展和实施，总体上研究推进得还算顺利，但研究进度由原计划的三年调整为四年，主要有两个原因：一是项目负责人因工作调动的缘故，需要办理项目管理责任单位的变更手续，在此期间在与原单位进行沟通协商和具体办理环节等方面耗费了不少时间和精力；二是受 2020 年初以来暴发的新冠疫情严重影响，计划实施的许多实地调研工作无法正常开展，无奈有些研究只能参考使用第二手资料了。这方面也是本专著研究的一个缺憾局限和明显短板，建议进一步研究时要在实地调研和实证分析方面着力加强。

本专著研究在课题申报、计划实施、报告撰写和最终出版等方面都得到我的博士生导师福建师范大学林修果教授的悉心指导和关心帮助，恩师的教诲和厚爱将铭记终生！洛阳师范学院马克思主义学院的领导和同事们，特别是郭长华院长、吴胜锋院长、朱胜利书记和吕斌教授、田江太副教授等，都给予了多方面的大力支持和帮助，在此深表谢意和感激！特别感谢中国社会科学出版社的各位编辑，尤其是刘艳编辑的精心编校和辛苦付出！我的妻子季德玲老师主要承担了课题调研、资料收集及大量的家务工作，我的女儿王颖老师主要参与了研究资料的收集整理、研究报告和书稿的打字编排校对等工作，在此也一并致谢。

由于作者的学术水平和研究能力有限，本书纰漏之处和某些不足在所难免，恳请各位同行专家和读者朋友批评赐教，谢谢！

王同新

2023 年 1 月于洛阳